宗教文化译丛

犹太教系列　主编　傅有德

犹太教的本质

〔德〕利奥·拜克　著

傅永军　于健　译

Leo Baeck
The Essence of Judaism
Copyright © 1948 by Schocken Books, Inc. New York
根据美国纽约绍肯图书公司 1948 年版译出

"宗教文化译丛"总序

遥想远古，文明伊始。散居在世界各地的初民，碍于山高水险，路途遥远，彼此很难了解。然而，天各一方的群落却各自发明了语言文字，发现了火的用途，使用了工具。他们在大自然留下了印记，逐渐建立了相对稳定的家庭、部落和族群。人们的劳作和交往所留下的符号，经过大浪淘沙般地筛选和积淀后，便形成了文化。

在纷纭复杂的文化形态中，有一种形态叫"宗教"。如果说哲学源于人的好奇心和疑问，那么宗教则以相信超自然力量的存在为前提。如果说哲学的功用是教人如何思维，训练的是人的理性认知能力，那么宗教则是教人怎样行为。即把从信仰而来的价值与礼法落实于生活，教人做"君子"，让社会有规范。信而后行，是宗教的一大特点。

宗教现象，极为普遍。亚非拉美，天涯海角，凡有人群的地方，大都离不开宗教生活。自远古及今，宗教虽有兴衰嬗变，但从未止息。宗教本身形式多样，如拜物图腾、万物有灵、通神巫术、多神信仰、主神膜拜、唯一神教，林林总总，构成了纷纭复杂、光怪陆离的宗教光谱。宗教有大有小，信众多者为大，信众寡者为小。宗教有区域性的，也有跨区域性的或世界性的。世界性宗教包括基督教、伊斯兰教、佛教等大教。还有的宗教，因为信众为单一民族，被视为民族性宗教，如犹太教、印度教、祆教、神道教等。宗教犹如一面硕大无朋的神圣之网，笼罩着全世界大大小小的民族和亿万信众，其影响既广泛又久远。

宗教的功能是满足人的宗教生活需要。阶级社会，人有差等，但无人不需精神安顿。而宗教之于酋长与族人、君主与臣民、贵族与平民、总统与公民，皆不分贵贱，一视同仁地慰藉其精神。有时，人不满足于生活的平淡无奇，需要一种仪式感，这时，宗教便当仁不让。个人需要内在的道德，家庭、社会、国家需要伦理和秩序，宗教虽然不能"包打天下"，却可以成为不可多得的选项。人心需要温暖，贫民需要救济，宗教常常能够雪中送炭，带给需要者慈爱、关怀、衣食或资金。人是社会的动物，宗教恰巧有团体生活，方便社交，有利于人们建立互信和友谊。

"太阳照好人，也照歹人。"宗教劝人积德行善，远离邪恶，但并非所有的"善男信女"都是仁人君子，歹徒恶人也不乏其例。宗教也不总是和平的使者。小到个人权斗、"人肉炸弹"，大到"9·11"空难，更大的还有"十字军东征""三十年战争""纳粹大屠杀"。凡此种种大小纷争、冲突、战争和屠戮，都有宗教如影随形。美国学者亨廷顿早在1993年就曾预言：未来的冲突将发生在几大宗教文明之间。姑且不说"文明"之间是否"应该"发生冲突，宗教冲突或与之相关的各种"事件"时有发生，却是一个不争的事实。

既然宗教极其既深且广的影响是事实存在，那么介绍和诠释宗教经典，阐释教义学说，研究宗教历史，宗教与政治、经济，以及宗教间的关系等理论和现实问题，就有了"充足的理由"和"必要"。

1873年，马克斯·缪勒出版了《宗教学导论》，其中首次使用了"宗教学"概念。从此，宗教研究成了一门学科，与文学、历史学、哲学、社会学、心理学、民族学等并驾齐驱。在宗教学内部，宗教哲学、宗教人类学、宗教社会学、宗教心理学等分支也随之出现，成就了泰勒、韦伯、蒂利希、詹姆斯、布伯、巴特、莫尔特曼、尼布尔、汉斯·昆等一大批宗教思想家。1964年，根据毛泽东主席批示的精神，中国社会科学院组建了世界宗教研究所。从此以后，宗教学和更广意义的宗教研究也渐次在社会主义中国生根、开花、结果，在学术界独树一帜，为世人所瞩目。

宗教经典的翻译、诠释与研究，自古有之，时盛时衰，绵延不绝。中国唐代的玄奘、义净，历经千辛万苦西行取经，而后毕生翻译佛典，成为佛教界的佳话；葛洪、寇谦之、陶弘景承续、改革道教，各成一时之盛；早期的犹太贤哲研讨《托拉》、编纂《塔木德》，开启了《圣经》之后的拉比犹太教；奥利金、德尔图良、奥古斯丁等教父，解经释经，对于厘定基督教教义，功莫大焉；斐洛、迈蒙尼德等犹太哲人诠释《圣经》，调和理性与信仰，增益了犹太教；托马斯·阿奎那、邓斯·司格脱、威廉·奥康等神学大师，建立并发展了宏大深邃的经院哲学，把基督教神学推到了顶峰。还须指出，传教士们，包括基督教教士和佛教高僧大德，致力于各自宗教的本土化，著书立说，融通异教，铺设了跨宗教和多元文化对话的桥梁。

学生的学习，学者的研究，都离不开书。而在某个特定的历史时期，外著移译，显得尤为必要和重要。试想，假如没有严复译的《天演论》《法意》，没有陈望道译的《共产党宣言》、傅雷译的法国小说、朱生豪译的莎士比亚诗歌与戏剧，等等，中国的思想文化界乃至政治、经济、社会等各个领域，是一个什么景象？假如没有贺麟、蓝公武、王太庆、苗力田、陈修斋、梁志学、何兆武等前辈学者翻译的西方哲学名著，中国的哲学界将是什么状态？假如没有宗教学以及犹太教、基督教、伊斯兰教、佛教等宗教经典或研究性著作的翻译出版，我们的宗教学研究会是何等模样？虽说"试想"，但实际上根本"无法设想"。无疑，中国自古以来不乏学问和智慧，但是中国向来缺少严格意义上的学科和学术方法论。现代以来中国分门别类的学科和学术研究是"西学东渐"的结果，而"西学东渐"是与外籍汉译分不开的。没有外籍的汉译，就没有现代中国的思想文化和学术。此论一点也不夸张。

众所周知，在出版界商务印书馆以出版学术著作著称，尤其以出版汉译名著闻名于世。远的不说，"文革"后上大学的文科学子，以及众多的人文社科爱好者，无不受益于商务印书馆的"汉译世界学术名著丛书"，我本人就是在这套丛书的滋养熏陶下走上学术之路的。

为了满足众多宗教研究者和爱好者的需要，商务印书馆在以前出版过的"宗教文化译丛"的基础上进行了改版，并扩大了选题范围。此次出版的译丛涵盖了宗教研究的诸多领域，所选原作皆为各教经典或学术力作，译者多为行家里手，译作质量堪属上乘。

宗教文化，树大根深，名篇巨制，浩如烟海，非几十本译作可以穷尽。因此，我们在为商务印书馆刊行"宗教文化译丛"而欢欣鼓舞的同时，也期待该丛书秉持开放原则，逐渐将各大宗教和宗教学研究的经典、权威性论著尽收囊中，一者泽被学林，繁荣学术；二者惠及普通读者，引导大众正确认识宗教。能否如愿以偿？是所望焉。谨序。

傅有德
2019 年 9 月 22 日

译者序

锡安山啊!你不是想要
从你的圣石中传来你的祝福,
为你着迷的人群
纷纷向你朝拜,他们是你残存的羔羊?
……………

我的声音已经沙哑,当我为我的忧患而哀伤;
但是,在幻想的美梦里,
我仿佛看到你已经自由,它的韵律流泻奔放,
甜美犹如悬于巴别塔溪畔的竖琴
……………

哦!谁会领我向前
寻找异时旧日的宝座,
其地天使曾以其荣光启示了
你的使者及你的先知?
哦!谁给我羽翼,
就此高飞远翔,

而在该处从长久的流浪中歇息下来,
在你已经毁坏后是否歇息的是我已死的心?
在你的圣土我要俯首膜拜,手握
石头视同宝贵的黄金
…………

你的大气是我灵魂的生命,你的
尘土就是香料,你的溪流温香甜蜜;
裸体赤脚,来到你残破的圣殿,
谁知我心中有多欣喜!
来到藏匿约柜的地方,而在幽暗的
四处居住着神圣的天使
…………

锡安山,你真完美呀,在你那儿
齐集了爱与祝福,
你伙伴的灵魂柔顺地
转向你;你的幸福就是他们的快乐,
然而他们现在泪落不止,为了你的毁灭而悲哀,
在遥远的流亡中;对于你的神圣崇高,
他们无限向往,而面向你的大门,他们俯首祈祷
…………

这是在耶路撒冷"哭墙"前被马蹄践踏而死的犹太诗人哈列维

所作《锡安颂》中的一个片断，它发出的是沉重的信仰足音。这种个体信仰的自由表达，却分明呈现为全体犹太人的信仰宣言。它凄楚哀婉却又坚韧刚毅，哪怕遭受狂暴命运一次又一次的打击，这信仰也矢志不移。在犹太人沉重的历史天平上，我们能找到些什么呢？除了能找到狂暴的灾难——殉难者的鲜血、遭拷打的躯体、火刑架上骨灰的纷纷扬扬……，最容易找到的就是犹太人对痛苦的忍耐和对未来的希冀，特别是对信仰的坚贞。这令我们肃然起敬。当然，敬慕之后也多惊奇：犹太教有何独特精深之处，勾连凝聚，维系犹太民族的生存，让不同时代、不同地域的犹太人魂牵梦萦？答案可能不止一个。但我们说，利奥·拜克提供了一个最为简洁明晰的回答。这个回答就包含在利奥·拜克的名作《犹太教的本质》中。

一

利奥·拜克（Leo Baeck，1873—1956）是著名的德国犹太社区及进步犹太教世界运动领导人、犹太教拉比和宗教哲学家。他出生于普鲁士的利萨（Lissa），曾先后在布雷斯劳（Breslau）犹太神学院和柏林犹太教科学学院学习。之后，他又曾在几个犹太社区担任拉比，后被指派为柏林的首席（leading）拉比，并在大学讲授"米德拉什"（Midrash）和讲道术（homiletics）。拜克长期从事犹太社区领导工作，担任过德国犹太人议员团的主席和德国拉比总联合会的主席。尽管拜克在政治上不是一个犹太复国主义者，但是他十分赞成在巴勒斯坦建立强大的犹太社区以保证犹太人生活方式的复兴。

拜克一生中最值得一提的辉煌业绩是，他在德国法西斯主义横行时期，作为德国犹太人的领袖坚持在德国本土为犹太人的利益而与法西斯进行不屈的斗争。为此，他多次被盖世太保逮捕，生命处于极度危险之中。但是，他仍拒绝了国外许多犹太社团、宗教或教育机构的邀请，继续留在德国为他的同胞服务。1943年，他被关进特雷森城集中营。在那里，拜克以自己非凡的道德勇气和圣者气度，教育并鼓励他的同胞保持一种纯洁的人性和宗教信仰，坚守一种希望。战后，拜克移居英国伦敦，并成为进步犹太教世界联合会的主席。

利奥·拜克的非凡人格受到了广泛的赞扬。他被公认为是一个勤奋、谦逊、有着健全独立人格的人。他在纳粹法西斯横行德国期间所表现出来的无畏勇气告诉世人："一个人面对邪恶与死亡时，如何自尊自爱地把持自己，以及如何承担起对自己同胞的全部责任。"[1] 拜克的崇高品性赢得了后人的广泛赞誉，人们把他看作为生活的榜样，称赞他"为后来的犹太人尽着教师、拉比和精神领袖的职责"[2]。由于拜克有着如此高的声望，1956年在英国建立了一所犹太学院，以利奥·拜克的名字命名，专门培养拉比和教师。利奥·拜克学院自认为是柏林犹太教科学学院的继续。这个学院以及它在以色列、纽约、伦敦的研究中心为传播犹太文明做出了重要贡献。

---

[1] W. Homolka, *Jewish Identity in Modern Times: Leo Baeck and German Protestantism*, Bergbabn Books, Providence/Oxford, p. 111.

[2] Ibid, p. 111.

译者序

利奥·拜克的学术贡献主要来自他对犹太神学的批评、阐释与改造。他将古典神秘主义及东方哲学与他自己的哲学、历史、宗教研究结合了起来，既显示了他宽阔的学术视野，又为自己赢得了"古典神学、宗教思想的现代阐释者"的声誉。在利奥·拜克对犹太与宗教思想进行现代阐释的过程中，他的神学思想经历了从强调观念与普遍到强调特殊与个体的变化。拜克在早期著作中透露出来的是古典理性主义对他的影响，特别注意神学中精神性因素与具有普遍性意义的东西，而在他的后期著作中则主要透露出存在主义思潮的影响，更加注重神学中特殊性因素和个体存在的意义。因此可以说，利奥·拜克的神学思想曾经历了一个从凸现理性主义因素到凸现存在主义因素的变化。

从思想史角度考察这种变化，研究者就会发现新康德主义者、德国犹太裔哲学家科恩对利奥·拜克思想形成与发展的重要影响。科恩不仅在西方哲学界声名显赫，而且也是重要的犹太哲学家。在近现代犹太思想史上，科恩是一位站在19世纪和20世纪犹太教自由主义哲学分界线上的人物，是一位承前启后的人物。科恩依照康德哲学对犹太教信条作出新的解释，以驳斥德国知识界存在的反犹倾向。他坚持认为"犹太教和'德意志精神'是亲密的伙伴，也就是说，一种纯粹的理性主义的犹太教同他所认为的作为人类意识朝着道德自由和精神自主的方向发展的中心力量的德国文明"[①]是不相矛盾的。为此，科恩致力于"按照一种严肃的理性主义方法重新界说犹太教的各种原则方面"，指出犹太教的基本

[①] 罗伯特·塞尔茨：《犹太人的思想》，上海三联书店1994年版，第712页。

观念，如上帝、创造、天启、圣洁、救赎、弥赛亚崇拜等，都是科学与伦理的最基本要素，当然与理性相一致。这些普遍观念的存在证明了犹太教存在的价值，也同时显示出犹太教的道德倾向。从这种认识出发，科恩的犹太哲学致力于研究理性主义原则与犹太教信仰之间存在的那种明确的联系。他将相互关系（co-relation）概念引入他的宗教哲学思想之中，通过"同胞""个人""人类"三个概念所折射的独特言说方式论述了上帝与人类的关系，从而确定了这样一种基本信念：上帝是维系自然与道德王国的普遍理性保证，而人类的使命正是要实现那种仅仅存在于作为理性化身的上帝之中的善。科恩从理性特别是从实践理性方面对犹太教所作的新解释，对 20 世纪犹太宗教哲学产生了重大影响，"科恩之后的许多 20 世纪犹太宗教思想家的观点远远超出了科恩从普遍到特殊的探索性论断，他们更加专门地将活生生的上帝的存在置于具体的人类存在中。然而，即使在科恩的思想体系被否定以后，他的《理性的宗教》的精神实质及其他一些有关犹太教的论著仍得到普遍尊重。他的一些最富有独创性的见解，尤其是他的上帝与人类的关系是一种相互关系的见解，促成了下一代试图以绝然不同的方式描述犹太教历史构造的思想家的产生"[1]。

利奥·拜克应该属于那些从科恩思想出发，继续前进的"下一代"思想家中一位优秀的代表。科恩关于犹太教的思想对利奥·拜克产生的最大影响在于，由于科恩将理性主义因素引入传统犹太教思想，使得犹太神学摆脱了僵硬停滞的传统的束缚，而科恩宗

---

[1] 罗伯特·塞尔茨：《犹太人的思想》，上海三联书店 1994 年版，第 720 页。

教思想中对实践理性,特别是对宗教关于人与上帝关系的关注,更是为20世纪犹太宗教思想关注人的现实存在,并借助哲学方式将宗教涉及的诸种价值观建构为一个连贯的、自为的体系提供了思想范例。所以,尽管利奥·拜克反对科恩理性化犹太教的做法,认为科恩系统化的宗教思想中抽象的思辨色彩太浓,并因此不能对宗教的实际要求产生恰如其分的影响而具有虚构的成分,对于激发宗教激情、促进宗教实践的冲动也没有任何作用,但是,他仍然实事求是地承认科恩的思想对他的影响。正如赫马尔卡(W. Homolka)所说:"拜克的哲学发展得力于科恩哲学。奥特曼(Altmann)认为那威严的道德力量使他在邪恶面前坚守宁静与坚定……科恩的观念论信仰扎根在他的灵魂中。但是,拜克又通过在宗教的观念论上附加永无完结的伦理目标,一种对犹太传统的持久激情而超越了科恩。对他来说,上帝不过是一个抽象的观念。他一再强调宗教的正当性在于对心的倾诉及对宗教体验的重视。拜克的首要任务是在个体化的犹太人的生活中重塑上帝活生生的真实性,所以他把神学界定为对传统的反思。"[1]

可见,利奥·拜克是从科恩出发又超越了科恩。拜克对科恩宗教哲学的最大的超越表现在:"他通过将存在主义观点引入犹太教神学以纠正以往神学思想过分强调理性因素的倾向。"[2]或如考夫曼(W. Kaufman)所说,拜克"特别重新更新了对犹太人存在

---

[1] W. Homolka, *Jewish Identity in Modern Times: Leo Baeck and German Protestantism*, p. 114.

[2] Ibid, p. 111.

主义式现实性的认识，指出了其实用主义的价值……在于犹太人拥有再生的恒久能力"。正是由于拜克思想中的这种存在主义倾向，所以他的宗教思想才特别强调犹太教主要是一种实践活动，而不是一种思辨；犹太人永远不能终结的责任是，发现人类生活的立足点，以朝向超越之物。

当然，拜克在用存在主义因素改造犹太教的同时，并没有完全抛弃理性传统。他依然认为理性主义对于今日犹太神学之自由主义倾向的确立与巩固具有不可忽视的作用。所以，拜克要求将普遍性视野（理性主义向度）与特殊性的生存体验（存在主义向度）融合在一起，提出在现代环境下，借助古代传统，探讨犹太教的本质是他的自由主义神学最重要的任务。正如赫马尔卡所说，拜克希望"能够发展一种对犹太教不变内核的情感……在与当代世界进行的富有成果的对话中得到保护……对传统发展一种活生生的再叙述"。因此，坚持犹太价值将保障、强化犹太人世俗存在。不是发展，而是保存，是将犹太命运铸成内在力量的因素。拜克"将对犹太思想资源的传统解释与现代解释结合起来，在他的神学中寻求结合犹太教恒存因素与无限变幻表现之间的中介"[①]。

二

利奥·拜克的著述主要集中在宗教史与宗教哲学方面，他最著

[①] W. Homolka, *Jewish Identity in Modern Times: Leo Baeck and German Protestantism*, p. 113.

名的著作是写于1936年的《犹太教的本质》。在这本书中，拜克以《圣经》《塔木德》以及古代拉比的典籍为运思的泉源，以一个神学哲学家的眼光认真审视了犹太教本身，从实践理性角度详细分析了犹太教的本质与特征，论述了犹太教的基本观念，阐明了犹太教的主要任务，形成了自己独具特色的自由宗教神学思想。

在谈到犹太教的本质时，利奥·拜克指出，无论人们如何评价犹太教，有一点是大家的共识，即犹太教是一种让伦理特征在宗教中凸现的一神论宗教。犹太教始终强调道德戒律的重要性。正因为如此，人们可以这样说，由于它的伦理本性，也由于它用道德意识诠释唯一神（上帝，the One God），犹太教必然是一种伦理一神教。

按照拜克的分析，犹太伦理一神教有着自己独特的宗教伦理特征。这种独特的宗教伦理特征不是从先前自然宗教那里继承而来的，尽管自然宗教借助道德化自然神，有着将道德成分附加在自然神身上，从而把它变成部族的保卫神这样一种倾向。事实上，犹太教是经过一次剧烈的改变、一次革命，才将自己发展成为一种纯粹的人伦宗教的。拜克说："以色列人的伦理一神论是一种被建立起来的宗教。以色列的'一神'不是旧思维方式的遗留，毋宁说它是新思维方式的第一次表达。就宗教的这种形式而言，它是一种创造，体现着全新的、富有成效的原则。"[1]

从犹太教历史看，这样一种转变是由那些富有创造力的宗教

---

[1] Leo Baeck, *The Essence of Judaism*, Schocken Books, Inc. New York, 1974, p. 60.

先知（nabbi, roeh, hozeh）来完成的。先知与祭司和君王一样，在以色列民族史和犹太宗教史上占有重要地位。从通常意义上讲，祭司是宗教上的领袖，君王是政治上的领袖。这两种人都是世袭的。先知则不同。先知多出自民间，也多生活于民间，他们没有祭司和君王那种显赫的地位，但他们的影响很大，他们的言论代表着普通以色列人的宗教追求，成为神和民众的代言人。所以，先知在犹太教中有着特殊而重要的地位。先知在精神上引导着犹太教前进，他们确立了犹太教追求的目标。因此，先知的历史就是犹太教的历史，不了解犹太民族的先知就不可能真正了解犹太教。正是在先知的思想中，犹太教确立了自己的宗教真理和宗教特色。可以说，犹太先知思想的特征决定了犹太教的本质特征。

拜克指出，犹太先知思想具有如下特征。

首先，犹太先知的思想具有重直观和实践的特征，先知的思想发自内心，是他们自己内心体验的产物。"他们提出的思想既不是一种哲学也不是一种神学，他们既不沉溺于敏锐的论辩，也不热衷于学术上的构造。他们并不企求对经验的最高原则刨根问底。总体来说，他们与思辨无缘。他们也不研究思想的问题，故而也不从假设或前提开始思索。迫使他们去思想的是一种强烈的伦理追求——他们为一种不可抗拒的真理所慑服。借助此种方式，他们就达到了他们的简明性。一切深思熟虑的东西以及反思的产物都与他们不相干。"[①] 所以，在犹太教史上，先知并不是担当制定、维护宗教教义的神职人员，更不是提出系统神学的神学家。先知的

---

① Leo Baeck, *The Essence of Judaism*, pp. 31–32.

这种身份与使命决定了犹太教必然是一种没有确定教义与信仰教条的宗教。尽管在犹太宗教典籍中充满了经典的警句和富有道德意味的训诫,并且这些警句与训诫往往借用充满启示意蕴的神圣话语来表达,又常常被世人奉为宗教真理的理想载体。但是,严格说来,这些警句与训诫不能算作宗教教义,不过是与犹太人追求的理想生活密切关联着的生活规则、道德戒律。犹太教拒绝任何神秘的东西而遵行那具有强烈伦理色彩的戒律(commandments),它恭行践履,不期望一劳永逸地界定信仰的全部领域。所以,尽管《圣经》《塔木德》中也有许多以宗教形式表达的虔诚的行为原则,但总体来看,这些原则是自由的,不是负载终极意蕴且有约束力的教条。

其次,先知诚信启示并拥有非凡的能力,他们不仅仅是教师,担负着维护道德的神圣职责,而且还是代表上帝对以色列人传播启示的人,他们拥有"由上帝的灵造就的力量"。所以,无需他们自己用他们的心灵去寻找真理,真理就会占据他们的心灵。所以,"他们的预言不是推论得出的,而是向他们敞开的,为他们显现的"[①]。他们知道他们不只是上帝恩典的被动承受者,在他们那里,神圣的奥秘与特征鲜明的人类思维及其渴望联系在一起。一方面,他们了解神秘事物,因为他们能够看到、听到超越了人类视听范围的事物。另一方面,他们也能够体验人类的选择,致力于上帝与以色列人之间的沟通。先知们拥有这样的两种经验,他们将自己展示给上帝,上帝则向他们显现。上帝令他们说,他们言说上帝,为上帝奋争,他们是上帝的臣仆。

---

① Leo Baeck, *The Essence of Judaism*, p. 33.

第三，先知们并不把他们关于上帝的知识看作是理智沉思的结果。他们凭感觉把握上帝对他们显现的一切。他们对上帝持一种完全确信的态度，因此较之对上帝的思考，他们更重视对生活的思考。对他们来说，宗教是一种意义，是他们生存的最为内在的核心，而不是某种可以获取或者可以学习到的外在东西。世界则是日常生活的领域。人真诚地生活，必虔敬神明，在世生存而皈依先知的宗教。因为先知的宗教提供了关于人与世界通过行为和意志反映出来的关系在价值方面的肯定。先知们由此一再强调宗教就活在人们的心中，对伦理-神教的信仰成为以色列人生活中最重要的部分，也是犹太民族得以世代延续的民族魂。

先知思想的这三个特征决定了犹太教具有如下独特的宗教伦理理念：在犹太教那里，"与上帝内在地关联这样一种自由信念，构成了先知们话语唯一的伦理依据，亦成为犹太教的中心所在。先知们并不过多地谈论在自身之中的上帝，而是谈论上帝对人意味着什么，对世界意味着什么。他们对上帝本质的分析远不如他们对人的本质的分析。自由意志、责任和良心作为他们心灵经验的原则，被视作像上帝的存在与神圣一样的确定无疑。他们并不企求解决宇宙的普遍问题，而是要显示上帝与世界之间的关系，作为对上帝的仁慈与意志的证明。他们也不企求回答任何有关灵魂的问题，而是要显示灵魂与上帝之间的关系，以便确定人的尊严与希望"[①]。所以，对先知们来说，了解上帝的本质就是要了解上帝是正义的和不朽的，上帝仁爱慈祥，宽宏大量，他磨练人心，

---

① Leo Baeck, *The Essence of Judaism*, p. 33.

使人们向善。借助对上帝的认知，我们了解了人应该如何生、如何行。上帝之路即为人之路。就像《圣经》中所说的那样："他们将遵行上帝的路，他们将秉公行义。"（《圣·创世记》18：19）可见，理解人首先要理解上帝赋予人并引导人的东西，特别是把握人是被创造成正义、善良和神圣的存在这样一种意义，而明白上帝的启示与人的道德概念紧密结合为一个整体，我们才能凭借上帝，学会理解自己并变成真正的人。

先知思想中这种强烈的伦理倾向不仅阻止了涌向思辨超越性之路，而且也预防了思想体系及概念僵化的危险，并且也形成了犹太思想以人为中心的传统。此后的犹太思想家大都接受了这个首先由先知们圈定的中心问题。与同样关注人的希腊哲学相比，犹太思想是从人走向自然，它力图在自然中发现人，发现人的经验存在以及人与上帝的接近与差别；而希腊人则是从对自然的兴趣转向人，以证明人超越自然的优越性。因此可以说，犹太精神独具的魅力就在于它以人为关注中心，说明了每个事物在人的心灵中有其起源，世界是上帝的世界，上帝是人的上帝这一神圣真理。利奥·拜克说：

"对人的信仰也受到了整个犹太教中各种矛盾因素的限制。一方面，我们面对上帝——区分上帝与人是犹太教的基本观点；上帝是造物主、神圣的唯一，与尘世凡人相分离。另一方面，我们又与他相联系；我们的生命和自由来自上帝，将来要归于上帝并与上帝同在。犹太教中所有信仰都是与上帝之间关系的信仰。我们的生命面对两个世界：一个是现世的世界，另一个则是永恒的赎罪悔过的世界。生命既是世俗的寄存又指向超越并将人从世俗的存在中解放出来。它是一种有限的、既定的事实又具有走向无限的使命。与之相同，我们的心灵最具个性，它把我们从心灵的最深处和内心永恒的部分中拣选出来，它对所有的个体都是如此，所有的个体都缘生于它。尽管心灵表现了个性，但正像犹太教思想家所说的那样，它是上帝与人之间的中介。事实上，心灵是我们心目中神圣的东西，它源于上帝又与上帝紧密相关，为所有宗教中神秘因素的根基。心灵又是个性的中心，是人的命运的自由动因，它构成了宗教中道德因素的根基。人与上帝、自由与永恒之间存在一个契约，它存在于宗教中这两种因素的对立中。对犹太教来说，宗教不只是提供了一个带有附加条件的人的概念，也不仅仅在于对带有神秘色彩的人的命运的揭示。宗教提供了对人的信仰。"[1]

这样，犹太教就将宗教和生活紧密联系在一起：宗教通过生活被证明，生活为宗教所充盈。宗教信仰不在生活的日常行为中得到确证就没有虔诚。同样，也只有在宗教戒律被忠实地践履的地方，才有合法有效的日常行为。而任何具有单纯形而上学趋向的宗教思考，都势必导致晦涩的思辨，从而偏离宗教生活的稳固基础。可见，犹太教作为先知们的创造物，重点不在抽象概念而在人，即人的生活和人的良心与意志。

---

[1] Leo Baeck, *The Essence of Judaism*, p. 150.

三

作为一神教，犹太教以唯一神——上帝为信仰的核心。作为伦理的一神教，犹太教从伦理学角度确证唯一神的存在及其意义。利奥·拜克把这个观点看作是犹太人从他们的先知学说中得到的最简明扼要的信仰经典，是犹太思想中闪烁着的永不熄灭、永不黯淡的智慧之光。它建立了犹太神学与实践理性之间的关系，排斥了犹太神学中可能出现的将神学逻各斯化（将犹太神学改造成为一种形而上学的理性神学）的倾向。

从伦理角度确证上帝的存在，首要的不是"客观"地肯定上帝的存在，并对其进行理性的证明。而是先确立一种对上帝的适当态度，之后再虔诚地通过自己的生活体验，尤其是日常行为的恭行践履，去亲证（显然这里使用的不是知识论的方式）唯一神的存在。更确切地说，悬置理性，调整对上帝的态度，凭借日常生活所建立的、人与神圣的唯一之间的不可分割的关系亲证上帝存在，是证明上帝存在的唯一途径。也就是说，上帝是在与世人共同相处和相互依存中向世人走来并显现自身的。在上帝问题上，信仰不单单是理论上的认知，而主要是信仰者与上帝的"实际"相遇。拜克说：

"对犹太教来说，宗教并不仅仅在于承认上帝的存在。只有当我们知道我们的生活与某种永恒事物密切相关，我们感觉到我们与上帝紧密相联并且感觉到上帝是我们的上帝时，我们才拥有了宗教。正像谚语所说的那样，如果我们爱上帝，如果通过上帝能发现我们的真诚与谦恭、勇敢与平和，如果我们将我们内在的存在向上帝的启示和训诫敞开，上帝就是我们的上帝。"①

就此，路易斯·雅可比（Louis Jacobs）评论说：

"犹太教关于上帝存在并不陈述更多的论据，因为上帝对希伯来先知来说是真实的，证明上帝存在对先知来说是可笑的。正像拜克所说，在任何情况下，宗教的真正核心不在于单纯的上帝存在的证明，而在于人与上帝建立的那种关系。这就是拜克借用我们的上帝观念所欲表达的东西。上帝并不是与我们的生活无关的那个简单的上帝，而是我们的上帝。我们可以借助祈祷的方式（使用亲密的用语'你'）接近他，也可以思维他，在思想中接近他。"②

可见，根据拜克的观点，犹太教的"上帝"问题不是一个理智问题，而是一个信念问题。信让上帝显在，不信使上帝隐匿。正是在信中，我们的心才为伟大的唯一神所充盈，我们的心灵才得以向那超越的至上存在开放，准备着去倾听和领会伟大的"他者"的话语。也只是在这个时刻、这种情景中，那隐而不露的他

---

① Leo Baeck, *The Essence of Judaism*, p. 97.
② Louis Jacobs, *Jewish Thought Today*, New York, 1970, p. 36.

者才以非隐匿的方式慈父般地临近我们。因而,对虔信者而言,上帝并不是一种超越的自在力量,除去自身的概念性而作为一个客观存在物耸立在我们的面前,让我们抬首景仰。它的威严和异在性使我们产生敬畏而不得不疏离它。恰恰相反,上帝不会除去自己的概念性而成为客观的他者,他总是指向人的心灵。上帝并不神秘。上帝通过在世的各种存在寻找着我们,在显现中教诲我们,通过劝慰将爱洒向我们。上帝医治我们的良心伤痛,开发我们内在的本质规定,通过对话与沟通克服我们现世的苦难、罪和局限性,使我们获得无比坚定的生活态度,避免使我们的生活陷入致命的冲突。拜克说:

"活生生的神在万事万物中证明自身,用万事万物言说,而人们必须对他作出回答。他的话语不是神谕而是律法和诺言。他的路不是由机会和命运——它们差不多是一个东西,因为机会是刹那间的命运,而命运是持久的机会——构筑,毋宁说它是善的律令,人们借助它接近上帝。从诞生伊始,犹太教就表明了自己的非神秘性:'我眷顾他,为要叫他吩咐,他的众子和他的眷属遵守我的道,秉公行义。'①

"唯一的上帝就是对所有隐秘的回答,他是一切——永恒的和伦理的,创造的和有序的,秘密的和明确的——的源泉。从支配者与隐秘物这种联盟关系中产生了一切存在及其意义。与之相关,人们也就把握了它们之间的统一:支配者被联结

---

① Leo Baeck, *The Essence of Judaism*, p. 90.

于隐秘，隐秘被联结于支配者，善属于上帝，是他为有能力把握到善的人设定的。"①

显然，在拜克话语中，上帝问题的真正意义首先在于，由对上帝真诚信仰而引发的关于上帝存在的思考最可能接近说明唯一神与人之间的真实关系，并进而使人们在宗教思考中发现日常生活的意义。"只有通过上帝之于我们的存在及我们的灵魂的意义，通过我们的生命如此获得的内在一致性，通过我们富有成效的道德力量，通过寻找满足我们的疑问与要求的答案，通过发现我们的精神本性与神之间的关系——这种感情实现了上帝在我们日常生活中对我们的召唤：'你在哪里'——宗教的确然性才会显示于人。"②

那么，什么是人与上帝之间的真实关系？什么是犹太人生活的真实意义呢？

按照拜克的说法，从犹太先知开始，犹太教的目标就不是要描述或者界定神与人的本质。先知们的愿望是想通过自己的思想表明，犹太教关心的是这样一些问题：上帝对人意味着什么，以及人应该如何面对上帝。所以他们谈论上帝的启示，也认为人可以体验到上帝的启示；他们谈论活生生的神，但坚决地主张人类不能把握上帝的完满存在。因此，犹太宗教哲学对上帝的戒律大加赞赏，而对上帝的本质，却谦虚地答以"不"，它只赞赏不能用

---

① Leo Baeck, *The Essence of Judaism*, p. 84.
② Louis Jacobs, *Jerwish Thought Today*, pp. 34-35.

语言和概念表达的上帝。他们思想中的那个上帝是活生生的上帝，是支配万物的上帝。但是，这些属性却是人们通过思想归于上帝的，只具有否定的性质，旨在将上帝从世俗万物中提升出来。所以，整个犹太教历史始终响着这样一个声音：人占据了历史，承担义务，人通过自己的善行接近上帝。"在善与伦理中，人体验到某些区别于这个世界而且不是自然一部分的东西，人借此接近唯一的上帝，这个上帝对人言说并向人提出要求。由于伦理的因素融入了人的最内在的自我，人感到区别于自然的本质和命运：他觉察到他自己就是那唯一者，即为上帝所召唤并引导自己趋向上帝。"①

于是，人清楚地知道自己是在最内在的存在意义上发现自己与上帝之间的永恒的联系的。上帝的戒律是真实的，且为人们在其中找到生活意义之律法的源泉，故他们将上帝认作神圣的唯一。这也意味着，只有当道德的统一性显现于人的意识中时，人们才能把握上帝的统一性。显而易见，拜克赋予上帝观念以极其强烈的伦理色彩。人不是在神性的生活中，而是在人的现实生活中，感受到上帝的存在。人也只有在上帝的现实性中才能找到自己善良本性的现实性。所以，在现实生活中，人正是基于对上帝存在的确信，才巩固了自信，才确信自己的心灵与上帝相类同，是上帝比照自己的心灵样式创造出来的，因而人的心灵是自由的、纯粹的，人通过自己的心灵就能够与上帝交流，从而现实化为一个真正的人。同样，也是基于对上帝存在的确信，人相信并爱自己的邻居。每个人都知道其他个体与自己并没有什么差别，其他人

---

① Leo Baeck, *The Essence of Judaism*, p. 95.

的心灵也得自上帝,他们在内心中与我亲近,我视他们为我的兄弟。再进一步说,也正是基于对上帝存在的确信,使我相信人类。我知道所有的人都是上帝之子,他们和我是为了一个共同的任务而结成一体,我们的生活道路都是由上帝规划的,我们通过这条道路最终归于那唯一的神。由此可见,由于信仰唯一的上帝,人清楚地发现了自己心灵的价值、同类的价值和人类整体的价值。可见,上帝观念与人的责任感密切相关。基于对上帝的义务,我们施善行,承担起自己的责任。拜克如是说:"我们要圣洁,因为我们的神耶和华是圣洁的。这是人对上帝的责任。对于我们的邻居,我们也负有同样的责任:我们必须知道'他的心',我们要尊奉他的上帝的形象,他与我们同住,我们必须爱他,因为他喜欢我们。最后,是我们以上帝的名义承担对人类的责任:我们是在世的上帝的见证,秉承他的名为将世界再造为上帝的王国铺平道路。"[①]

这样,犹太教就在上帝那里找到了自己的必然性,而在人那里找到了自己的任务。上帝将善置放于世间作为人能完成的道德要求。一切与上帝布施的善相违背的东西,如恶、冷酷、对人实施的灾难,都是上帝对人的恶行的惩罚和对人背叛他的行为的审判。这种惩罚和审判是一种拯救手段,可以促使信他的人进行深刻的内省和自新,使自己重新遵循上帝善的意志,回归上帝规划的路途,得到上帝的拯救。正如《圣经》中所说:"我将生死、祸福陈明在你面前,所以你要拣选生命,使你和你的后裔都得存活;且爱耶和华你的神,听从他的话,专靠他,因为他是你的生命,

---

[①] Leo Baeck, *The Essence of Judaism*, p. 88.

你的日子长久也在乎他。"(《申命记》30：19）因此，上帝信仰不是一种心存疑虑或者绝望的期待，不是听天由命的疲惫的期待，而是一种充满希望的期待，一种忠实履行义务与责任后心灵得到的褒奖。它建立于信仰者个人义务之上，是对信仰者善行实践的肯定。它意味着信仰者总是对唯一神的降临充满信心并与此相适应地理解、约束和安排自己的生活。所以，用拜克的观点看，谁感知到个人的生活与神圣的唯一相关联，谁便会把握到某种以宗教特有的方式表达出来的内在必然性和责任与义务。真信仰者面对上帝，就应该对上帝负责，而遵循善行就是信仰真纯的明证，是每个信仰者必须承担的生命重任。犹太伦理一神教由此严肃地提出了人承担自己责任的意义。这可以看作是犹太精神根本性的本质。这种本质决定了犹太教特别重视个人的内省、自新和精神上的自我净化。只有如此，犹太人才能从容面对永恒，其心灵可以真切聆听到上帝的召唤，浸透于为无限所簇拥的至上境界，自豪地宣布"我是一个真正的犹太人！"

"犹太教所要求的决断（decision）不仅是伦理性的，从根本上说它还是宗教性的，是对唯一神的信仰决断。在犹太教看来，信仰上帝不仅是宗教的一个部分，而且更是其生活的根本源泉和对现实的真正知识。犹太教伦理学的基本本质就是伦理学的本质是上帝的戒律。犹太教并不仅仅认识与义务和律例相关联的有限生活——这不过是单纯道德主义的观点。毋宁说，犹太教发现并体验到存在的意义在于信仰上帝，借助此种信仰，受情欲、习惯等所支配的生活就转而与上帝相关联了。只有遵行此道,宗教才能升华为伦理的宗教,并且也只有这样,伦理学才能成为宗教的伦理。体现在有限德性中的那些明确而受限定的律令在这里就被升华到无限境地,有限的生活融入永恒,戒律的领域融入信仰的世界。在这里实现了起源的神秘性与道路的必然性的统一,实现了信仰与道德律的统一。犹太教的特征在于它的上帝信仰的完满性,它不允许信仰有任何暧昧之处或动摇不定,要求公开明了的信仰表白(confession)。人对这种弥漫于他生活中意识把握的程度就是衡量他对犹太教从精神上接受程度的尺度。

"正是为了这唯一的神,那创造和支配的唯一的神,犹太教的殉道者不惜牺牲生命;正是为了这个上帝,成千上万的人作为真理的见证者,抛家舍业,摈其所有,从堕落宗教的迫害中拯救自己。在上帝信仰中,犹太教的历史获得了意义,它的史诗般(heroic)意义。谁在那唯一的、仅有的神那里找到自己存在的根基与目的,谁就体验到了犹太教。他也就是一个真正的犹太人。"①

四

自希腊文明与希伯来文明相遇以来,知识化(理智化)倾向就渗入(西方)宗教发展之中。经过神学的现代性转换,逻各斯化神学几乎成了神学的唯一传统。尽管西方宗教神学思想史上反

---

① Leo Baeck, *The Essence of Judaism*, pp. 148–149.

对将神学教义或上帝启示理性化的声音绵绵不绝，但神学的知识化、理论化解释最终还是成为压倒其他声音的最强音。似乎神学不与逻各斯相结合，构造出系统化的知识结构，就不能证明自身的合法性。没有理性的思辨成分，不按知识标准改造信仰系统，神学就不成其为神学。我们不敢武断地断定，犹太神学的发展在其主要阶段，也曾偏执西方神学发展的这种极端。但可以肯定地说，在犹太神学发展史上，的确存在着理性化、知识化犹太神学的倾向。因为利奥·拜克的犹太自由神学思想部分地缘起于他对知识化、理智化犹太教做法的批判与超越。依照上面的论述，可以说利奥·拜克与赫尔曼·科恩（Hermann Cohen）之间的关系就是这种批判与超越的具体表现。利奥·拜克通过将存在主义观点引入犹太教神学，纠正了科恩神学思想过分强调理性因素的倾向，"特别重新更新了对犹太人存在主义式现实性的认识，指出了其实用主义的价值……在于犹太人拥有再生的恒久能力"[①]。由于拜克思想中的这种存在主义倾向，使得他明确倾向于把犹太教主要理解为一种实践活动，而不是一种思辨；并由此强调犹太人永远不能终结的责任是，发现人类生活的立足点，朝向超越之物。而犹太精神的根本点，简单地说就是犹太教伦理一神论，守护唯一神信仰，遵行神圣戒律，向人陈明责任的意义，践履道德义务，成为公义的人。

利奥·拜克从实践理性角度，借用存在主义对犹太神学所进行的现代性改造，对犹太神学在现当代的发展及创造性转化起到

[①] W. Homolka, *Jewish Identity in Modern Times: Leo Baeck and German Protestantism*, p. 113.

了积极的推动作用，我们至少可以从以下两个方面看到拜克改造犹太神学的现代意义。

第一，拜克之所以如此强调伦理化犹太教，是因为他清楚地看到现代犹太宗教思想中存在的知识化、理智化犹太教倾向，不仅与犹太传统（犹太教是一种不尚教义、注重实际生活中的恭行践履和德行的启示宗教）格格不入，而且于现代化犹太教有百害而无一利。因为借助对犹太神学进行的理智的知识化诉求，不可能完成一种宗教所要求的那种自明性前提的先验论证。种种对宗教中最高存在或最终根据的论证，不是已事先暗中对唯一者的存在有了某种界定，就是已把唯一者降格为与我们凡夫俗子并存于万物之中的有限物。所以，人们绝不能从思辨的有效性方面去确证唯一神的存在，只能从行动的有效性方面去确证唯一神的存在。这要求人们必须放弃对"普遍的他者"的知识论态度。应当清楚地知道，人们永远不会有一种关于上帝的已经完成了的知识体系。关于上帝的任何理性说明都不会成为一种普遍的立场，也不会成为某种人们可以当作最高的自明性前提以便运用到论证中去的可靠知识。因而，当关于最高根据问题出现争议时，人们必须用宗教的话语陈述超验性问题，从敬畏意识酿就的内在思考中推出自己的决断，让自己在任何时候都敞开心扉，直接面对上帝。相信上帝处在一种与人的关系之中，显现在人的历史中。没有这种确信，上帝对我们来说就是不可思议的。人类的生活经验指引出我们期待上帝的方向，指出上帝是突然向我们迎面走来的他者。所以，合理、必然的上帝确证只能在伦理实践中证成。正是基于这种识见，拜克要求将普遍性视野（实践理性）与特殊性的生存体验（日常生活）融合在一起，提出在现代环境下，借助古代传统，探讨犹太教的本质，实现犹太教的现代化。以是观之，无论拜克的努力是否能够完全成功，他的努力总是极有价值的。它是继19世纪犹太教改革派展开伦理化犹太教运动之后，现代化犹太教的又一次有意义的尝试，代表了现代犹太教发展的一个新方向。从这个意义上说，我们赞同赫马尔卡给予拜克的评价。赫马尔卡说：拜克希望"能够发展一种对犹太教不变内核的情感……在与当代世界进行的富有成果的对话中得到……对传统发展一种活生生的再叙述"。为此，"利奥·拜克走了一条介于哲学与神学之间的中间道路，他遭受到两方面的攻击。这条中间道路也许是可以接受的道路。这条中间道路使我们体会到拜克对我们时代犹太人生活的影响，使我们更接近我们自己的自我知识。通过将内心的责任和理性的要求结合起来，我们或许会实现拜克勾勒的希望：这希望缘起于我们时代为犹太教成为伟大的普遍宗教提供的机会，如果我们能够抓住这个机会的话"[1]。

第二，更重要的是，重铸犹太教的伦理之魂，有助于犹太教现代化的转化生成，其影响将是深远的。犹太教因之得以突破狭隘的民族主义视野，将原先仅具有文化特殊性的人文资源普世化为人类可以共享的价值资源。也就是说，由于拜克是从实践理性角度对犹太教神学思想进行的创造性转化，其借用的资源、引进的原则不再仅仅是原始犹太教的戒律及《圣经》与《塔木德》的

---

[1] W. Homolka, *Jewish Identity in Modern Times: Leo Baeck and German Protestantism.* pp. 113, 125.

历史性叙述和神秘化解释，而是现代人文学的原则和资源，犹太教的信仰学因此可以进入现代人文学的行列，成为一种人文学化的神圣的道德律令，从而可以担当起人类实践生活之价值基础的重任。由此可以进一步断定，拜克对犹太教进行的伦理化改造，不是传统的犹太教神学样式的简单转化，而是一种全新的、开拓式的神学建构。这种积极建构的直接结果是，它使得犹太教事实上成为一种没有特定神学的宗教。犹太教的主要内容不再是神性的生活，而是人的生活，人对上帝虔诚的回答构成了它的主旋律。人为上帝所创造，是行为的作为者，并在自主的选择中找到生活的意义。这种积极建构的根本意义在于，它有力地证明了犹太教的建构能力，证明了犹太教被进一步建构的空间还远未穷尽。犹太教作为一种有着沉重的历史负重感的古老文明的象征，依然有着期待新视野的强烈愿望，有着为不同领域融合而敢于超越自身的无畏的勇气。这保证了犹太教在现代人文学科的冲突、融合中既能保持自己的传统，又能在对话、博弈中发展，以一种强者的姿态将犹太优秀传统及现代创新引入现代思想领域，与各种现代思想在相同的背景下交流、论辩、融会，共同为人类文明的保存、创新、发展做出应有的贡献。

五

本书由傅永军和于健合作翻译完成，大体的分工如下：第一篇"犹太教的特征"和第二篇"犹太教的观念"中的"信仰上帝"部分以及"信仰自己"部分，由傅永军译；其余部分由于健译。

译出初稿后，再由傅永军进行整体修改和润色，统一术语、书名、人名译法，补充个别遗漏，增加部分译注并撰写了"译者序"。

在翻译过程中，我们尽量使人名和地名的翻译与通例相一致，远古时期主要参考《圣经》中的用法，近现代则基本采用了通用的译法。书中涉及大量的《圣经》引文，对于这些引文，我们主要采用了中国基督教协会和中国基督教三自爱国运动委员会印的"神"版或"上帝"版《圣经》中的译文，有的译文作了必要的变通处理，目的只是为了更好地传达出原著者使用该引文的意图。

本书的翻译工作历时近三年，在翻译过程中，译者曾多次不得不放下手中的翻译工作去完成一些更为急迫的事。另外，文本本身的特点也制约着翻译的进度。利奥·拜克拒斥犹太教神学的理性化解释，按照他自己的观点，他既不是大道在握的圣人，也不是思如泉涌、善于构造形而上学神学体系的思想家。他不过是"为上帝精神所感动的讲话者或布道者"，即"上帝消息的传递者"。因此，他的思想发自内心，是内心体验的产物。这种精神体现在文本中，就使得文本本身成为一种写作者自由心境的坦露、炽热宗教情感的宣泄，从而缺乏明晰的逻辑。这无疑增加了理解与翻译的难度。同时也使译者心中忐忑。理解尚有难度，何况译成汉语？我们在这里真诚地说一句：由于我们在学养和能力方面的欠缺，这部译作中必然存在许多不尽如人意的地方，敬祈读者见谅，并恳切希望同行批评指正。批评我们的人永远是我们的朋友！

傅永军　于　健
2001 年 8 月

目 录

第一篇 犹太教的特征

统一与发展 ………………………………………… 3
先知的宗教与信仰的社团 ………………………… 26
启示与世界宗教 …………………………………… 54

第二篇 犹太教的观念

信仰上帝 …………………………………………… 79
信仰人 ……………………………………………… 148
  1. 信仰自己 …………………………………… 148
  2. 信仰同胞 …………………………………… 184
  3. 信仰人类 …………………………………… 219

第三篇 犹太教的维护

历史与任务 ………………………………………… 249

参考文献 …………………………………………… 268
索引 ………………………………………………… 275

第一篇

犹太教的特征

统一与发展

犹太教从其几千年的历史中,已经学到并且体验到许多东西。几个世纪以来,深思以及与各种观念斗争始终激励着犹太人民。不管是主动选择,还是被动接受,犹太人已为自己在这个世界找到了多种多样、形式迥异的道路,他们的经历(experiences)已成为全部犹太教历史中的一个部分。由于犹太人散居世界各地,使得犹太教能够接受来自人类文明不同精神的撞击。

犹太教在自身漂泊历程中已经历了多次嬗变,它那命蹇时乖的历史决定了它特有的命运。犹太的历史斑驳多彩、现象纷呈,但并非所有这些现象都具有同等的价值或意义(scope),因为生活不是铁板一块,尺山寸水,也有波高峰低。一个人最典型的特征总是在其充分张扬的时候才能被精确地把握,只要这种张扬一再表露出来的话。在这种从巅峰时刻到巅峰时刻的律动中,人的意识的本质性东西——那已经获取的和已留存下来的——得以彰显。犹太教具有这种持续性,这种本质尽管它那悠久的历史曾经历过异变时期。由于有持续一致的本质,犹太教的各个时期就存在某种共同的东西。拥有一个属于他们自己的世界的意识,隶属于有约束力的精神家族的意识,始终活跃在犹太人中间。犹太人生活在同一个宗教之家。

这种统一性在犹太教首先得以滋生的那群人中间有着坚实的历史基础，并深深植根于他们之中。犹太人明白（realized）他不只是属于今天，他的生命还是那些给予他以信仰的祖先生命的延续。因为他的民族祖先同时也是他的宗教祖先。他知道他的话语中负载着他的祖先的上帝——亚伯拉罕（Abraham）、以撒（Isaac）、雅各（Jacob）的上帝——尽管相对于他所承受的传统来说，他的声音尚显稚嫩。同样，当他思考未来时，他感到未来将与上帝同在（live through），也就是说，他自身的存在以及未来都将指向古老存在的上帝。

这是发自每一个犹太人的心声。但四周的世界却是用不同的声音讲述的。这些伟大先祖的后裔不久就离散飘零，命运带给他们的不仅是分离，有时还是实际上的分裂。更有甚者，犹太社团（community）还失去了那些对其他民族来说恰是借以保持民族联系的方式。但犹太人既没有用通过拒绝异族文化以努力抗拒周围的民族及其观念，也没有建立一道坚固而又严密的防线保卫自己的文化以保证生活的安定与舒逸（assured and assuaged）。假如犹太教要保持自身的统一性，它就既不能让世界孤立它，也不能由自身设置一道由教条和习俗构成的封闭之墙。

不可否认，在人们的记忆中确实曾经有几次犹太人社团几乎完全与世隔绝。但是，这种隔绝完全是空间性的，并且它还是犹太教绝不接受的那种强迫性的隔绝。仅在很罕见的时期，犹太人的世界也只是它的部分，才封闭于精神的"犹太隔都"（a spiritual ghetto）中。隶属于这个隔都的居民用求知的热望审视了震撼几个世纪的理智运动。指出犹太思想家和科学家对中世纪思想的影响，还有一个因素使犹太人不能生活在自己的精神隔都之中。其他的宗教都不把某一崇高价值（a high value）与有信仰的博学者联系在一起。在无数终身献教和以死殉教的犹太教信徒中，可能只有少数人因执着于自己的传统而对传统之外观念的发展一无所知。

事实就是如此。从犹太人被隔绝这一事实似乎可以令人信服地、富于逻辑地引申出这样一些证据——这些证据由不争的事实所提供，并为每一次新的宗教迫害与压迫所强化——并得出与犹太教主张相悖的结论。旧的预言允诺的东西与每一代人实际体验到的东西之间的矛盾导致如此尖锐的紧张关系，使得犹太人可能直接走向自我封闭。受压迫者、受迫害者总是只相信自己，事实上，假如他不想遭受毁弃的话，他必须相信自己。然而，只要他生活在世界上，他就不可能只生活在由自己的信念构成的封闭天地中，孤芳自赏。只有少数拥有天赋权威的幸运儿才能独享这种特权。

犹太人始终是一个少数民族，但却是一个被迫去思想的少数民族。命运赐予犹太人以思想。犹太人必须坚持与那种将成功与权力抚慰式地归之于统治者及其辅佐的真实意识进行精神上的斗争。多数人的信念以众多的拥有者为基础；少数人的信念通过持续不断的努力探求而得表达。这种内在的活动成为犹太教的中心。俗世（a world accepted）的宁谧与完满不在其视野之内。对犹太教来说自信并非理所当然的事，反之它永远保留着不断更新的要求，而犹太教的本真存在（very existence）就是以此为基础的。外在的生活愈得到限制，就愈要坚持为生活责任这种内在信念而斗争直至达到目标。

无论是因循古代无序方式（casual lines）发展，还是在中世纪系统基础上发展，总而言之，犹太宗教学说是争取自我永存（self-perpetuation）努力的产物。因此，它既不是一种经院哲学（a scholastic philosophy），纠缠于老生常谈，也不是那些服务于权力并且为权力辩护的短命哲学中的一种。由于它致力于持续不断地争取精神存在的斗争，它就是一种宗教哲学。整个社团的理想存在，所有那些意识到希望隶属于这个社团和在这个社团中接受教育的人们的愿望，都通过这种宗教哲学得以表达。通过它有关犹太人生活的无尽沉思与思辨也得到了发展。几乎没有其他方式能像这种哲学化方式，使得犹太人社团能够如此特征鲜明地表达自己，它展示了犹太人的唯一性，以及犹太人精神人格清晰的形象。

　　在这种哲学化过程中，依据时间和地域的影响，许多观念取得了优势地位。不管宗教的基本原则被建立得多么坚固，对其价值构成的这个或那个方面的侧重仍会发生重要的变化。如此看来，不可避免的波动就是犹太思想的特征。为拥有一种哲学，犹太人付出的代价是，牺牲确实性，牺牲宗教信条的公则化。

　　如果我们从严格意义上把握"教义"一词，甚至可以说犹太教没有教义，所以也没有正统信仰（orthodoxy），假如是从通常角度理解宗教的正统信仰的话。当然，在任何一种积极的（positive）宗教中，经典的警句（classical phrases）代代相传，每一代都将这些警句看作是宗教真理古老而又神圣的载体（vessels）。信仰的瑰宝（a depositum fidei）无论存在于何处，都将用充满启示与传统之音韵的神圣话语来描绘。但是，从话语的严格意义上说，它并不能构成教义。只有当观念的特定公则被形式化，并且只有当这个公则被公认的权威宣布具有约束力,是获救的基础,一种教义才得以显现。

犹太教不具备这些前提中的任何一个。在犹太教中不存在对一贯的、不可违背的公则的需求,这种需求只有在那些其核心部分存在一种神秘的、圣化了的信仰行为——一种可以独自打开拯救之门的行为,所以这种行为要求一种能世代相传的特定的概念化摹本——的宗教中才是必然的。这种拯救行为以及神恩的赐予与犹太教格格不入;犹太教并不乞求在地上建立天堂。犹太教始终主张持重与严肃(sobriety and severity),它的要求甚至超过它的给予。这就是犹太教有如此多的戒律而拒绝圣事与神秘的原因;假如说犹太教曾有过向后一方向发展的趋势的话,那么这种趋势在早期阶段就已被克服掉了。

犹太教绝没有通过趋向完备的知识以希图一劳永逸地界定信仰的全部领域的欲求。只是在那些将神的开蒙与拯救统一在一起,认为完备的知识——真知(gnosis)——独自就可以引向拯救的宗教才有这种欲求。在这种宗教中,每种缺点或错误都是拦路虎,最微不足道的错误行为或许就是致命的。当真正的信仰被视为神恩的赐予,并且一切都基于神恩的赐予,那势必要求一种精确的规定以及一个终极的目的。但是,在犹太教那里,信仰的教条绝不负载这种意义;这些教条绝不是拯救的条件,意含着在是与否(all and nothing)之间进行选择。

在基督教中,借助圣事,神秘感变得可见而又实实在在。但在犹太教中,神秘的观念则有着另外的意义;神秘的观念被置放在理想的领域,指称着那种属于上帝而不属于人的深不可测的东西——

人只有通过自己的情感才能接近它。由于掩蔽在人类的肉眼不能透入的黑暗的隐秘之处，人只有凭借虔诚的行为和缄默的沉思才能接近上帝。人的作用由戒律所记述：要做善事，这是智慧的开端。人对人的责任先于他对上帝的知识，并且人的认知与其说是一种占有行为，不如说是一种探求过程。从犹太教的观点来看，上帝对人提出了某些要求，但是这些要求只与那种人被置放于其中的生活相关。所以，"律法的原则"（principles of the Torah），如《塔木德》的言论，就是虔诚行为的原则。这些原则通过特定的宗教形式体现出来。而另一方面，宗教学说本身在许多方面仍保留着自由状态，没有终极的、有约束力的结论。

犹太教放置在虔诚而又善良行为之上的崇高价值是这样一种价值，它是最可能选择的反对教条主义的价值之一。宗教教义精确的、概念化的界定缘起于教会，教会把宗教教义看作是知识，而另外的意思就是，知识又被当作宗教教义呈献给世人。许多教会教条的作者是通过哲学走向宗教，尔后又在宗教中重新发现哲学的。他们在哲学中发现的真理作为宗教教义——将其作为真理提供给那些被奥里根（Origen）称之为"精神上贫乏"的人（教会关于宗教教义的这个观点也为黑格尔所赞成）——以完美的形式呈献给大众。有学识者的宗教和无知者的宗教这样就能在教条方面统一起来。但是，在犹太教那里，这种统一是通过坚持行为的原则，即一种强加于人并且对所有人都如此的要求而实现的；通过它，"祭司（priests）王国以及一个神圣的民族（nation）"（《出埃及记》19：6）被创造出来。这样一种态度使得教条主义在犹太教中几乎没有存在的空间。

此外，犹太宗教团体缺少可以创造教条的权威领袖，特别是自从那种首先归于犹太教公会，继而又在所谓加昂（Geonim）受到更多限制的权力消失后。只有教会的权威才有资格制定有约束力的教义公则，以团体的名义发言，要求顺从，并且用它去制裁那些不愿服从者。谁拥有权力，谁就可以决定什么能被公认为真理。这种创立教条的方式在教会初创时代确立，那时居支配地位的教派用命令或者武力的方式强迫人们接受教条；在此之后，即宗教改革之后，国家的君主同时也成为宗教的君主。决定权被归于教会当局——无论是以教皇、主教、公会议[①]、还是世俗教会团体的形式。但是对犹太教来说，绝不存在这种权威。真实的情况是，一种确定的传统在教师中绵延不绝；但是不存在任何教会的或者世俗的教阶组织。偶尔出现被树立起来的权威——尽管它们总是稍纵即逝——也绝对没有权力决定信仰事务。所以，即使感到对教条有一种需要，也不会由某种权威性的实体去建立它们。归属的意愿和执著而又坚定的信仰是判断犹太人的决定性标准。

时常有将稳定的公则编纂整理的尝试。在《塔木德》一重要段落中，有句格言宣称那些否认确实性学说的人将被永恒的生活所排斥。这句格言的意义在于它将自身限制于否定性。在中世纪，卡拉派（Karaite）的教师在伊斯兰教影响下建立了信仰的条款。似乎可以确信这同一种影响也发生在这一时期的其他思想家，包括那些有着很高和持久声望的思想家身上，他们都试图将全部犹太学说纳入若干信仰的条款之中。然而这些条款并不能成为教条。

[①] 由主教等教会官员讨论教义、教会管理等问题的会议。——译者

16　犹太教的主导形式主要体现为宗教哲学探究,哲学与其说是产生体系不如说是产生方法。原则总是比结果更重要。对表现方式总是采取宽容甚至是不计较的态度,这是犹太教置于中心地位的观念。犹太教,也包括犹太人,为非正统的东西留有空间,他们既不可能也不乐意栖息于教条的安逸舒适气氛中。

由于没有教条,许多人感到缺乏精确性。有一种意见认为,犹太教因其没有用规定的词语表达的教义,它可以是任何东西但不是宗教。这种意见甚至在犹太社团中也经常产生响应,尤其是在转折时期:当人们失去他们依附的、用严格的公式化语句表达的教义时。没有教条,信仰似乎缺少确定而又安全的、使其能够长存的形式。毋庸置疑,这种意见有某种真理的成分。不过,在犹太教根本性质中缺乏教条存在的条件,是犹太教历史发展的基本结果。犹太宗教哲学以不断更新宗教内容为其目的,通过更新它最有成效地防止了公则严格性的衰减。犹太教是一种能够持续不断地在自身内容上添加新的思维劳作的宗教。

从早期伊始犹太人的宗教就将为精神的存在而斗争作为自己的追求,而这种斗争发展了犹太民族更新自身特殊生活的能力。犹太民族的信仰领域有别于所有其他宗教教条所及的领域,它只有在自身中进行最坚定而有持续不断的信念更新才能使自身生存下去。任何妥协都将意味着精神的毁灭。"你应该"(you shalt)变成"我定要"(I will)。从对精神斗争的这种迫切需要产生出绝不屈从于权势观念或者时代观念的决断。将真实保留给自己的勇气成为犹太民族生存的法则,并且给犹太教一种属于自己的独特活力。

在其历史的肇始阶段，以色列人就已面对这一任务。列祖的时代不得不被割断。"将你们列祖在大河那边和在埃及所侍奉的神除掉，去侍奉耶和华。"（《约书亚记》24∶14）如同与过去隔断联系一样，他们这样做也不得不挣脱现在的束缚。在他们身旁一种不可战胜的文明显示出它的力量和吸引力。希图生活在它的王国中就必须去抵抗这种力量。以色列人并不是只在某一天存在，更不是生活在一个与世隔绝的偏僻的小岛上。由于犹太人与他们生活其中的国家同呼吸共命运，所以他们也介入了这些国家的历史。这使得犹太教接受到形形色色的外来影响。

犹太精神所具有的将它接触到的形形色色的文明成分吸收在自身之中的能力，证明了它的创造力；对犹太文明来说，它已证明了自己能够消化并且完全能够同化外来的文明成分。犹太文明为外来影响所左右的情况几乎不存在，即使发生这种情况，它自身具有的那种自由而独特的本质也会最终战胜外来影响。外来影响被纳入犹太传统中并被赋予了独特的特征。职是之故，犹太教在早期借鉴了一些外来的术语，但不久就赋予它完全新的内涵。两个人谈论同一件事但却不一定传递同一种思想。比如，《圣经》中用以指称先知的单词就与其外来含义大相径庭。许许多多的内容被以色列人增添到这个单词上！近朱者赤，此乃不言而喻之理！（With what a personal ring, with what depth of thought, has this name become invested！）以色列人是唯一赋予这个单词以价值的民族。从宗教语源学的角度看，或者从揭示人类文明进程的角度看，追溯这个或者另外一些引起激烈争议的词语的起源或许是重要的，但对揭示犹太教的意义来说却无关宏旨。

偶尔一个外来概念带着一个外来的单词进入犹太教，然而犹太教最终也不会对它作出让步。假如犹太教接纳它，它终究要被同化掉。直到它经过犹太术语的特别改造之后，它才能在犹太思想中找到一个永久性的位置。无关宏旨的因素被放弃或者置之于次要的位置。只有那些可以真正被犹太化的因素才能成为永久性遗产的一部分。然而不管犹太教受到外来影响多么严重，它也绝不会改变自己的基本特征，更不会让自己沉沦于外来影响中。关于这一点，最好的证据莫过于这样的事实：犹太教始终坚定而又纯粹地坚持了它的一神论。

当我们将这种个性的坚守与其他宗教的历史作一比较时，我们就能对犹太教的成就作出恰当的评价。传播到新的国度的宗教必然会遭遇到一系列经常被自己吞噬掉的风俗、习惯以及观念，然而对于宗教与那些风俗、习惯以及观念之间的关系却难有一种清楚的理解。这些宗教或者容忍那些它们碰巧遭遇到的传统，或者对其进行某种无关痛痒的表面改造。对它们来说，只要去掉自己的个性就极容易赢得胜利。例如，佛教从根本性质上就蕴含着对皈依者的极度宽容并承诺即使对最低等形式的宗教也任其保持原来的存在形态不变，事实上这也是佛教赖以扩张的原因。最伟大的伊斯兰教史专家们承认，伊斯兰教是庇护各种异端观念及异端活动的温房。同样的说法也适用于希腊正教（Greek Church），它身着古老的希腊宗教外装，却又贴上基督教的标志。这些事例在数目上不是仍在增长吗？一种宗教的巨大成功总会带来自身特征的丧失，而迅速的外部胜利总会导致内部的改变。

然而，犹太教却设立了一条界限，超越这一界限的外来影响将遭到排斥。为捍卫这条界限，持久性的论战经常是必需的——尽管论战并不总是直接取得胜果。但是，为保留宗教特征而进行的决定性论战总会取胜。特别是面对极度的诱惑及危险的时候，犹太教的单一性应得到最确确凿凿的保存。严格说来，当犹太教不得不与新旧文明发生接触时，它的消解能力是其他宗教无法匹敌的，这使犹太教能最大限度地忠实于自身。对犹太教来说，这种与外部影响的冲突亦表现为内部的自我冲突，是它自愿接受的一种挑战。这既不单是环境偶尔所为，也不单是一种自然的过程。毋宁说，它是由那样一些历史人物——先知、改革者、宗教思想家等一手导演的，并为他们所左右，正是他们为犹太教指明了道路。

这些显而易见的事实足以表明以色列人的独立本性。以色列人的创造性既不表现为精神因素的创新，也不表现为断绝与过去的联系。以色列人的独特的创造性在于它有力量为自己的精神的独特性而斗争，通过这种斗争为生命注入特定的养分。犹太人不是借助观念的产生证明自己的独特性，而是通过力所能及地把握已有观念并使其日渐丰富来证明自己的独特性。甚至偶尔怀疑自己独特性的歌德就持这种观点。他说："创造性的最好标志在于，一个人有能力在更为丰富的意义上拓宽一个既有的观念，即使无人能够轻而易举地发现更多的隐藏着的东西。"这种处于不断塑造和改铸中的创造性——我们暂且将先知们的宗教发现搁置一旁——就是重建以色列人独特性时值得考虑的东西。

我们的生命由我们所要成为的东西（what we become）来实现，而不是由我们生而秉承（endowment）的东西来实现。秉承和遗传虽然词华典赡，但也可能言之无物（then again nothing），其根本在于我们如何使用它们。不是观念役使人，反倒是人为他的观念增色添彩。这对整个民族和单个人都是确凿无疑的。对民族和个人来说，其在成年时期养成的个性有着决定性的意义。

个性的唯一性极容易被忽视。每当发现《圣经》与其他古老民族宗教文献之间存在的联系，就会产生一种否定犹太教创造性的倾向。最新的发现总是欢欣鼓舞地宣布，的确可以证明犹太教曾经深受其他宗教的恩惠。在某些混沌而又神秘悠久的东西中发现一种伟大传统的萌芽是人类的一种旨趣，一种只在时间流逝中得以满足的旨趣。例如，我们这个时代是多么经常地将希腊文化的渊源追溯至某些新近发现的古迹（antiquity），并且在其中夹杂着外来影响。对待《圣经》亦复如此。假如一个人试图去证明《圣经》的创造性，尽管这一点已被先前的认识所证实，就似乎特别证明了他具有公正的态度和批判的意识。这种分析方法在别的地方也能见到。在17世纪，当新哲学破土而出时，将每一位大思想家与他所认可的先驱作比较以还其本来面目曾成为一种时尚。随着学识的扩展，一个人发现了"笛卡尔之前的笛卡尔主义者"和"斯宾诺莎之前的斯宾诺莎主义者"，于是就想以此否定大师的天才。人们往往会因为无关紧要的相似性而忽略了根本性的差异。所以人们总是在埃及或者叙利亚，现在又在阿拉伯或者巴比伦发现"前犹太人的"犹太人的（Isreaelites）踪迹。这个世界不会轻易消失，而最新的探求必定不是最后的。

宗教最初的、基本的形式对于理解自身的起源及其发生史极有价值。但是，从判断和把握历史现象的本质看，只有那些特征鲜明的经典形式才有意义。人们只有通过追索宗教发展的线索才能判定宗教的本质。宗教在起源时就有的基本规定似乎例外，它们常常成为宗教成熟形态的基本成分。对一种宗教来说，其特征鲜明的独特性是经过几个世纪才形成的。"从小知老"这是一个公认的真理，但是，除非我们了解宗教成熟时期的本质，我们才能发现宗教"童年"时期的独特性。职是之故，我们只有在犹太教已经达到并保持着的巅峰时期，而不是在它的初创时期发现它的真正意义。

在犹太教那里，每种思想都是犹太思想整体中的部分；每一个单个的成分都是从标准的成熟宗教，而不是从宗教的萌芽状态中获得自己的根本特征的。人们不会真的将《圣经》上的道德律等同于那些用楔形文字镂刻在圆柱上的与它明显类似的东西。谈到比较，我们或许会在远古部落的图画上发现美的细节，但是我们绝无权力将它看作是菲狄亚斯①的雕刻作品，也不会将它认作是阿派里兹②的绘画。除非对以色列人进行恶意批评的人，能够说明《圣经》、先知谱系或者类似宗教史，或者相当于以色列史，否则以色列所宣称的唯一宗教的意义——洞悉天启——就不可以被否定。

发展的概念，特别是以人格化为条件的发展概念，对理解犹太教的成长有着根本性意义，《圣经》中的一切都为犹太教——从亚伯拉罕到摩西再到耶利米，从耶利米到《约伯书》的作者——指明了所必须遵守的道路。不同时代的这种历久不竭的连续性赋予犹太历史以相同的特征。只有从犹太教的整体出发才能真正理

---

① 公元前 5 世纪希腊的雕刻家。——译者
② 公元前 4 世纪希腊的画家。——译者

解犹太教。甚至对两种宗教教条中来自犹太教的某些内容，这一原则也同样适用。基督教作为"最善变的"宗教而受到特殊的赞誉。然而，一位被视为现代宗教比较学科开山祖师之一的学者却公正地指出，基督教之所以具有这一显要的地位，皆缘自它与犹太教的关联。

在进化的整个过程中，既存在着稳定性因素以保证变化中的均衡，也存在着有推动性因素以提供变化的动力。它们之间的差别或许可以看作为宗教中权威因素与变革因素之间的差别。推动性因素常常会在时间流逝过程中转变成保守因素。先是大胆的疑问，后来就变成了显而易见的真理。对一代人来说是否定性的论题，对另一代人来说却是肯定性的论题。在这里，我们看到有规则的进化过程，由似是而非的东西转变为常识的进步之路。

《圣经》中有犹太教稳固的根基、变化中保持不变的恒久因素。随着先祖们的古老的以色列传统在摩西时代的终结，某些历史性根基已经被奠定。而由于《圣经》——这本书将上帝的见证、列祖的传说、神职人员的言论以及先知的布道融为一体——上述历史根基变得稳如泰山。

保留下来的不仅仅是《圣经》的历史和宗教内容，对于流变不已的时代来说，《圣经》已成为公认的权威。预言和教诲不只属于古代历史那飘忽的年代。预言家们极力渲染的景象留存着犹太教的理想。流行的观点认为以色列人的预言被所谓律法的犹太教所取代。这种观点把它们看成是两个对比鲜明的时代。而实际上它们的差别仅仅是追求真理时代与接受真理时代之间的差别。犹太学家们不把预言家看作是落伍的前辈，反而把他们看作是永恒真理的传布者,这些人地位崇高,他们的学说成为神圣的作品,绝不能被取代。

《圣经》是犹太教最权威的成分,但绝不是唯一的。正像《圣经》源自传统那样,不久之后产生的传说、努力洞悉《圣经》文字所表达本质的"口传律法"都出自《圣经》。口传律法努力适应《圣经》对所有存在事件的教导;为一切生命活动提供宗教和道德标准;在所有的犹太社团中实现《圣经》的教义。这一在《塔木德》中最终形成的传统起初为博得人们的认可而奋斗,最终成为犹太宗教生活中保守的因素。毋庸置疑,就宗教影响、内在力量和产生的效果而言,《塔木德》仅次于《圣经》。但《塔木德》经常被看作是更为保守的东西。《塔木德》的意义在于为犹太教筑起一道保护性篱笆。就这一点而论,在犹太教受压迫的岁月里,《塔木德》享有特殊的荣誉和受到特殊的珍爱。犹太人从《塔木德》那里得到护卫,所以反过来他们又护卫《塔木德》。因为《塔木德》既与《圣经》相互支持,其地位又仅次于《圣经》,所以它保证了以色列人的宗教不至于误入歧途。犹太教的历史性延续以及持久性的均势,主要是由《圣经》所拥有的权威特征以及《塔木德》所获得的决定性权威地位来保证的。

然而,单就自身来说,《圣经》与《塔木德》并没有驱动力以促进自身的进一步发展,它们已经成为静止的文本。《圣经》的动力因素源自于它对犹太人信仰的意义。对于信徒来说,《圣经》提供了上帝之言,它适用任何时代;每个时代一定能在它那里寻找到对自己来说最中肯和最特别的东西。每代人从《圣经》的言语中都能倾听到自己的愿望、希望和思想;每个个体也能从中倾听到他心底的热情。《圣经》是如此接近心灵,以至于绝不能从历史的观点来理解它。犹太教在自己随后的发展岁月中,绝没有把《圣经》当作一种古籍,它仍是一本关于生活的书,一本关于每一个新时代的书。神圣的启示是为所有的人设计的,而不是仅仅为生活于它产生时代的人所设计的;它是对所有人布关于所有人的道。"你就是那人"(《撒母耳记下》12:7)是位于段首的箴言。随后便引出这些名言:"为了你,神已经践行了这些奇迹";"你来自埃及";"你也站在西奈山前接受启示之言"。

《圣经》能够满足每一个新时代提出的新问题:有着道德和宗教意蕴的新关切和新要求。《圣经》能为新的关切提供安慰,能够满足新的要求。每个时代总要传播新的真理,至少可以说,《圣经》总是与这些真理相关。对每一个时代占支配地位的观念,它总会慢慢地对其达成某种理解;对每一种重要思想,它会比较,如有可能,就将自身与其联系起来。对人类思想的每一次惊疑都使得《圣经》获得不同的意义;但依然古老的语词仍能证明自己的威力和意旨高远。所以说,《圣经》本身总是伴随着时代向前发展,而每个时代总会获得自己的《圣经》。斐洛、阿吉巴、迈蒙尼德、门德尔松在《圣经》中各自所发现的东西是何等的不同!他们读同一本书,然而在许多方面它对他们每一个来说却表现为一本不同的书。正像《塔木德》经常评论的那样,每一时代都有自己的《圣经》阐释者。更为适当的表述是在摩西的神奇传说中,摩西听到阿吉巴解说的律法,然而,他不承认这是他的律法!

处于犹太传统中的《圣经》总是被创新,因为《圣经》具有每一个真观念为趋向更高的精确性而奋争的本性,它内在地包含不断生发精神活动的力量。无始无终，无拘无束，每一种属于人类精神的创造性观念总是持续不断地将自己更新的内容展示于世人，并因此而不断地为自己添加新的思想。对每一代人来说，《圣经》总提出对自身具有意义的问题；一个人倘若感受不到这个问题是精神的必然趋向，他就不能理解《圣经》。

当人们认识到上帝的教诲不是一个人被动接受的遗产，而是一种必须争得的遗产时，人们就开始把与《圣经》的这种关系看作是一种宗教义务。对"研究"、对《圣经》探讨来说，这是一道至上的命令。探索——就意味着将《圣经》视作为一种需求对象而不是一件礼品。对这样的变动不已的概念，人们很难将其与传统的稳定、强制、约束及不变协调起来。所以，将信仰仅仅建立在权威之上是不可能的。探究的责任要求进一步思考；每一次的终结都成为新的开始，而每一次的解决都会带来新的问题。结果，传统所接受的学说，不再被当作某种终极的东西接受下来，而是被当作一种在社团意识中不断自我更新的力量接受下来。所以，犹太教企求从新的意义上理解古老的语词；对其采取另外的甚至是矛盾的态度；最终亦无完成探究此语词的意思，不过是将其置于对其真实意义探究的过程之中。

通过作者通常保留在其作品背景中的事实（即使这些事实与作品的论述毫不相干），犹太教肯定了这种疑问，尤其是在以后的时代里。假如一个个体居于中心地位，他对自己使用的语词自然有一种决定性的和规约性的影响。但是假如这个观念被认为比在它的创始者那里更重要，人们就可以更少约束地讨论它。

在这点上，更为重要的是《圣经》的形式，即写作《圣经》

的本然方式。整体上看，神圣的《圣经》是粗糙的、未完成的和非系统的；它展示的不过是"伟大的忏悔的片断"。它敞亮了许多事物，但它也充满了疑问；它的起端就直接联着结局；而它的充满矛盾的段落亦被调和；留有空白的地方亦被填补。神圣的《圣经》是犹太教最稳定的部分，同时也是犹太教最有活力的部分。可以肯定地说，口传律法也是如此。口传律法不过是暗含在《圣经》中的预设的发展。正如我们正确指出的那样，口传律法蕴含着它绝不会完结这样一种根本观念；口传律法是永恒的疑问。即使它被记录在卷，也无特定的限制附加于它。口传律法为犹太传统的自由发展提供了重要的激励。

这样，对犹太社团的成员来说，就有可能对传统所承受的一切保持一种独立的态度，甚至对《圣经》——其独立性在某种程度上被低估——中的话语也是如此。例如，人们很少注意到将口传律法与《圣经》戒律彼此进行比较的方式，并对它们的价值进行评价。虽然口传律法被尝试用于评价和证明那些首先在《圣经》某个方面继而又在其他方面被发现的理念——爱自己同胞的要求，人是依照上帝形象创造出来的教义，完全信仰上帝的诚信，上帝永在的知识性证明。这样，新的标准就被用于《圣经》，人们开始既审视《圣经》又运用判断于《圣经》。

名句"但我对你说"，不是以后时代的产物。在先知和赞美诗那里就已有之。在"你们要撕裂心肠，不撕裂衣服"的训诫中（《约珥书》2：13），在"爱比献祭更容易为上帝所接受"的格言中（《何西阿书》6：6），在"忧伤的灵是真实的祭"（《诗篇》51：19）以及在"上帝要将它的律法放在其子民那里，写在他们心上"(《耶利米书》31：33)等话语中，我们都能清楚地倾听到这种声音。这种自由的宗教感情在后来的犹太教中也得到了共鸣，它并不是福音书的专利。人们可以在《塔木德》中一次又一次地倾听到这同一种声音；但愿有相同的形式赋予这些教诲："你已经听说过对古时候的人们而言：你不能通奸。但我对你说：谁因贪欲哪怕是瞥一眼女人的脚跟也好像与她通了奸。""你已听说过给摩西的613条戒律。但我对你说，不要探寻《托拉》，因为上帝这样对以色列人说，奉祀我追随我，你们将活下去。""你们的教师为你们列举出托拉包含的众多戒律，但我对你说，爱的行为具有同律法的戒律同等重要的价值。""你虔诚地追逐自我并加重自己的负担——你是不是不满足托拉所禁忌的，也是你必须禁忌的？""对古时候的人来说，一俟法庭审判他，他将被法庭判以死刑，但我对你说：如果一个人70岁时法庭才判他死刑，那么法庭就是一个谋杀者的法庭。""你知道《托拉》已写明：谁有罪，就让他去献祭，他的罪将被洗刷。但我以上帝的名义对你说，让有罪的人悔悟，他将得到谅解。""你已经听说过：上帝将父辈的罪加诸儿孙。但自摩西之后，以色列再没有另一个先知向他那样说：仅有灵魂染罪的人才会死亡？"这样，甚至与摩西十诫的格言背道而驰，《圣经》中另一些表述亦被挑选出来作为真正的真理。

这些例子表明在此一时刻，为了获取更有深度的真理，《圣经》中的某一教条，如何为另一个似乎更有意义和更为基本的教条所反对；在彼一时刻，又如何产生一种诉求，借助道德良心作出决定，而在另一个时刻，爱上帝的天然本性又如何被探索的心灵依据某种判断视作至上的法令。这些并不只是单个个体孤立的看法，它们是那些被视作"有智慧之人"即那些被视作人民引路人的教导。

这种思考不是偶发的或者暂时的，仅来自这样一种事实：大量证据表明，同一种解释可以用于《圣经》注释的不同方面。例如，被《圣经》归于上帝的所有属人的及物的性质一再被纳入精神概念的解释之中。古代节日的宗教与伦理特征始终被强调，并使之愈加突显。许多古老的概念包含着明晰而又丰富的内涵。由于在《圣经》中经常借用上帝的名义，犹太教的教师发现了"全部仁慈"的意蕴；上帝的名在哪里被提及，人们就在哪里感受到上帝的爱。《圣经》中那些特别用来表达爱的神圣本质的句子似乎可以忽略；因为《圣经》中的每一页都宣布，正如父亲对孩子有怜惜的感情，上帝对那些畏惧他的人也有怜悯之情，就是在盛怒之下，他也不会忘记自己的爱。在《圣经》中那原本代表正义的语词中，教师们发现了公平和仁义的意义，发现了给正义以其真正尺度的本质。最终，正义一词变得与博爱、宽恕同义。

《圣经》随时将神意毫无保留地传递给人，这种神意总是充满了抹平地位与出身之差别的人性概念，所以专注于《托拉》的异教徒会获得与德高望重的以色列祭司同样高的地位。赞美诗中所说的罪人的毁灭，也意味着其"罪"的毁灭。该谴责的是邪恶本身，而不是邪恶之人。"或许罪会从地球表面消失，因为那时罪人所剩无几。"

在以后的日子里，犹太教坚持了这种对传统新颖性与独特性的解释。像迈蒙尼德这样一个将严格的信仰变得轻松起来的人，也准备将世界的永恒论——假如这能证明的话——与他的《圣经》

一神论统一起来。他宣布："解释之门不会关闭。"迈蒙尼德的观念较之在他那个时代和以后的时代流行的其他许多观念都更为大胆。然而对早期思想的这种放纵和包容在全部犹太宗教哲学中都可以发现。同样的情形也存在于《圣经》解释领域，亦存在于宗教律法研究领域，尽管这一点只在某种限度内被承认。犹太人对他们的宗教权利一般有着相当的意识；中世纪的犹太人实际上也把这种自由看作是犹太教的一种典型的、突出的优点。14 世纪时一本论战性小册子，曾宣布那种认为"人类理性的卧室是黑暗的，理性的推理和证明并不能说明什么"的观点，是与犹太学说相对立的，这种识见表达了那个时代在犹太人中间普遍流行的一种情感。自信的力量和理智的独立性在犹太教中是如此活跃，以至于当时的宗教生活中没有第二个因素能与之相抗衡。

由于古代经典本身支配着持续不断的研究，所以经典不会丧失自身的重要性；经典本身包含着将过去的材料改铸使之适合现代的趋向。甚至犹太宗教生活中的权威力量，也不得不认可并接受这种持续不断的重新解释的趋向。这样，权威就不会导致独断主义。发现真实观念、真实命令、真实法则（没有终极答案的百变问题）的精神奋争总会出新。《圣经》依然是《圣经》，《圣经》之后是《塔木德》，在《塔木德》之后是宗教哲学，而在宗教哲学之后是神秘主义，如此不已。犹太教绝不会成为完成了的整体，它的发展不会出现一个使其完成为整体的时期。旧的启示也会演变为新的启示，犹太教经历着持续不断的复兴。

犹太教以其精神创生能力，从这种持续不断的复兴中产生了自己独特的历史性特征。它一次又一次地惊醒，一次又一次地放目四望。它的每一个时代都被一种特别的经验——从这种经验中犹太教发现新的意义,并用它去改铸自身的精神生活——所铸造于实践中实现思想与律令的冲动,使犹太人不断地挖掘传统,而且最终这同一种冲动又引导他们以同一种态度去审视自己的精神。"新天新地"(《以赛亚书》66:22)这种先知的话语在犹太教历史中已成为现实。

犹太教在自己转折时期发现自己宗教的传统是一种沉重的负担,是十分罕见的事情。犹太人对自己独特的历史总是有所意识,意识到它的所有祝福;他们感受到他们通过对遍及犹太史的神圣法则的意识而被升华。他们几乎从不认为他们宗教的过去对宗教的现在构成一种障碍。在每一个时代,那些开辟思想新路的犹太思想家总会确实地感觉到,他们是站在坚实的犹太教传统基础之上的。在犹太教文献中很少有像与过去和谐并存这种情感那样显赫的东西。不可否认,在新旧概念中的确经常有一种紧张关系,但是对于犹太教试图衍生的大部分成果来说,这种紧张关系构成了犹太教生存的领域。犹太教保存了自己活生生的现实性,它感觉到自己总是属于现代的。

当然,有些时期——有时这些时期宁愿被延长——犹太教表露出疲倦的迹象,生命力停止,观念摇摆不定。在某种犹太文献或某一段落中发现犹太教缺乏最高的宗教理想,是再容易不过的事情。但是,这并不能提供反对犹太教的证据,因为犹太教总能再次复兴并重新发现自身。所以,犹太教真正的历史表现为犹太教的复兴过程。据说许多民族以及许多社团是从拥有伟大的过去走向对未来的期待。纵然,这个判断适用于宗教,但并不能必然地说它合法地适用于犹太教，因为，在犹太教中重要的宗教性质须不断更新——而这种性质作为犹太教的前提又是与未来的重要观念完全不相干的。就像活生生的民族精神不断复苏、代代相传那样，古代的先知就在犹太教世界中存在。

先知的宗教与信仰的社团

通过研究伟大的艺术家及其作品可以把握艺术的本质,同样通过研究天才的宗教人物也可以把握宗教的本质。所以,假若我们希望理解犹太教,基本的前提是学会理解犹太教的先知。这一点最为根本,因为先知们在长达几个世纪的精神斗争中用自己的劳作塑造了以色列人。正是先知们在精神上引导着犹太教——不可否认犹太教有时会偏离自己的发展轨道,但最终它会回到自己应遵循的道路上。我们可以把先知与犹太教的精神内核联系起来,这些精神内核历经时间考验,犹太教始终持守着。在先知们的思想中,犹太教寻找到自己的目标和自己的真理;先知们创造了犹太教的历史。

先知的观点最有意义的特征是富于直观和实践的特点。用维纳格(Vauvenargues)的话说,先知的思想由心而发:Les grandes pensées viennent du coeur。他们提出的思想既不是一种哲学也不是一种神学,他们既不沉迷于敏锐的论辩,也不沉迷于学术上的构造。他们并不企求对经验的最高原则刨根问底。总体来说,他们与思辨无缘。他们也不研究思想的问题,故而也不从假设或前提开始思索。迫使他们去思想的是一种强烈的伦理追求——他们为一种不可抗拒的真理所镇服。借助此种方式,他们就达到了他们的简明性。一切深思熟虑的东西以及反思的产物都与他们不相干。与其说他们是作为个体去言说,毋宁说他们是某种更高、更原初的力量的传声筒,他们代其言说。"我心疼痛,我心在我里面烦躁不安,我不能静默不言。"(《耶利米书》4：19)"耶和华啊,你曾劝导我,我也听了你的劝导,你比我有力量,且胜了我……我若说:我不再提耶和华,也不再奉他的名讲论,我便心里觉得似乎有烧着的火闭塞在我骨中,我就含忍不住,不能自禁。"(《耶利米书》20：7,9)他们讲论是因为他们必须讲论,这是一种内在的冲动,使我们信服不得不倾听他们这肺腑之言。他们所说的都是上帝给予他们的。

所以,他们对他们预言的一切非常确信:"狮子吼叫,谁不惧怕呢?主耶和华发命,谁能不说预言呢?"(《阿摩司书》3：8)"耶和华选召我,使我不跟从羊群,对我说,你去向我民以色列说预言。"(《阿摩司书》7：15)"我借耶和华的灵,满有力量、公平、才能,可以向雅各说明他的过犯,向以色列指出他的罪恶。"(《弥迦书》3：8)先知的声音是自发的,是内省的产物,因之也是深厚宗教体验的产物。它表现出的东西不可能被解剖或分析。天赋的东西、神圣的东西是不能被规定的。

拥有超凡的能力、对启示的诚信,是先知职责的神圣特质,先知们不仅仅是教师,在道德发生危机时,教导人民认清是非曲直。他们承担更多的角色:由于他们借上帝的声音讲论,他们就富有"由上帝的灵造就的力量"。他们的讲论是那么地清楚、精确——要知道,任何时候他们都保持清楚的特点——其源泉发自灵魂那不可测度的玄奥,在那里神圣的精神环绕着人类。他们的心灵并没有去寻找真理，反倒是真理占据了他们的心灵。他们的预言不是推论得出的，而是向他们敞开的，为他们显现的。这样，他们作为人的个体性并不会失去。他们并没有感到他们本身只是上帝恩典的被动对象，就像后来信仰的先知自认为的那样；他们为自己的自我以及他们对自由的感觉进行辩护。在他们那里，充斥他们内在存在的神圣的奥秘与特征鲜明的人类思维及其渴望联结了起来。一方面，他们了解神秘事物、超越他们的力量，因为他看到的和听到的事物都超越了人类的视听范围。另一方面，他们又在自己所设定的任务上做出了个人的贡献，他们参与了自己义务范围内的抉择；他们能够体验人类的选择。这样的两种经验同时为他们所有：他们将自己呈现给上帝，上帝将自己显现给他们。上帝令他们说，他们言说上帝，为上帝奋争，他们是上帝的臣仆。

有关先知的一切是真实的、个性化的和精确的原因就在于此，常常是个人严苛到一定程度，而精确性也严苛到一定程度。这一点符合于他们的要求，也符合于他们的话语。在自我博弈中，先知们为正确的话语而努力，他们与表达不可表达之物的语言作斗争，反过来意义的丰富性似乎又常常能征服他们。但是他们绝不会尝试解释特殊的句子或者去佐证它。思考变成了一种倾听和一种想象，在这种想象中象征提供了终极的解答。

所以，他们对传统的词汇漠不关心，即使这种词汇表示最神圣的事物，他们也对装腔作势的句子表露出不加掩饰的嫌恶。阿摩司大声说："我原不是先知。"（《耶利米书》7：14）带着强烈的愤怒，耶利米转而反对使用这样的术语："耶和华的圣殿"(《耶利米书》7：4)、"耶和华的约柜"（《耶利米书》3：16）和"从埃及地上来的永生的耶和华"(《耶利米书》6：14；23：7）——这些片语也许是人们不经意创造的，似乎只是词汇的玩偶，它比木偶和石偶更为邪恶。先知们蔑视所有这些片语，亦蔑视一切高调，他们也不依赖于概念。一句话，他们拒绝一切声称已经完成和完善的东西，在他们看来，甚至他们的话语也不是传达他们思想的理想工具。原因在于他们自身比他们的表白更重要。比话语更重要的是借助话语得以彰显的人格。

先知们并不把他们关于上帝的知识看作是理智沉思的结果。由于他们感觉到的是他们的上帝，他们是在自身中把握上帝，他们对上帝持完全确信态度的原因也在于此。对他们来说给出证明上帝存在的证据是完全不信的标志，是他们正在失去上帝和已经为上帝所抛弃的证据。他们对解释自己的生活意识比思考上帝的存在更有兴趣。对他们来说，宗教是一种意义，是他们生存的最为内在的核心，而非某种获取到或学习到的外在的东西。先知们一再强调宗教就存活在人们的心中——信仰成为存在的一个部分和世代延续的灵魂。在《赞美诗》几个部分中，在《约伯记》中，在《科林多书》中以及在《塔木德》的许多段落中，有许多论战性的话语，这些话语以其直言不讳的品格，证明无神论不能取而代之；矛盾的事物与不可思议的事物，难解之事与生存的失衡将他们的全部烦恼暴露无遗。但是将这些东西看作是反对上帝的证据，对于使用这些话语的人来说，却是不可思议的——就像让他们否定自己一样是不可思议的。

由于信仰是灵魂的生命，它在自身内就有必然性和正当理由，所以它可以在人类内心深处打下不可动摇的根基。先知们的追求是表达上帝对他们始终如一地显现的东西,因为他们的直观是确然的。他们有能力反对所谓显而易见的事实和一切自称为真的东西,确定自己灵魂的确然性;这样,他们就可以宣布他们的那些"虽然"是无法反驳的信仰的悖论。先知们从不妥协,他们不放弃什么,也不允许从他们那丰盈的需求中拿走什么。"他们必归向你,你却不归向他们。"(《耶利米书》15:19)以此种启示方式,先知们使宗教具备了超然的独立性。

与上帝内在地关联这样一种自由信念,构成了先知们话语唯一的伦理依据,亦成为犹太教的中心所在。先知们并不过多地谈论在自身之中的上帝,而是谈论上帝对人意味着什么,对世界意味着什么。他们对上帝本质的分析远不如他们对人的本质的分析。自由意志、责任和良心,作为他们心灵经验的原则,被视作与上帝的存在与神圣同样确定无疑。他们并不企求解决宇宙的普遍问题,而是要显示上帝与世界间的关系,作为对上帝的仁慈与意志的证明。他们也不企求回答任何有关灵魂的问题,而是要显示灵魂与上帝间的关系,以便确定人的尊严与希望。

对先知们来说,了解上帝的本质就是要了解上帝是正义的和不朽的;上帝仁爱慈祥,宽宏大量,他磨炼人心,使人们向善。借助对上帝的认知,我们了解了人应该怎样成为人,我们通过神灵了解了这一点。上帝之路即为人所遵行的路——"他们将遵行上帝的路,他们将秉公行义"(《创世记》18:19)。可见,理解人首要要理解上帝赋予人并引导人的东西,特别是要了解由于上帝是我们的主,人是被创造成正义、善良和神圣的存在的。所以,上帝的启示与人的道德概念紧密联系而成为一个整体,通过上帝,我们学会理解自己并变成真正的人。"世人啊,耶和华已指示你何为善。"(《弥迦书》6:8)上帝向我们宣讲善,出于我们生活的考虑,善就是对我们的要求。寻找上帝就是为善而奋争,发现上帝就是行善施义。先知们来说,照上帝命令去做,你就知道何为上帝。"在你一切所行事上,都要认定他。"(《箴言》3:6)"所以你当明白你的神,谨守仁爱、公平,常常等候你的神。"(《何西阿书》12:7)"要寻求耶和华,就必存活……要求善不要求恶,就必存活,这样,耶和华万军之神必照你们所说的,与你们同在。"(《阿摩司书》5:6,14)

先知们用于表示"认识上帝"的感觉是他们思维的一个特征。对先知们说,这一概念意味着认知沉浸在人类生活中。上帝的知识并不是超越了此时此地的世界的某种知识,它是处身于伦理宗教中的某种知识,是植根于人之中的知识。它与德性是同义词,借助德性每个灵者都能塑造自身的存在。关于上帝的知识既不是对特殊团体的恩惠,也不是神秘恩典的礼品,它出自自由,即那种对每个人来说只要自由地爱上帝就能认识到上帝的自由。上帝的知识和对上帝的爱并行不二,先知们是在同一种意义上使用它们。正像常言所说,"爱上帝,爱你们的上帝",所以人们认识上帝也是一种精神上的渴求:人们应当认识到上帝。这种对上帝知识的精神渴求深深地植根于伦理自由观念中,使得人们一旦认识到上帝,他或许就与上帝同在。伦理意志可以造就对上帝的渴求,即人要认识上帝的渴求。"我与你①争辩的时候,你显为义。"(《耶

---

① 指耶和华。——译者

利米书》12：1）"审判全地的主岂不行公义吗？"（《创世记》18：25）

这样，在先知的话语中，认识上帝与行公义就成为同一种东西，而它们同时也成为戒律。"我喜爱善良，不喜爱祭祀；喜爱认识神胜于燔祭。"（《何西阿书》6：6）"因这地上无诚实、无良善、无人认识神。"（《何西阿书》4：1）"他们恶上加恶，并不认识我，这是耶和华说的。"（《耶利米书》9：5）"你的父亲岂不是也吃也喝，也施行公平和公义吗？那时他得了福乐。他为困苦和贫乏人伸冤，那时就得了福乐。认识我不在乎此吗？这是耶和华说的。"（《耶利米书》22：15以下）"耶和华如此说，智慧人不要因他的智慧夸口，勇士不要因他的勇气夸口，财主不要因他的财物夸口。夸口的人却因他有聪明，认识我是耶和华，又知道我喜悦在世上施行慈爱、公平和公义，以此夸口，这是耶和华说的。"（《耶利米书》9：22以下）"在我圣山的遍处，这一切都不伤人不害物，因为认识耶和华的知识要充满遍地，如像水充满海洋一般。"（《以赛亚书》11：9）这样，先知们告诫他们的人民：理解的基础是正确的行为，并且这种行为就是启示的知识；正确的行则导向正确的思。"敬畏耶和华是知识的开端。"（《箴言》1：7）"他对人说：敬畏主就是知识，远离恶便是聪明。"（《约伯记》28：28）

这就是犹太教的起点与目标。遵行上帝之路的人是智慧的，因为他正做正确的事。犹太教的这个信念历经几个世纪业已为它的神秘主义所分享。宗教和生活如此这般地紧密联系在一起——宗教通过生活被证明，生活为宗教所充盈。不在生活行为中得到确证就没有虔诚，同样，只有在宗教现实化的地方，才有合法有效的生活行为。

宗教和生活的这种统一性，离开了宗教的实践就是不合理的和模糊不清的。上帝的思想是深不可测的，远远高过人的思想，就"像天高过地那样"（《以赛亚》55：9）。但是上帝的戒律"既不是难行的，也不是离你远的"（《申命记》30：11）。"它们在今天被诉说，它们正直而清洁。"（《赞美诗》19：8）在这里人和上帝之间订有契约。所以人知道应如何做，生活的日程已清清楚楚地为虔诚的人安排妥当。宗教之光的烛照，使人的道路清楚显现在面前。为此他必须走这条道路。"唯有寻求耶和华的，无不明白。"（《箴言》28：5）唯一能接近上帝的方式就是：正确地去做。

如此纯粹地理解宗教，是为了使宗教免受外部事物、自然哲学和诺替斯教（Gnosticism）的影响，这一切源自于先知们的创造性工作。先知们赋予宗教以主动性，不仅创造了有关世界的新的哲学概念，而且创造了新的宗教生活。几乎可以说不是一神论而是其纯粹的宗教动机造就了希伯来《圣经》的世界历史性意义。

任何朝向单纯形而上学的趋向都势将导向晦涩的思辨，从而偏离宗教生活的稳固基础。涉及超越性的理论问题将被改造成伦理意义的确然性问题。普遍性问题既不能用概念来解释，也不能用形而上学方式来解释；它被严格限制在宗教视野之下。道德律法取代了生造的概念和诗意的神秘。这些是先知们的界限，严格地说，他们的支配权也只在此界限之内。

以色列的思想以人为中心，所有的以色列思想家都接受了这个首先由先知们圈定的中心论题。什么是人的需要？这一问题已为犹太天才人物首先提出；为回答这个问题，犹太教接受了上帝的启示。这就是犹太教有一种内在冲动的强烈情感的原因所在，像其他情感一样，这种先知精神不为他人所了解。当希腊人从早期对自然的兴趣转向人时，犹太教则在关注人之后转向了自然。甚至在自然中，犹太教也看到了人，发现了人的经验方面，人与上帝的接近或疏远。世界的秘密借此被获悉，但是却对生活的秘密保持一种低调。世界是通过人证明自己，每个事物在人的心灵中有其起源，并会返回那里。世界是上帝的世界，上帝是人的上帝。这一观点是以色列精神所独有的。

上帝是如何创造天地的，对先知们来说，这是一个微不足道的问题，《圣经》自身表明了创造的故事与它的其他篇章是格格不入的，而七次重复这样一句话："神看着是好的"（《创世记》1：4以下），则明白无误地表明什么样的知识是主要的。有意义的是去了解世界充满神的荣耀并验证了神的爱。死后生活的幻想——幻想的世界——引不起先知的兴趣。假如先知的思想漫游至超越领域，他将放弃使用那些试图将超越物形象化的概念，或者拒绝描述超越物。对人而言的律法是："你的生活。"它掩蔽了一切有关来世的问题。

除了对超越物平静的沉思外，先知们强烈的伦理倾向有效地防止了概念僵化的危险。因为上帝及其属性的统一性表象，可能会由于将神还原为单纯的理想性因素的合成性概念而陷于这种危险之中。取代研究与上帝的真正宗教关系，人们沉湎于对神的完满性进行科学研究，或对宗教应用思辨，或最终在思辨中使用信仰，宗教自身却迷失了本性。先知们拒绝对任何事物作出证明，除了他们的心灵可以证明的事物：上帝对于他们生活本质的意蕴。

正是那种先知们借以了解上帝统一性的方式证明了上述论点。先知们没有从自然界的相互关联及连续性中逻辑地推出第一原因的存在。对他们来说，只有唯一的正义、唯一的神圣物存在这样一种内在经验就使得上帝的统一性具有了不可动摇的确然性。上帝是唯一的上帝，因为他是神圣的唯一。上帝是唯一，所以"你要尽心、尽性、尽力爱耶和华你的神"（《申命记》6：4以下）。上帝是"天上的上帝，地下的上帝；除他以外，再无别神。所以，你要遵行他的律例、诫命"（《申命记》4：39以下）。

用同一种方式，先知们也理解了上帝的属性。这些属性不能概念式地构造，而是给予人以强化那明白无疑的道德要求，巩固人对上帝的诚信。所以上帝是全能的。上帝是整个宇宙的主，"我们必须爱寄居的"（《申命记》10：19）。"他创造了天与地，所以他守诚实，直到永远。他为受屈的伸冤，赐食物予饥饿的。"（《诗篇》146：6）他赐气息给每种生灵，所以，识得并认识到他的以色列人被选作"众民的中保，做外邦人的光，开瞎子的眼，领被囚的出牢狱，领坐黑暗的出监牢"（《以赛亚书》42：5以下）。在相同意义上，永恒以宗教为基础并被带入人类生活中。上帝恒存，所以，他是"我们世世代代的居所"（《诗篇》90：1）。上帝过去在，将来在，所以他"必赐力量给他的百姓，上帝必赐平安的福给他的百姓"（《诗篇》29：10以下）。上帝持存至永远，所以他公义中的希望永不熄灭，他"要给受欺压的人做高台，在为患难的时候做高台"（《诗篇》9：10）。在这个意义上，神的一切属性都与灵性生活及律法相关联。不管这些属性中有多少可能会跌入精巧思辨之陷阱,但占优势的总是它们的宗教特征。在口传律法中,这一特征通过使所有关于上帝属性趋向伦理追求而得到保存。"你们说,上帝是仁慈和宽宏大量的;那么,你也应该是仁慈的,必须无私地行善事,对所有人行善事。你们说,上帝是正义的,那么你也应是正义。你们说,上帝做任何事情时都充满慈爱,所以你也应充满慈爱。"

这条清晰的道路始终为犹太教所固守。正如在信仰和生活之间不存在冲突的理由那样,在信仰和知识之间也同样不存在冲突的理由。信仰和生活之间发生冲突的可能性已为先知消解,先知们主张宗教必须通过生活来实现,而由于相信不能用知识证明宗教使得信仰和知识得以和解。宗教绝不能把自身与一个特殊的知识领域联系起来,所以,它也绝不能为这种知识所置疑。由于宗教不依赖任何公理,缺乏公理也无损于宗教。宗教的自由因此有所保障,它不会为科学研究和知识的任何发展所诘难。有意思的是现代所理解的世界的天文学结构却为犹太教所接受,犹太教对此没提出什么异议,或者产生与自己的信仰水火不相容的感觉。由于犹太教没有倾心于旧的天文学体系中的某一理论,所以它可以客观地分析旧天文学体系的失败。宗教就是宗教,在连续性中显现出的是自身独立性的源泉。

犹太教的所有特征表明,作为先知们的创造物,犹太教的重点不在抽象概念,而在人,人的生活和人的良心。《圣经》中诸书,不管有多少作者隐没其后,都不能真正称之为书。它们是个人宗教惊异的自白,在惊异的背后是最确定的人格。我们几乎不知道确切有谁，但无论如何那典型的人格可以让自己去感知，它闪亮出场，引人注目。《圣经》之所以如此零碎、毫无教条色彩的原因即在于此；《圣经》不受结论的桎梏，它拒斥公式化；它像人一样无序。这也是《圣经》中充满疑问、充满隐意话语的原因所在：它像人一样是不完善的。

《圣经》包括某种关于自身的不可分析的零碎东西，这些东西不可能被限制在单纯句子中，只在神圣的畏惧中才能被感觉到。这种东西已超越了一切的知识与机智，是每个真实人的人格渊源。所以在《圣经》曾经拥有的黄金阶段，它们并没有消失，相反，却在所有时代都提供出新的启示。因为"人类虽然在进步，但人始终如一"。

所以，《圣经》的宗教胜过了《圣经》本身，正如犹太教胜过了它的宗教典籍那样。《圣经》中的话语与口传律法中的话语听起来像伟大的遁走曲（在一个乐曲中有一个或一个以上的主题或旋律在不同部分重复演奏），或用歌德评论自己著作的话说，是"伟大忏悔的片断"。潜藏在这些引人注目的片断中的是整部遁走曲，全部忏悔：宗教本身。渴望并且能够渴望的人或许会听到它。单纯选择一些语句，把它们放在一起绝不能理解《圣经》。因为问题的症结不是解释话语，而是理解人。多数有关《圣经》的评论，也包括对口传律法的评论，远离了《圣经》的精神，因为这些评论仅把《圣经》当作从属于某种语法及哲学注释的著作的汇集。接近《圣经》的最好办法既不是通过敏锐的理智，也不是通过阅读或者通过严格的教义规定，而是通过敬慕与热爱。

就像《圣经》说摩西的那样，《圣经》和犹太教也常常是"拙口笨舌"（《出埃及记》4：10）。它们的语言财富并不丰足，仅从它们话语中不能发现它们的深刻意蕴。一个人并不能用石笔对犹太教和《圣经》行正义之事。无论是《圣经》还是犹太教，人应把他们装在心里，而不是挂在口头上，这就是人们为什么不能从工于宗教心计的人那里得到天恩的原因。

犹太教绝不能在单一的话语中找到完整的自我表述。有过一些时期——它们还不是最坏的时期——那时人们经常在《圣经》一句话中找到某种宗教的，并且常常是相当特殊的意义；但是仅是精通这些话语，或仅是对这些话语作些智巧的解释，并不必然地能走向宗教体验。正是在对这些单纯话语的超越中，在对《圣经》意义真正的精神把握中，奠定了犹太教周期性复兴的基础。

每一种思想体系都是不宽容的，且滋生不宽容，因为它要看护自身的权力，达到自我满足——意味深长的是大部分冷酷无情的研究者是创造体系的人。一种思想体系将视角聚集在某种特定的东西上，就会将自己与视角之外的东西割断关系，从而阻碍真理活生生的发展。但是，先知的话语是活生生的，是信仰的个人告解，它并不能被严格的界限所限制；在它自身之内，它具有广阔而又自由的复兴与发展的可能性。

每个真实的人格都会成为历史的一个部分。单个的先知不能创始犹太教的结构，单个的先知也不能来完成它，所以以色列人称呼"先知们"而不是"先知"是意味深长的。这一点是它区别于大部分宗教的地方，而其他宗教都与一个人相关，如佛教系于佛陀，袄教系于左罗阿斯脱，伊斯兰教系于穆罕默德。在以色列人那里，教师必有一群教师相跟随，伟大的教师必有他的同伴相伴随。他们之中无任何一个人能提供全部启示,也无任何人能够体现宗教的永恒,宗教的博大精深不能由他们中的任何一个人或任何一群人阐扬出来。一个体系或许可以被看作是完备的和完善的,但人却不能。犹太教的全部内容真实地存在于它那无穷无尽的历史中。

先知们拥有无与伦比的重要性。即使他们不是拯救的中保人,起码是宗教真理比较好的中保人、启示的传送者。自他们那个时代后每种宗教经验都是他们所体验到的东西的重演。追随他们的人唯一能再发现的是被先知们作为宗教精神而首先发现的东西。旧的发现以新的方式得到复兴,但根本性的东西还是宗教真理的原本精神。

先知们是否有意识地在他们的话语中传达那些我们在他们那里发现的或可能发现或应该发现的东西,是无关紧要的。问题不在于作者的意图,而在于他的成就,在于精神强力中潜藏着这种创造能量。他们几乎是毫无意识地创造了意蕴远比设想的更为深刻的真理。那些对我们来说是一种普遍象征的东西,对他们来说是一种有限的隐喻。更进一步说,在我们眼中,先知比他们的言词意蕴更多。或许这种说法有点夸大其词,然而有些事情不如此去说就说不明白。理解先知就意味着敬慕先知。

以先知们的这种已被证明为犹太教根本性特征的宗教遗产为基础,可以勾勒出某些界线。犹太教是一种在生活中寻求自身实现的宗教,是一种在生活与上帝的联系中寻找归宿(即答案,answer)的宗教。这种宗教应该或者说能够为所有人平等地所拥有。每个人都会是虔诚的,理想不是成为圣徒,而是成为"祭司的国度,为圣法的国民"(《出埃及记》19:6)。实际上在先知的心灵深处有一个特殊的秘密；先知能够把握对别人来说不能理解或者不存在的事物。先知们这种独特的眼力使自己担负起一项义务，向其他的人讲说所看到与所听到的一切。但是绝不可认为先知们专有一种独特的虔诚，先知负有使命，为此上帝选择了他，但他们并不具有一种特殊的宗教身份；先知只是先知，不是什么圣徒。甚至先知也不能瞻仰上帝的面容。我们在世的人与上帝的关系在最终意义上是一样的、无差别的。虽然人们对超越知识的把握的确是多种多样、程度有别、形态各异的，但在这样一个方面，人们并无差别：上帝的慈悲眷顾所有的人。而宗教作为虔诚的礼品泽及所有的人。每个人都可以接近他的上帝，上帝与每个心灵之间存在联系。

犹太教由此挣脱了在人们之间划分出神圣与凡俗、创始与承受、完全拥有宗教经验者与单纯分享者之差别的约束，而其他宗教则发展了上述差别。犹太教没有任何圣礼进一步促使了上述差别的消解，而在别的宗教中这种差别则发展成两个阶级或两个阶层的区分。这样，在那些只是每日虔诚地生活在普通世界的人们之上是处于自己特殊的世界中并能与上帝进行真正沟通的人，这些人是宗教的主宰者。通过对上帝仁慈的特殊证明以及与上帝不同寻常的联系，他们感受到一种至尊的神圣。

于是，以这样或那样的方式产生了一个神圣的教士阶层，一种宗教秩序和修道院制度——它们高高地盘踞在日常生活领域之上，并享有一种"宗教生活"的特权。在佛教中，在希腊世界神秘论崇拜中，在天主教中，这一切就是如此发生的。从某种意义上说，在犹太教的虔诚派中也有类似情况发生；甚至在犹太教内部偶尔复兴的神秘宗派，也有类似趋向，产生类似结果。在佛教中，这种趋向得到了最为清楚的展示：僧会或僧团由僧侣专门组成，而众多信徒只是他们的附庸。随着天主教中修道院制度的产生，出现了圣徒崇拜：无论如何总有特别的榜样被推荐给地上的崇拜者，并有一种将这些榜样神圣化的趋向。

对天主教与佛教中的许多活生生的宗教（vita religiosa）人物的回眸总是充盈着一种恰切的自豪之情。各种令人惊奇的虔信方式总是与他们相关。在乔达摩·佛陀那里，就像在圣·弗兰西斯（St. Francis）及锡纳耶的圣凯瑟琳（Catherine of Siena）那里一样，是信仰生活支配着那使理想在其中真正得到全部实现的人格。谁期望在宗教史中剔除他们？但是这种理想并不适于所有人。它只是向宗教超人敞开，所以人类的存在只是为了生产偶然出现的圣徒，这些圣徒将众人的崇敬引向他们。依此观点，人类就被遗忘了。信仰及热望的诗意精神在这些圣徒中引起震颤，从而成为教会制度的骨干，并成为仁慈的日常礼品的公认管理机构。在代替了这些理想之后，兴起了一个特殊的阶级，它通过圣职授予和圣事控制了理想。所以，宗教成为某个特定集团的私有物是不可避免的结果；人们只能间接地利用宗教，宗教也只是通过仁慈行为和信仰将有限内容传递给众人。由这种宗教的二重性，衍生出真理、正义及虔诚的二重性。职是之故，先知们的宗教的基本特征——它声称是全体人的宗教，对所有人提出同样要求，为所有人提供同样的承诺——被摧毁了。所以先知们的宗教努力奋争以便浸入每个人的人格之中。

宗教的神圣视野必将导致宗教与生活的彻底分离。每种世界性的目标以及人类的所有日常生活行为都变得可疑；它们并不神圣，故而他们被视作否定性的，作为非神圣的东西而最终被抛弃。在纯粹的精神王国及精微的情感王国中，存在着封闭的宗教，这里没有感性活动的领地。自然的和物质的领域被鄙视为与上帝相抵触的恶的力量的领域，或者是作为有罪人的妄念遭到否弃。上帝与世界被认为是相互对立的，只有为他所改铸过的世界才与它相近。这种对立在佛教中衍生出自身的逻辑结论；它的古老的忏悔词说："耕种土壤的僧侣，或者已将土壤耕种的僧侣，必将遭惩罚。"

生活中总有倦怠时期，那时情绪消解了思想，欲望支配着心灵，对这个世界上的红尘俗物产生厌恶。这种渴望不仅出现在浪漫情调中——对生活来说，这种欲望脱离了日常存在的所有需要和压力，并完全附属于灵性的梦幻。尤其是在这样一些时刻，当一个人面对内在的孤独，一种身处同伴中依然感到的孤独时，他一定幻想着一种能舒解自己孤独的方式。当世界的烦恼被遗忘后，许多忧伤就会出现，这种孤独的情绪对不信仰的人的感染就像对信仰的人的感染一样容易。这可能是医治心灵的好方式——但是它因此能被看作是生活的真正方式，甚或是世俗生活的目标吗？在我们伤痛的时刻它确实是有利的，但它对我们生活的每一时刻都实是有利的吗？

在每种宗教的历史中，都有诸多通达孤独的路径，许多重新找回自己和自己的上帝的人们一直跋涉在这些路径上。犹太教太熟悉那使他们的先知听到上帝召唤的荒野，也太熟悉那静静的山谷及山巅，在那里人们听到了上帝的声音。犹太教也了解那学富五车、曲高和寡的孤独，了解书籍给予的平静的快乐。在犹太教世界中，通向远离人们的孤独的路一再被探寻；只有在它最缺乏创意的时候，这种探寻才被人遗忘了。在孤独中总是存在清醒后再度发现的力量、恐惧过后的勇气、关于上帝的知识以及对上帝之路的确信。但是，犹太教绝不追问那种分裂的虔诚、分裂的宗教（它将其他信仰建立在孤独之上）。不管人们能多么成功地回避开这个世界，以便让上帝所接纳，他们始终持有这种看法，人们是首先通过身边的伙伴接近上帝的。这就是犹太教为什么不满足于个体对自己心灵期盼的唯一原因。对犹太教来说，孤独只是一种间隔。这是一种非常必要的间隔，但绝不是生活本身。

犹太教也知道神秘地沉湎于上帝的狂喜是多么令人神往，它渴望把握到神的神秘，把持住灵魂，特别是在宗教迫害时期更是如此。为了将人从狭窄焦灼的道路及可怕的体验中解脱出来，神秘主义赋予生活以一种似乎属于现世世界的神秘的安谧，即永久的安息。从艾塞尼派（Essenes）① 开始，发展到圣日哈西德派核心的聚会②，教派使得宗教团体更接近宗教秩序。但是即使如此，仍允许外来因素渗入其中，犹太神秘主义并未导致遁世虔修，或对上帝的闭锁态度。神显示给神秘主义者，支配他们的信仰，神也要求每个个体对其忠诚；在这里，对僧侣王国的要求也被保留了下来。犹太教的宗教内容的统一性亦为犹太神秘主义者所接受。犹太教的宗教追求与理想对每个人都有效，所有人都被召唤并注

---

① 公元前2世纪至公元1世纪盛行于巴勒斯坦的一个犹太教派，严守律法教规，过严格禁欲的生活。——译者

② 即哈西德派，18世纪兴起于波兰的一个犹太教派，坚持虔诚修行及神秘主义教义。——译者

定要将整个宗教化为自己的宗教。

在犹太教中，虔修的方式是多种多样的：既有情绪型狂热信徒，也有学者型哲学家；既有忧思的灵魂，也有快乐的博爱主义者；既有沉思的人们，也有只将虔修作为习惯的人们。在宗教中确立等级，区分监护人与依从监护人的人与犹太教格格不入。因为犹太教甚至不在教徒与俗人之间作出区分，它的社区就由教育者与学习者组成。谁的方法有价值，谁的知识合时宜，谁就是被挑选出来的精神领袖，但领袖并没有任何神圣的光泽，或拥有任何特殊的宗教地位。

的确，犹太教曾经有过世袭的祭司，他有资格主持祭典并享有显爵高位的尊严。然而祭司并不能与上帝有某种亲近的关系，也不能为上帝代言什么。祭司绝不能声称具有或能够掌握仁慈的赐予，祭司也绝不能进行拯救。真正的宗教语言强烈排斥祭司的上述功能，因为，无论何时，宗教都主张宗教仪式在赎罪过程中，只起部分作用，宗教更多地提到的是无主的祭坛而非祭司的祭坛。进一步说，这种世袭的祭司制度在历史过程中走向终结。

属于犹太教最重要时期之一的一个时期，许多人称自己为"法利赛人"（the Pharisees），即"分离者"。根据经典的解释，这仅意味着"与罪及异教徒的可恶行为相分离"。他们之所以要分离，是因为没有意志的差别，就不可能存在伦理的抉择。那些以谨严精确的态度恪守律法之礼仪规章的人称他们为"伙伴"（Associates, Haverim），即一个期望将自身置于大众之中的社团的成员；而且在他们看来，宗教的真正精神开始的地方，只有一个确实可靠的原则："凡以色列人皆为伙伴。"甚至《塔木德》教师及他们之中的殉教者和神秘主义者，通常也是些从事普遍职业的人，也就是说，是些从事普通民众宗教工作的人。所以绝大多数在中世纪闻名遐迩、卓有影响的犹太神学家并不是出身显贵的神学家或职业神学家。

在古代实际上存在着耳熟能详的惯例如"按立"（Semilchal）[①]，律法教师和法官走马上任时都使用它，这种礼仪与其说是仁慈赐予的赠品，不如说它仅仅象征着授予来自某种权威。这种俗例曾经在其他宗教中，获得了一种神圣特征，故为犹太教所弃用，而且在一千多年后，重新使用它的意图也仅仅取得了短暂的成功。犹太教社团的统一性绝不允许招致疑问。犹太教总是保留下它的基本原则，犹太宗教是全体犹太人的财产，所有犹太人，无需中介者就能充分体验它。

在单词"托拉"意味深长的内涵中，宗教的普遍性特别清晰地显示出来。《托拉》可以仅是一，即全体民众的"托拉"。这个单词衍生为行为的原则、决定的原则。因为它蕴含以下含意：宗教的任务对一个人或全体人民是同一的，"托拉"可为全体人所获取和拥有，"托拉"对全体人开放，亦是为全体人所预定。在这一方面，"托拉"与希腊的苏格拉底的哲学有着相同的特征。苏格拉底的哲学亦热望成为一种"托拉"，即一种哲学的"托拉"——所以苏格拉底的哲学宣称美德可以为所有人学习和掌握。在极其

[①] "按立"，亦译"按教职礼""按立礼""派立礼"，原为犹太教为任命拉比而举行的按手礼，主要内容为主礼人将手按在被任命者头上，同时祈祷。它一般还包括对被任命者的公开考核以及说明被任命者职责的演讲。这一礼仪后被基督教所接受，成为基督教会按照程序任命教职人员的礼仪形式。

相同的意义上,犹太"托拉"也要求先知的学说成为全体人的财富。这种普遍的人类观念与特惠论者和分离主义者的宗教观点尖锐对立,后两者主张宗教的本质为"神秘的直觉"(gnosis),即精神上的敞亮,它是作为上帝的仁慈的赐予而产生的,所以,只有少数被遴选出来的人才能接受它。

犹太教的普遍主义趋向是将理想通俗化,因为它力求在整个宗教社团中实现宗教理想,对此,人们可能会提出异议。并且,人们也会对这种观点提出异议:个体的宗教经验——人们借助此种方式探寻个人与上帝的独特联系——已被剥夺了重要性。人们无需担心犹太教缺乏个体的和私人的成分,实际上犹太教也不缺少这些东西。对每个人来说,基本的宗教情感即宗教试图鼓励的情感,就是要了解人对上帝意味着什么,和上帝应该对人意味着什么。正是在上帝与人的这种约定中,犹太教找到了自己的根基。从这种人人皆如此的接近上帝的意识中——而不是从某些由慈悲造就的对上帝的特权关系中——酿就了宗教体验中的个人因素。最重要的一点是在犹太教中,没有什么可以成为理想的部分,理想亦不能被看作是一种要求人作出决定的道德要求。真正的道德要求不会被人类从自己栖居的星球上逐出。与之相关,任何因为将理想的因子归于崇高而导致的缺憾(disadvantages),都为这种道德对象的平等性所克服。这样一句话"你们要归我作祭司的国度,为圣法的国民"(《出埃及记》19:6)已成为犹太教的中心教理。人们应知道利及一切人的是什么,那就是对某一个人的要求亦应是对所有人的要求。

基督教改革接受了古老的犹太教学说,即以信者的普遍来保证社团的统一性。当然,即使在这种趋势中,基督教不再坚持牧师与民众应有所差别，但它依然坚持宗教中存在权威的执行者与单纯的接受者之间的区别。只要一种宗教仍把自己看作是上帝恩典的神奇礼品，坚持这种差别就是不可避免的。这种划分发生在宗教改革学说的关节点上。因为正是宗教改革宣布"《圣经》"是拯救的工具；神圣的力量在《圣经》中一目了然，并通过上帝的恩德赐予人。尽管《圣经》没有与《托拉》相同的意义，但同样是某种契约。如同其他契约，《圣经》并不是表示一种需要完成的任务，而是一件给予信者的礼品。正确的神学——对"证明为合理"的内在经验与拯救之真实阐释及信仰的恰当的道论——成为拯救的条件。由它缔造出一批在团体内拥有这种信仰并捍卫这种信仰的人。再一次重复了旧有意义上神学家与俗人、多数人与少数人的对立。所以宗教追求一种学说体系的外观，它的中心部分就是神学。

犹太教亦遭遇到这种危险。每当新鲜的知识有利于宗教时，就产生一种过高评价理智因素的趋向。希勒尔[①]——最伟大的犹太人之一，他力求找到理解《圣经》的新的方式——就说过这样的话："无知之人虔诚。"尽管希勒尔说出这句格言，它也不会因此成为权威的东西。我们可以看到抗议之声何等强烈，以至于达到拒斥它的地步。对希勒尔的最终回答是："行为才是有决定意义的。""智慧大于行动的人就像一棵树，一棵枝叶多而根系少的树，大风一来必被连根拔起倒覆于地。"在中世纪，亚里士多德学说影响着犹

---

① 活动时期为公元1世纪初，耶路撒冷犹太教《圣经》注释家，解经不拘泥于词义，力求使人理解经文和律法的真意。——译者

太思想，导致了一个新的神学学派出现，同样的危机再次隐约出现。亚里士多德哲学明确强调知识的价值；它的理想——这个理想已悄然进入犹太宗教哲学——是"理论"（theoria），即哲人之沉思。面对外来因素对犹太思想的渗透，反对的声音再次响起；正如先前是直接针对希勒尔那样，这次是直接针对迈蒙尼德的。那个时候，一个名叫哈斯德·科莱斯卡斯（Hasdai Crescas）的犹太拉比，提出了如下观点："外来的哲学家提出意见，而可悲的犹太思想家竟被其慑服，支持这些意见，根本没有考虑到这样做将摧毁宗教最根本的独特性，搅乱宗教的疆界——且莫说这种学说本身就是根本错误的。"

作为犹太思想内部反对亚里士多德学派的一种形式，犹太思想内部滋生出一种朝向神秘主义的趋向。当宗教律法的编纂整理以学问和知识为中心时，神秘主义采用了纯粹宗教的主张。神秘主义的兴起在很大程度上将原初的权利归还给犹太人的虔诚。生活重于学说与学问，无视种种攻击，这种观点在犹太教中稳稳地扎下了根。

基督教新教同样也保留了学说因素。由于把握《圣经》对基督教新教来说，是首要的任务，故宗教教派间的分裂就是不可避免的。由此也产生出特殊的俗人阶层。除了存在少数被挑选和公认的受《圣经》恩惠[①]的人外，多数是从这少数人那里接受自己信仰和虔诚的人。所以权威地界定《圣经》的意义就是必要的——入门者和未入门者之间的神圣联系就依仗它。这样，社团的绝大部分再

---

① 一种为圣灵所明证的特权。——译者

一次与理想的一个部分失之交臂。宗教和伦理行为的要求来自每个人，因为这属于意志的事情。但既不能提出理解一种学说的要求，也不能保证每个人能理解一种学说，因为这是理智或温文尔雅的事情。

基督教新教借助教义的外在统一性来捍卫宗教的统一性和教团的统一性。围绕这种"信仰的声明"，宗教战争纷起。青少年通过教义回答了解到信仰声明，教堂利用信仰声明争取到不折不扣的信徒。如此一来，宗教就成为神学家们的特殊的领地。"正统学说"成为最重要的"好著作"，也是极容易令人满意的著作。敬畏上帝者与不信上帝者之间的基本对立就为正统学说与非正统学说之间的争斗所取代。这种分别甚至已渗入到伦理学领域。正像天主教教义允准特殊行业道德以满足其大部分信奉者需要那样，基督教新教也包容适合于世俗职业者的少而充足的道德，这样，就建立起了俗人的道德规范。这些道德规范包含在基督教新教特征中，它们背离了神学的源头。

神学命题必须以某一特殊时代的知识为条件——这个观点既适合基督教新教，也适合天主教——并且当神学命题体现为宗教核心部分的教条时，它们就超越了自身赖以产生的时代。这种情形一发生，信仰与知识之间的冲突就不可避免，不久就会演变为教会信仰与个体信仰之间的冲突。教条需要一种支持力量保证它的权威特征，天主教在其权力机构中拥有这种力量，而基督教新教则没有。为弥补这一缺欠，基督教新教一直在寻求国家权力的支持，在这方面新教甚至超过了天主教。有意无意或明或暗，新教想成为国家教会，以至于新教的信仰宣言逐渐包含了政治内容。

在新教国家和国家化新教中，纯粹宗教特征已丧失了其大部，而没有这些特征，宗教就被剥夺了其不可缺少的独立性特征。尽管宗教可能关涉到人，但它绝不能关涉到国家，假如宗教仍然是真正的宗教的话。如果宗教与国家相关涉，那么信仰和生活之间的冲突将不可避免。就像信仰与知识的冲突，宗教团体将分裂成对立的营垒那样，信仰与生活的冲突将由《圣经》和信仰的宣言在新教中所获得的地位而催生。

假如宗教与国家相关联，宗教就必然具有这种意义，一种信仰的宣言就必须公开地被宣布是证明某人属于某特殊教派的证据。但在这种声明中存在一种危险，即将有关宗教语言上的反思与宗教的现实实践相混淆。在为新教所特有的所谓"见证行为"（act of bearing witness）中，人们能发现一种令人赏心悦目的说教，它完全不同于旧的导向苦难之道。从路德教会民众健康而忠诚的虔信中，人们常常能发现单纯语言的宗教，即虔诚语句居于主导地位的宗教。这种夸张的宗教词语极容易染上自以为是的习气。人们可以使自己相信他们已完全掌握了《圣经》，还掌握了更多的教条。与这种自满趋向相对立，（强调）行为的宗教更为均衡，因为这种宗教不认为在自身中能完满实现理想。

与《圣经》相符合的内在体验——基督教新教十分强调"内在的情感"——在这种方式下常常变成为单纯的语言外壳。为了表明自己的信仰，人们应表明自己的情感态度和精神体验。这样极容易导向不可控制的情感王国。路德教派史上的许多事件表明了这一点。除了对上帝的真正确信和忠诚信仰外，我们经常发现种种空洞无谓的虔诚。在基督教新教中，人们经常发现那些普遍的、也许带有历史性错误的、附属于法利赛教义的特征。

将宗教体验归属于确定的宗教价值包含着一种危险。同宗教不可能建立在宗教体验之上一样，宗教体验也不可能建立在单纯的祈祷之上；宗教体验只是认知宗教的一种手段。因为宗教体验并不是宗教本身。宗教生活绝不可能没有宗教体验。因为信仰在宗教体验中升华自己，即使达不到顶点，也会达到一种神圣的高度。当然，人既不是为情绪而生，也不靠情绪而存活。"沉湎于虔诚的幻想较之做正确之事更为容易"，并且在过去，人们在协调虔诚幻想与错误行为方面也有些许困难。这种宗教情绪或许会错误地诱导人们去设想他们本身已经构造出完善的宗教。

犹太教告诫我们，宗教绝不单纯是一种主观化的体验，即使是最强烈的那种主观化的经验，正相反，宗教是生活最本质的实现。尽管这看起来似乎只有字面上的差异，实际上却是内在灵魂方面的差异。唯有正确的行为才能将人始终置于上帝面前，而正确行为才是上帝始终对人提出的要求。由此一个人可以独自与上帝达成深刻的内在统一，另一方面也可以与其同胞达成统一。如果理想浸染了每一个人并将自身要求陈述给所有的人，那么人们将与上帝共居一处。在虔诚行为中有信仰宣言的持续性基础。对所有的人而言，这也提供了普遍且平等的上帝之爱和相信上帝的宗教根据。我们不会真的相信我们所做的一切并不现实。谁没有凭借行善事而达到对上帝的深信不疑，谁也不会通过单纯的内在体验而获得对上帝存在的恒久体验。上帝正是通过人的行为呈现自身于生活中。"我们将倾听耶和华的吩咐，我们必遵行。"（《出埃及记》24：7）在阐明《出埃及记》中的启示时古老的警句如是说，它的意蕴已超出了语言的原本意义。如同后来《塔木德》所表述的那样："将上帝的戒律放在心上，那么你将认识到上帝，你也将会找到他的路。"知识也缘起于意志——缘起于求善的意志。

犹太教也有自己的《圣经》，但它只是一个单词——"做"。"这句话却离你甚近，就在你口中，在你心里，使你可以遵行。"（《申命记》30：14）行为成为相信的证据。犹太教也有自己的学说，但它是行为的学说，必须在行为中研究它，以便实现它。所以，在犹太教中除了神圣的诫命没有什么别的学说。"隐秘的事是属于耶和华我们神的，唯有明显的事是永远属于我们和我们子孙的，好叫我们遵循这律法上的一切话。"（《申命记》29：28）

从创始到今天，这个因素一直为以色列人的宗教所特有。人们必须认识到犹太教中帮助维持宗教团体的所谓礼仪律法在数量上的增多，主要关涉到犹太教中的行为。确实，行为常常沉没在单纯传统中。但相对于犹太教强调德行的宗教价值来说还有更重要的吗？在这一点上犹太教特征极为明显，它的宗教哲学甚至直接就把自身引向行为。作为一位谨慎的道德学家，斐洛（Philo）经常指出这一点。其他中世纪的思想家也是如此，特别是迈蒙尼德。而当斯宾诺莎将自己的哲学称作伦理学，从而将伦理学看作是其哲学目标时，他似乎也是将犹太精神看作是自己的遗产。甚至犹太神秘主义也将对生命意义的证明放在行为中，认为它是显示给人的神的意志。对犹太神秘主义来说，在世上起作用的力量就是道德力量，这一见解表明它更多地带有犹太特征。

犹太教通过强调它在行为和生活中得到明证的道德偏好明确地与其他异端学说划清了界限。它毫不犹豫地应允那些改宗者，让他们"来投靠耶和华以色列神的翅膀下"（《路得记》2：12），在遵守仪式和律法时可以有所宽松。但只是在道德律上有轻微的让步——总体上是毫不妥协的。中世纪期间，犹太人中间存在一种讽刺地诠释《圣经》的倾向，认为它的每个词的明白含义均有疑惑。但没有人敢讽刺地诠释戒律，在这里拒绝所有的纠缠和过细的分析。当犹太教谈到它对人类前途的希望时，它的理想总是行为正确、道德完满、善的实现。弥赛亚的时代将要到来，那时所有的人都要远离罪恶而行善事。

如此一来，信仰和希望就不会有所失落，因为行为为它们提供了基石。历史亦将走向同一目标，即使犹太人的虔诚不包括把上帝的必然性当作一个基本的成分，但是犹太教的历史也会一而再地将这种必然性灌输到人们的脑海中，将其灵魂引向永恒。先知确信他们听到过上帝的声音、上帝的召唤和上帝的承诺，这一点以其动人心弦的力量，支配着犹太教。信仰的力量始终引导犹太教朝向同一方向，抵抗着被人们认作事实的和经验的东西。如果说行为给生活以内容的话，那么信仰就给生活以力量。以此观之，生活的奥秘，即从上帝到人之路，与生活的澄明，即从人到上帝之路，是一而二、二而一的事情。

启示与世界宗教

无论一个人将以色列诞生的日期界定为何时,也不论他对以色列的发展持什么样的观点,有一点是确定的:从诞生之日起居支配地位的特征就是它的伦理特征,它附加给道德律法的重要性。伦理学构成了它的本质。一神论是道德律法绝对特征的现实化,上帝由道德意识来诠释。

这种伦理特征是全新的。伦理的一神论并不是先前发展的结果,而是对先前发展后果的有意识的筛选。所以,不存在从自然宗教(在这种宗教中,崇拜的是自然力,神被看作是自然的体现)向伦理宗教的现实性转变,伦理的宗教把神看作是神圣的一、德性之源,是异于自然的存在,人们仅能通过正确行为侍奉它。当然,自然宗教借助道德化的自然神,将其变成的民众社区保卫神,完全可以为自己添加道德成分。但是,不经过一次剧烈的改变,一次革命,自然宗教就不可能发展成为纯粹的伦理宗教。这种转变由有创造力的人,即由宗教的创立者来完成,故而转变实乃一种发现。所以,以色列人的伦理一神论是一种被建立起来的宗教。以色列的"一神"不是旧思维方式的最后象征,而是新思维方式的第一个表达。就宗教的这种形式是一种创造而言,它体现着全新的、富有成效的原则,我们有理由从历史角度——完全不用超自然的概念——称它为启示。

我们可以以更有力地强调这一点，因为它始终是一种完全奇特的现象。像以色列人那样从道德意识中产生出一神论，历史上只此一例。在不同情况下疏于沉思这个特点总是以这样或那样的方式表现出来。这个事实历史地表明，是以色列人，也只能是以色列人将一神论赋予人类。

把犹太教描述为启示，蕴含着一种评价。如果说宗教的基本因素是人对世界的态度——这是今天一再被认识到的先知的观点——那么宗教就有两种基本的和决定性的形式，即以色列人的宗教形式和佛教的宗教形式。前者把世界理解为日常生活的领域，并提供关于人与世界通过行为和意志反映出来的关系在价值方面的道德肯定；后者声称，人的任务是专心于自我沉思，而无需意志的行动。它们一个表达了要进行工作和创造的追求，而另一个则要求无所事事。犹太教倡导为所有的人得以融合其间的上帝王国而劳作，而佛教则倡导归于大一，还原为无，以达到自我的解脱与拯救。犹太教召唤升华、发展和向着未来不断前进，而佛教宣传轮回、静止以及在静寂中的无归属感。犹太教寻求上帝和世界的协调一致，而佛教则主张出世。犹太教呼唤创造，呼唤新人和新的世界，佛教则期待"毁灭"，期待与人类和世界的分离。如此看来，犹太教是一种利他主义的宗教，因为它主张努力寻求完美的人通过寻求教友就能找到通向上帝的道路，而完美的人通过对教友的爱及公正地对待教友就侍奉了上帝。相反，佛教是一种利己主义宗教，因为它所说的完美的人，是那种为了返回唯一真正的自我而弃绝人类的人。

人们必须在这两种相反的宗教倾向之间作出选择，它们总有一个属于宗教的天启。所有的其他宗教都类同于其中的一个。大部分别的宗教是折衷的，它们或具有佛教的主要特征，或以这样那样的方式表现出犹太教的内容。起初人们或许能完全抛开宗教，使自己沉湎于对宇宙的客观观察和理智探求，正像某些希腊学说教导的那样。但是无论是谁感觉到需要宗教，无论是谁想在宗教中寻找与真实世界确定的宗教关系，就必定将以色列人的宗教视作启示。这就是说，犹太教是宗教的经典表现。

伦理的一神论仅在以色列存在，无论后来在什么地方发现伦理一神论，它们都直接或间接地来自以色列。这种宗教的本质以以色列人的存在为前提，所以以色列人成为负有实现其使命的民族之一。这就是所谓以色列人的"挑选"（election）的内涵。这个词起先陈述了一个历史事实：这个民族在世界上被赋予了特殊地位，并以此与其他民族区分开来。

这个陈述蕴含着一个评价：它宣布了证据确凿的差异性（difference）、价值厚重的独特性以及与其他民族的疏离是有着深厚基础的。这种差异性被看作是某种赋予以色列生活以意义的东西。它证实了上帝与以色列人之间的契约，因为根据约定，上帝将以色列人从其幼稚懵懂的黑暗过去中拯救出来。从而只有以色列找到了真正的道路和有关其前途的允诺。由此选择成为特别的一群就找到了自身的基础。每一个获得真理的人感觉到他肩负着一种特殊责任，这也使他与其他的人区分开来。被召唤的人就是（被上帝）挑选的人，他们已聆听到上帝的声音，这声音给他们指出了一条特殊的道路。将经典意义赋予宗教的人才能成为宗教的护卫者,以及他们才必然地具有特殊的地位。启示和挑选是互补的概念。

借助对历史事实的认识,犹太人逐渐认识到他们存在的意义。宗教观念在他们之中培育起力量,给他们以成为自己的勇气。由于他们能够洞悉上帝的神的信息,他们必然能不断增强自信。这种必然的宗教成为皈依者恒久的真理,亦成为整个犹太社团的一种真理,它使犹太的祖先及其后裔之间产生了一种强烈关联感觉。每当这种强烈感觉缺乏时,相应地也就缺乏信仰的坚定性。只有当我们在精神事物中发现我们特殊的礼品和指令时,精神事物才能成为个人的真正所有物。所以,只是在挑选观念中,社团才第一次意识到自身。

在一句经常被引用的、以前辈先贤遗训形式流传下来的格言中,阿吉巴[①]赞美上帝的爱是在上帝按自己形象造人这一事实中得到明证的。他赞美上帝赋予人及其一般的意识,是上帝的爱——这的确是上帝的本质——更为重要的显示。犹太宗教持有同样的观点。从它的独特性变得清清楚楚那一时刻起,它就作为一种活生生的力量渗入到人们的灵魂中。只有通过挑选意识,宗教的活力才能被唤起。历史提供了决定性的证据:最准确地把握了犹太教核心的先知们也最坚定地强调以色列人被挑选的事实。此后,挑选观念在那些对犹太教本质有着最真诚信仰的人那里得到了最强有力的严格表述。

---

① 阿吉巴·本·约瑟(40?—135?),犹太哲人,律法学家,他收集编纂的"哈拉哈"即犹太教口传律法成为《圣经》之后第一部《米西那》(即口传律法集)。——译者

挑选观念因此活生生地被拥有真理性知识和上帝启示的宗教社团现实化。在这种对上帝的契约独特鲜活的把握意识中，宗教社团获得了自由行动的能力，以及对信众与成功的超然态度。这种遵从自己良心的态度产生出精神上的独立性。单凭这一点，宗教社团就能够毫不妥协地面对整个世界，正如它经常做的那样。无论犹太教遭受多么沉重的压迫，它始终坚信它是正在体验一种崇高的而且是最崇高的人类生活。

夸张一点说，犹太教认为自己占有了真理，这样一种感觉最引人注目的说明是，就像《圣经》的智慧包含在希腊哲学中那样，希腊的真理也包含在《圣经》之中。这是一种质朴的信念。许多专注于客观性的历史学家发现，极容易用愤怒和嘲弄对待上述观点。然而"单纯推崇理性的人嘲笑一切，而有理智的人则嘲笑虚无"。否定一切较之坚持现代历史知识的立场及善意的批评将希腊哲学家变成先知门徒的简单化倾向更为容易。在现实中，人们感触颇深，他们看到，那些思想丰富、洞察力强的人对他们的宗教真理是多么地深信不疑，以至于他们绝不可能想象除了上帝启示给先知们的知识外还有什么知识，这也促使他们试图在希腊哲学中发现他们的宗教。与之相关，他们将纯粹的宗教论据（根据）抛弃了大半，而这些依据正是先知宗教的基石，先知宗教正是依据它们才消解了信仰和知识之间的冲突，或者说消除了知识与信仰之间的混淆。在宗教的这种自我确信中确有某种值得赞赏的地方。

一个人除非完全沉浸在宗教理念中以至于彻底地漠视历史成就（success），没有人能成为他的信仰见证人。只有敢于漠视所谓历史成就的人才拥有信仰的勇气，这种勇气使他在死亡面前亦不退缩。历史研究无助于人的殉教。某种意义上说,漠视历史可以造就殉教者。精神(genius)都是非历史的,真理亦复如此;因为它们要求人们打破常规,不走历史发展的通常之路。相对于真理的渴求而言,虚无更体现了对历史的漠视,人们正是为了那超越单纯历史过程的真理而牺牲自己,而叛教者总会吹嘘他们对历史的理解。确实,过去反对犹太教的论据中最重要的就是建立在所谓宗教史考察结果之上。与这种论调相反,犹太教根基稳固,因为它意识到自己占有真理。谬误和歧见的历史常常冗长而乏味,而真理就终结于自身中,所以真理并不依赖于历史。谁内在地确信他拥有真理,谁就是为宗教理想而生,他就必定漠视历史的成就,即使这些成就会持续几个世纪。

那些将希腊哲学家尊崇为先知门徒的人的确缺乏历史的洞察力。然而这种缺欠无关宏旨,不过是由他们占有真理的强烈意识所导致的一种片面性。即使在当今世界中他们也是为永恒而生,故而他们将事件的过程看作是永恒之中的东西。他们冷眼看待过去,看待以色列人和别的民族,目光向后凝聚于先知。就算是为了更好地进行历史性理解,我们也不应该不注意到这富有意义的宗教实用主义。这样一种空前绝后的精神热诚导致这样一种观点,即认为异教思想亦追求神。就这种意义说,这种精神热诚优于许多精确的历史判断。

在整个中世纪,犹太人始终有一个追求,即在希腊哲学中发现其《圣经》的真实内容。又是柏拉图和亚里士多德,并且正是通过柏拉图和亚里士多德,以色列人的挑选概念获得了勃勃生机。犹太教富有活力地从它竭尽全力与之达成和解的希腊—阿拉伯哲学与科学中脱颖而出。更精确地说,由于处于这些时期的犹太人对自己的宗教真理无半点疑问,所以他们能够非常轻松而坦率地回答来自其他思想的挑战。他们建立起犹太教传统,这种传统既尊重科学思想及知识,也尊重自己的宗教信仰的确实性。

至此,我们对犹太教的本质以及精确的《圣经》话语的本质有了明确的历史把握。我们能够更为精确地划分知识与信仰。但是,对宗教的更好理解,只有在我们能够强烈地意识到那个时代人们所拥有的真理时才有意义。唯其如此,我们代代相属的宗教才能成为我们自己的宗教。并且,也只有这样,我们才能在它与我们所属时代的知识之间建立起正确的关系。毋庸置疑,哪里缺少这种关系,哪里就缺乏健全的科学观点,并且更为经常的是缺乏稳固的宗教基础。谁若以其全部心智相信以色列的上帝是真实的上帝,谁就将完全相信宗教的本质绝不能为任何历史上的发现、科学的发展、考古学及语言学上的发现所动摇。

挑选概念必然包括某种排他性。走自己的路就意味着拒绝别人的路;获得真理就意味着避开错误。相对于其他民族的信仰来说,以色列人愈来愈清晰而坚定地理解了自己的信仰,并在信仰中找到了使自己独立存在并与其他民族区别开来的充分的支撑力,从而使犹太人能够创造自己的生活,形成为一个"单一民族"。"瞧,这是独居的民,不列在万民中。"(《民数记》23:9)

犹太教开始于对自身独特性的强调;先知的教诲要求与邻近的民族相分离,口传传统则要"建立起围绕'托拉'的篱笆"。可以说,排他性是"责任的否定方面,它意在确认信仰"。进一步说它亦是戒律的必然后果,"除了我以外,你不可有别的神"(《出埃及记》20：3）。就其严格意义说，排他性之于戒律，如同信仰自由之于十诫中的第一条——它说明了为什么排他性在多神论中不存在。排他性对犹太社团的意义犹如戒律对于个体的意义。对两者来说，宗教的诚笃就是既不漠视别的神，也不受其控制。无论在哪里，一旦缺少了特征明显的排他性，就会一如历史上众多事例所显示的那样，哪里就会出现（不同宗教信仰之间的）融合——较低水平的精神影响就会乘虚而入。

这种特惠论不久就得到了伦理方面的强化，从而体现出犹太教的精神，它将每件事情（fact）看作任务，将人类生活的每一现实性看作是一种塑造的力量。民族的排他性转换成伦理的排他性，以色列历史地位的独特性转变成宗教义务的独特性。人和上帝之间的契约转换成戒律，一种给以色列以尊严感和良知的约束力。以色列挑选自己，它自己就被挑选。"你若谨守耶和华你神的诫命，遵行他的道，他必照着向你所起的誓，立你作为自己的圣民。"（《申命记》28：9）"你们要归我为圣，因为我耶和华是圣的，并叫你们与万民有分别，使你们做我的民。"（《利未记》20：26）"如今你们若实在听从我的话，遵守我的约，就要在万民中做属我的子民；因为全地都是我的。"（《出埃及记》19：5）"至于我与他们所立的约乃是这样的：我加给你的灵，传给你的话，也不离你的口，也不离你的后裔与你后裔之后裔的口，从今直到永远，这是耶和华说的。"（《以赛亚书》59：21）

与之相应，被挑选的民族是由严格的标准来判别的。"在地上万族中，我只认识你们；因此，我必追讨你们的一切罪孽。"（《阿摩司书》3：2）"我既从称为我名下的城起首施行灾祸。"（《耶

利米书》25：29）

以色列人是被上帝挑选出来的，所以上帝是以色列人的判官——这是先知学说的一个中心观念。虽然上帝挑选了以色列人，但以色列人只有正确地行，才能保证这种荣耀；罪使以色列人与上帝分离。以色列人的唯一可能的存在是宗教式存在，或者遵循上帝戒律而生存，或者全然不能生存。从这种确信中产生出以色列人的世界历史使命和对人和上帝的责任观念。挑选概念是先知对全体人民的召唤。这种使命超越了以色列人本身；它亦是对其他民族的一种挑选。所有以色列人都是神的信使、"上帝的仆从"，而上帝则为全地守教并使来自他的光耀照所有民族。"我耶和华凭公义召你，必搀扶你的手，保护你，使你做众民的中保，做外邦人的光，开瞎子的眼，领被囚的出牢狱，领坐黑暗的出监牢。"（《以赛亚书》42：6以下）这种基本内核始终保持不变的经典观念，仅能从挑选意识中产生。只有从这种自信中才能产生以色列人对世界其他民族的责任信念。

这样，人性的观念——人性注定需求真正的宗教——就是挑选观念的必然伴生物。如果一个民族负有责任向全世界告示一个上帝，那么这个民族显然必与世界完全融为一体，因为它必须信奉这个原则，即所有的人都是上帝之子，从而归于上帝。如果说以色列人，作为宗教的负荷者，是"上帝的长子"（《出埃及记》4：22），那么所有其他民族也应是上帝之子，并在对上帝的爱中，在奉行上帝戒律中与以色列人携手并肩。在先知圣训中，"所有民族的宗教"（《诗篇》9：12；96：3，10。《历代记上》16：24）这个概念根牢基固：通常与宗教命运的联系将所有人联结起来。

宗教普世论就是犹太教的一个基本成分，它是宗教的历史任务的指导原则。以色列（宗教）是一种世界宗教，它视人类前途为自己努力的目标。以色列宗教可以被称作是世界宗教，因为所有宗教均仿效它将普世论视作宗教目标。

这种普世论趋向，这种世界宗教概念并不是犹太教的偶然特征。之所以这样说，是因为它已经融入犹太伦理一神论中：通常伦理的主张是普遍的律法，它要求平等地对待一切人，使律法平等地在所有人身上实现。在道德行为中发现虔诚标示的信念是普世论者（的信念），其观念和前提亦是世界宗教的观念与前提。一神论必须内含普世论：一神只能有一种可以把所有人召唤于其下的宗教，并且只有将所有的人联合于自身中，它才能实现自己的历史现实性。这种宗教的布道成为来日的预告，在"来日"中，宗教的历史变成现实。宗教的关键性字眼是未来。同样真实的是有关某种隐秘和创造万物之永恒者的《圣经》观念。创造世界为一个世界也就意味着人也被创造为一个人类。创造宇宙的唯一的神从创造伊始起，就将一切纳入一种生活。"谁行作成就这事，从起初宣召历代呢？就是我耶和华。我是首先的，也与末后的同在。"（《以赛亚书》41：4）

以色列人将他们的全部希望倾注于这未来的蓝图中是最自然不过的事情。以色列人在自己的挑选概念中看到了自己的使命，这种使命向以色列人提出了最严苛的要求——那么以色列人怎样才不会把挑选看作其特殊约定的征兆呢？由于普世论的存在与以色列社团的持续存在相关联，故普世论的未来也就是宗教的未来。与之相似，以色列人认为以色列人特殊的命运决定了宗教的命运，甚或这个世界的命运。在先知们看来，宗教是历史得以展开的枢纽，这就是以色列的命运总是关联于处在世界历史旋涡中心的先知们的原因。他们把允诺的未来看作是对以色列人而言的、繁荣而又幸福的时代，表明他们是些古道热肠的人。

这样，特惠论和普世论就在先知们的学说中合二为一。人类的希望就是以色列人的希望。上帝对人类的言说通过上帝对他的子民的言说得到证明。挑选以色列人是走向上帝为人设定道路的第一步。虽然弥赛亚时代已为全世界所逐渐了解，但是其承诺只在那创造了救世主宗教的民族那里得到最为精当的把握。如果说主注定要拯救全世界，那么主的拯救将自锡安山开始，是对锡安山的赐福。越是强调普世论，就必定更加强调以色列人的特殊责任及特殊地位。先知们坚定地信奉这种原则，后来的犹太教师们也是如此。

如此一来，以色列人独特的存在就变成它对人类未来尽责的一种意识。在这里我们也发现了与犹太教基本特征引人注目的一致性：作为宗教最高因素的戒律观念和责任观念。犹太教设置了一些特殊的要求，使得拯救并不为任何人所独享。犹太教没有屈从于那种将拯救看作是教会独占特权的狭隘的宗教概念。那里是通过行而不是信去接近上帝，那里是由社团为其成员提供理想和任务以作为成员共享的精神标志，那里就不能凭单纯信仰自身去保障心灵的拯救。同样，失去拯救与出生的偶然性也没什么关系，尽管后者使人们从属于不同的宗教团体。翻遍《圣经》，人们会发现有关所有人都在寻找上帝学说的痕迹，尽管其内容模糊不清，但却特征明显。"万军之耶和华说，从日出之地到日落之地，我的名在外邦中必尊为大。"(《玛拉基书》1：11。《诗篇》113：3）甚至异教徒也试图变得虔诚，他们也找到了祈求神饶恕他们罪的道路。一种差别渐渐成为决定性的因素：即存在于敬畏上帝与不信上帝之间的差别。"敬畏上帝"，就这词的真正含义说，适用于每个相信一个上帝和遵行公义的人。这种具有"虔诚"（Hasid）或"公正无私"（Zaddik）性质的词，意在描述犹太人中间最优秀的分子，而当人们在"所有虔诚的民族终将分享来世生活"这个句子中发现人的道德品质的经典表达后，这个词不久也就适用于异教徒了。为了清楚地把握它与基督教教条的差别，人们的确需要在这个犹太概念和但丁（Dante）对赎罪场所作的描述之间作出比较，在但丁描述的赎罪场中，甚至最好的异教徒也要面对可怕的末日审判——但丁的这种描述与基督教教会的基本教义相一致。

犹太教谈论善良的人。"善良的犹太人"这个词语与《圣经》及口传律法都不相干，他们是由上帝选定的人。这个观点始终为每一种新的文本所强调。"你们在《摩西五经》中已经读过摩西这样对以色列子孙说：'所以，你们将守我的法和我的审判，如果一个人这样做了，他就会生活在他们中间，我是耶和华。'你也知道大卫曾说：'神啊，幸福属于遵行你的法的人，他并没说幸福属于祭司、利未人和以色列人。'先知如是说：'打开你的门，祭司、利未人和以色列人能进去吗？'他确实说：'打开你的门，把握了真理的正直民族能进去吗？'你也听说过'这是上帝的门，正直的可以进去'或者你定听过这样说：'这是上帝的门，祭司、利未人和以色列人能进去吗？'你定会唱：'神啊，会为祭司、利未人和以色列人行善吗？'而在朝圣者的歌咏中你确实不会说：

'神啊，向那些善良的人、正直诚实的人行善吧。'在赞美诗中你也会听到这种称颂：'为神而欢愉吧，噢，你正直的人，因为赞美对正直是适宜的。'然而，赞颂者并不对你说：'为神而欢愉吧，你祭司，你利未人和你以色列人。'所以，我对你们说：'行正直之事的异教徒就像以色列的大祭司一样值得尊敬。'"

在上帝与（以色列）先祖订约之前，曾有过上帝通过诺亚与全人类订立的契约。如果说那些接受上帝恩惠，以便名正言顺地成为上帝的见证人的人是以色列的后裔的话，那么，那些从非人的，以及非道德的行为束缚中挣脱出来的异教徒就是诺亚的后裔。他们也是上帝挑选的子民。

许多因素可能会造成对犹太教普遍特征的无知而不怀好意的否定。许多人也力图从所谓犹太教的民族特惠论中发现犹太教的缺陷，尽管从现实上看这种特惠论对犹太教的继续存在是必不可少的。在天使的王国里，纯粹观念凭自身就可以存在，但在我们人类中间，宗教信仰只能存在于某种具体形式中。宗教信仰的坚实根基必然根植于人或社团的独特特征中。人的一切理想总是以现实的、历史的生活为根据。假如一神论并未成为以色列人的独特宗教，假如一神论并未因成为民族的共有财富而得到保护，并且假如以色列人并未意识到他们作为选民获得了坚守自己信仰的力量，那么，犹太教就将成为一种神秘团体的秘传的神秘学说，这一点在某些古老的文献中有所记载。但是犹太教绝不与时代的变迁相抗衡，它因此而成为所有时代的宗教。这种民族的特惠论，这种反对犹太教的有利论点，不外乎指那种强烈的个体性，即单纯的个体就能够捍卫永恒。在宗教领域里，不存在脱离了整个民族生存条件的生命或个体性。

然而，随着犹太人的离散，民族的这种限制更加不重要。尽管有着宗教方面的根本性一致，但亚历山大里亚的犹太教仍不同于巴勒斯坦的犹太教，依此类推，它也与巴比伦的犹太教不同。经过中世纪，西班牙—葡萄牙犹太人或者说西班牙及葡萄牙籍犹太人（Sephardim）与德国犹太人，或者说德、俄、波兰籍的犹太人（Ashkenazim）有了明显差别——这种差别不仅表现在他们的命运上，而且表现（或许因为他们命运不同的缘故）在思维方式和精神特质上。犹太教的历史上罕有保持自身同一的时期。不同国度的犹太人在宗教概念和精神表现方面表现出明显不同的特质。例如，就是法国北部的犹太人与法国南部的犹太人，德国北部的犹太人和德国南部的犹太人都有差别，就像大部分定居于不同地区的人们所表现出的那种差别一样。别的宗教也同样受到国别的限制，德国、西班牙及意大利的天主教，俄国及美国的教会，英国、瑞士和美国北部的新教，土耳其和印度的伊斯兰教，中国西藏和日本的佛教——所有这些宗教都受到民族因素的限制。

起初，先知们经常只是谈论以色列人，他们建立了一个明智的界限。他们知道在这个界限公之于世之前，宗教首先在以色列被稳固地建立了起来。即使这种宗教学说是为整个世界设计的，它也应首先向犹太人显现。倘无这种私人式亲近，先知预言的有效性将大打折扣。如同一个真心诚意祈祷的人那样，尽管上帝是一切人的上帝，但他仍把上帝当作他的上帝来祈求，先知也是如此，特别是他们中大多数人被深深触动时，他们试图把自己的学说塑造成为所有人的，但却首先是论说本民族和为本民族而言说的。

尽管他们谈论的是以色列人的上帝，但他们期望所有民族都遵行他的戒律。就这个方面说，他们表达了他们对自己民族的关切和爱，也表达了这样的自信，即只有从他们的民族中才能产生出理解了人类目的的先知。从他们的民族中，他们找到了观察和理解人类的坚实之地，一如他们从他们对人类的检讨中发现了他们本民族的真正位置那样。特惠观念与普遍责任观念相互依存，以至于对特惠的追求并不会与人类整体的需求相抵触，正像爱家庭与爱朋友互不排斥一样，所以先知们预言的普世论和特惠论并不矛盾。

与其说这表明了上帝的预言仅给予以色列人这种观点的狭隘性，不如说证实了上帝言语的威力。幸运的是，上帝的劝诫既不在《旧约》中，也不在《塔木德》中，因为在苛刻的清教徒眼里，这种劝诫是小恩小惠，可以被看作是犹太民族宗教狭隘性的又一个佐证……先知们谈论世界及世界的拯救，但却只对以色列人谈论。只是后来那些拙劣的模仿者才将全部人类作为自己的听众。

为了在世间取得自己的精神地位，犹太教不得不借助斗争以达到自立，所以在犹太教宗教文学中，能找到充满火药味的语词。在《先知书》和《诗篇》以及后来作品中，我们能找到一些句子，它们表达了对异教徒进行神圣审判的强烈愿望，以及对这一点充满信心的期盼。尽管愤恨披上了神圣的外衣，但这些句子仍然使我们身心感到震撼，然而，尽管它们不再是我们的话语，不再是我们希望的表露，但我们还是可理解它们，评价它们。应该记住的是，这些语言不仅是直接指向以色列人中的罪人，也是直接指向不信上帝的异教徒的。它们与其说表达了对其他民族的愤恨，不如说表达了对发生于任何地方的罪行的愤恨。只要提及他们的道德信念，上帝的仆人甚至就与以色列的敌人站在了一起。正因为他们很少纠缠于或陷身于民族偏见之中，所以他们才能从其他民族那里找到上帝惩戒他们本民族的手段。并且由于他们心中充满了对不可抗拒的道德律法的信仰，所以对他们来说，邪恶的终结只有当邪恶必带来报应时才会成为可能。那时，当世界宗教正当性理念为追求普遍承认而苦苦求索时，善之终成的信念就成为热诚信仰的标志。这种忠实地执著于公正的上帝的热切期盼，对于审视那些已有和未有的大恶并无耐心，它也不限制人类证明上帝审判日的渴望。唯上帝保持忍让，因为它是永恒的。人们也这样去描述有限的人面对的严重冲突，有限的人经受内心极度痛苦却为上帝的公正而奋争，《约伯记》使用了这些近乎渎神的话语。然而与其说人们因温和而又虔诚的谦卑而敬畏上帝，不如说正是由于亵渎上帝的言行而敬畏上帝。

谁因其德性的保证，而以虔诚的目光轻视"报复的渴望"，谁也就不能确然地了解挣扎的心灵因道德信念正为事实的重负所击溃而遭受的痛苦。在良心真正受磨难的极度痛苦中，人的信仰面临着最严峻的考验。个人在其人生历程中所遭受的痛苦更容易忍受和承受。但是我们必须去自我体验，或者能够获得与那些已体验过悲号的人一样的感觉："为何容外邦人说，他们的神在哪里呢？"（《诗篇》79：10；115：2）为了理解伤心欲绝的心灵悲伤的哭泣，我们必须如同自己哭泣般地去体验，或者至少有和他们一般的痛苦感觉："他们杀死寡妇和寄居的，又杀害孤儿，他们说，耶和华必不看见，雅各的神必不思念。"（《诗篇》94：6以下）或者要再去理解这些祈祷者深藏的感情："耶和华啊，你是伸冤的神，伸冤的神啊，求你发出光彩，求你挺身而立，使骄傲的人受应得的报应。"（《诗篇》94：1以下）当基督教在各民族中得以传播时，它也具有了以色列《诗篇》和《先知书》中丰富的宗教宝藏，并自信能应付所有的困难，直到它将世界上的权势完全驯服，然而，以色列人却不得不为获得这一宝藏而奋斗，许多令人震撼的语词标示出奋争中血迹斑斑的创伤。

表达爱的语词之一在最后出现，令人难忘。在所有的暴风骤雨和奋斗争锋过后，语词变得恬淡、温和："你当默然依靠耶和华，耐性守候他……当止住怒气，离弃愤怒，不要心怀不平以致作恶。"（《诗篇》37：7以下）"当将你的事交托耶和华，并倚靠他，他就必成全，他要使你的公义如光发出，使你的光明如正午。"（《诗篇》37：5以下）"审判要转向公义，心里正直的，必都随从。"（《诗篇》94：15）

为异邦人也留有希望："愿万国快乐欢呼，因为你必按公正审判万民，引导世上万国，神啊，愿列邦称赞你，愿万民都称赞你。"（《诗篇》67：4以下）先知的万邦宗教概念已注入了为整个世界而进行的希望的祈祷："在万民中传扬他的作为"（《诗篇》9：12；105：2）；"在列邦中述说他的荣耀，在万民中述说他的奇事"（《诗篇》96：3，10）。从这内在的痛苦与苦难中不断涌现出对光明未来的渴求。没有比这种对来世永恒的渴求、想象更能展示人类心灵特征的东西了。

像犹太教其他特征那样，宗教普世论随着犹太教的成长而不断发展，尽管从犹太教产生之日它就作为犹太教的本质而必然地隶属于犹太教。从《圣经》中可以清楚地看到这种发展。要理解犹太教意欲成为世界宗教的观念,必须首先具有世界历史的概念。那些清楚地表达了普遍宗教观念的人最先理解到普遍历史观念,这个观念对他们来说意味着神的戒律在世间的统治。所以,真正的普世论与其说是数量上的普世论,不如说是观念上的普世论,它对评价犹太教几乎没有意义。因为犹太教在规模扩展方面建树不大。犹太教的意义不在于它的规模扩展,而是在于它的特征。人们绝不能忽视这样一个事实:多数宗教教派的扩展不是一个宗教性事件,而是一个政治性事件。这些扩展的成功是通过战争及政治才干赢得的,而与上帝的圣言无关。不能勾勒出这种差别是因为决定信仰事务的是强权者的胜利。

根本的是一种宗教是否清楚地理解了普世论,并将普世论作为自己生存的决定性特征,有意识地设定它为宗教目标。例如,从佛教对所有人大门洞开这一点来说,它已超越了产生它的国家的疆界。然而这绝不能说佛教完全接受普世论并把它作为自己的任务或者作为自己前途的象征。只有犹太教才这样看待普世论,并期待普世论在接纳万众的上帝普遍王国中历史地实现。基督教和伊斯兰教亦是如此,由于基督教和伊斯兰教是从犹太教衍生出来的,所以它们也是世界宗教。当基督教和伊斯兰教用自己的宗教视野审视宗教未来并在此意义上看待宗教时,它们信奉的就是犹太教的基本信念。

犹太教既有对全体人类满腔热情的律令,也有对真正宗教来说基本的使命观念。犹太教不把这种使命看作是渴望成长并变得雄壮伟岸的坚强欲望的一部分,而是把它看作渴望教诲人们并使之转变信仰的内在欲求的表达。使命观念总是与挑选观念相关联,挑选观念表明拥有真理，意味着对他人承担责任。犹太教中存在着被选派的意识——"选派"这个词是《圣经》中最独特、最有意义的语词之一。

借助犹太教发展了的人类概念，使命观念变得更加意味深长，人们愈能在他们的宗教中清楚地把握全部生活的意义，就愈迫切地感到通过召唤地上万族共同分享生活以便为真理开辟道路成为他们的责任。无论他们在何处看，他们看到的是其他的民族；无论在何处他们听到异样声音，他们在自己那里听到的是人们寻觅的音符，这音符是从他们自己的心灵中涌出来的。并且，无论他们在何处倾听，他们倾听到的是那种在自己内心中首先可以倾听到的声音，这声音是对世人陈说的上帝之言。他们看到了上帝之路和时时显现在他面前的各种道路。"地极的人都当仰望我，就必得救。"（《以赛亚书》45：22）所有的智慧都在以色列人对世界的宣讲中显露出来："众人啊，我呼叫你们，我向世人发声。"（《箴言》8：4）他们知道，犹太教对世人所宣讲的是人类体验最内在的部分。

甚至从以色列人诞生之日起，他们就感觉到了这种使命感。亚伯拉罕接受预兆，并劝诫人们说："地上的万族都要因你得福。"（《创世记》12：3）宗教虔信传统总是说《圣经》把亚伯拉罕描述为"万民之父"，这意味着亚伯拉罕被命定为拯救万民的领袖。在《圣经》最早的章节中提到70个民族是人类在地上的万族。为了在一个句子中容纳全体人类，口传传统谈到70个民族和70种语言。栩栩如生的语言刻画了上帝在西奈半岛如何用70种语言显示自己，以及摩西如何用70种语言在祭坛上写下上帝之言。

拉比们发现，除非认为从犹太教产生时就被创造为世界宗教，人们不可能思考犹太教。当《圣经》被翻译成希腊文——那个时代地中海国家有教养的人的语言——时，它被称作 Septuagint[①]，七十子《圣经》，七十民族的《圣经》，实际上它成为传教（missionary）的《圣经》。在过住棚节（Feast of Booths）时，以色列学者们提出 70 种祭品为世上万族赎罪；这些牺牲（祭品）表达了犹太民族对人类的宗教利益的责任概念。甚至以色列人的四处飘零，也被解释为造福于世的天佑行为。考虑到不可转译对语词的影响，（他们）宣称以色列人的四处飘零就是将种子撒向四方，以便从中生发出上帝的圣言。

犹太教是首先组织传教的宗教，正是犹太人的传教为基督教的传播奠定了基础。正是出于政治上的考虑，而不是宗教方面的思虑，终结了犹太教拓展其信者范围的意图。然而，使命责任的意识却没有因此而消失。至于这种意识后来是如何显现出来的，将在其他相关章节中说明。作为犹太教合理存在证明的基本成分，它总是被提到，并且它也被看作是那种存在的基本任务。

从犹太人的观点看，相信上帝统一性的每一个人都是改宗者（proselyte）。至于犹太人关于人的概念，它总是与期待上帝的社团概念相关联，而后者在下列陈述中得到了清楚的表达："任何摈弃偶像崇拜的人都是犹太人。"如此一来，凡接受了以色列宗教的人都有资格称之为亚伯拉罕的子孙。斐洛（Philo）提出这个观

---

① 七十子希腊文本《圣经》。希腊文旧约《圣经》，传称应埃及王托勒密二世之请，由七十二位犹太学者在七十二日内译成。——译者

点并使之成为《塔木德》中的一项规定。摩西·迈蒙尼德富有权威性地宣布,一个改宗者,他必然将以色列先祖看作是自己的先祖,并且他应把自己与以色列人的被挑选相关联。"你也是被遴选和被挑选的——亚伯拉罕是你的先祖,正像他是我们的先祖那样;因为他是虔诚者和正义者的先祖。"在另外一个地方,他又说:"信仰是所有人的先祖。"

犹太教绝没有放弃要成为世界宗教的主张。假如它没有充盈这种理想意识,那么它整个历史似乎就显得琐屑,甚至不可思议。仅仅这一主张就使得犹太教获得了荣耀的特征。甘愿为这种重要性有限的狭隘观念受难较之真诚的持守要逊色许多。仅有当一种信念具有广泛的影响,并且这种观念的捍卫者理解了它的恢宏,为这种观念而生的人们才会感到荣耀。借助保存下来的和持续保存下来的犹太教精神财富,犹太教固守了它那不可撼动的、护卫着一切人类宗教的信念。对于那些创制了世界宗教观念的先知们来说,以色列人的生活不是闭锁的经验,而是一切民族之社会生活中的基本因素。在犹太教后来的思想家和诗人中,这个观念获得了一致的赞同。例如,像犹大·哈列维(Judah Halevi)那样的浪漫主义者,像摩西·迈蒙尼德那样的理性主义者,像列维·戈森尼德(Levi Gersonides)那样的严肃的研究者,以及像以撒·卢利亚(Isaac Luria)那样神秘的激情主义者,虽然是从不同角度把犹太教理解为世界宗教,但该信念的核心内核将他们联系在一起。

犹太教信仰者的创造力甚至使这个观念获得了新的形式,借此使这一观念保存在社团活生生的意识中。我们或许能列举出其他事实,证明犹太人对普世论的接纳。例如,在过去的两千年间,犹太教影响了所有重大的精神运动——这方面人们只需要提及一些作为文艺复兴和社会主义者运动中宗教活力表现的各式各样的现象就可以了；再如，需要提及的是犹太观念被保存在两种从犹太教分化出来的宗教中，这两种宗教向古老的犹太教信仰方式的回归，以及对来自其他方面因素的摒弃——在这方面人们只需要回忆一下宗教改革，重新洗礼教派和现代清教运动中的唯一神教派的发展趋势就可以了。

与之相左的观点将所有希望寄于无宗教的伦理学和无宗教的文明。与对教会世俗成功所倚仗的权威的虔诚崇拜相反，犹太教坚定而执着地确信人类之宗教与道德的前景依赖于对唯一神的信仰，唯一神给人以生命，要求人过一种神圣的生活方式。这并不意味着统一所有人的信念，依照上帝形象创造出来的人们在信念上的差异太大了，形神各异，气象万千。宗教深深渗入到人的最个体化的层次。假如所有人把握到集中了先知者洞见的先知教诲，那么所有人的信念就是同一的。"世人啊，耶和华已指示你何为善，他向你所要的是什么呢？只要你行公义，好怜悯，存谦卑的心，与你的神同行。"（《弥迦书》6：8）这种对一神的信仰将众人联系在一起。

第二篇

犹太教的观念

信仰上帝

观察和探索世界是科学的任务，判断世界并决定我们对世界的态度是宗教的任务。宗教也不对累积的经验事实系统化，将经验事实整合为思想——那是哲学的任务。宗教从内在价值角度评判人的经验，因此，宗教能够透过存在的浅表层次而把握其内在的核心。对宗教来说，有决定性意义的观念有：美和恶，真实和虚无（nullity），命运，以及由每个个体体验到的生活的目的。所以每种宗教都必定要追溯到乐观主义和悲观主义的基本问题上去，询问存在是否有意义以及是否有一个为善而创造的世界秩序的问题。单一信仰还是多重信仰构成了宗教间的基本区别。一种宗教的世界历史特征建立在与被想象和被应用的单一或多重的信仰相一致的基础之上。

只有当一个人承认世界的意义与世界相分离并超出这个世界，承认世界的意义与外在的及可感知的因而易于生成及毁灭的东西相区别并超越它们，承认世界的意义不是用因果方式而是用其自身价值的确然性来证明自身意义时，赋予世界一种意义，并在其中发现持续的律法和目标才是可能的。唯存在不满足于存在的单纯事实才具有价值，并且这样的价值必定是在"他性"（otherliness）中被发现，"他性"包含了意义与秩序且是善的并在每个人最内在存在意义上展现为伦理的。善是无条件的。因为善的有效性不受时间和空间的限制；同样善也是普遍的，因为任何人都可以实现善，所以善就是世界的意义。只有当信念是善的时候，相信所有事物均有意义这种信念才是可能的。仅存在一种完全的而又完美的乐观主义，这种乐观主义就是伦理的乐观主义。

有限而又受限制的人不是这种善的源泉，因为这种善要求一种无条件的绝对基础。善的根基因此只能到唯一的神那里去寻找，唯一神本质的展现就是道德律法。在唯一神那里，善找到了它永恒现实的必然性。所以善起自万有之根源：善的法则从包含隐秘的深奥之处萌发出来。唯一的上帝就是对所有隐秘的回答，它是一切——永恒的和伦理的、创造的和有序的、秘密的和明确的——的源泉。从支配者与隐秘物这种联盟关系中产生了一切存在及其意义。与之相关，人们也就把握了它们之间的统一：支配者被联结于隐秘，隐秘被联结于支配者，善属于上帝，是它为有能力把握到善的人设定的。只有一种以唯一神为基础的、囊括一切的乐观主义：即伦理一神论。所以，像佛教那样的一直坚持悲观论调的宗教，其必然的归宿是成为那种抛弃神的宗教，这类宗教将伦理成分只看作是人的活动的偶然因素。

犹太教的特征，犹太教传授给其他民族的东西，是它对世界的伦理肯定（affirmation）：犹太教是一种伦理乐观主义宗教。当然这种乐观主义与人们那种洋洋得意、毫不在乎的态度完全不相干，持那种态度的人声称世界是纯然美好的，因为他在世上感到惬意舒适，或浅薄至否认痛苦，赞美这个世界是所有可能世界中最好的世界（la rage de soutenir que tout est bien quand on est mal）。

犹太教拒斥这种浅薄的乐观主义。以色列人对生活的认识入木三分，以至于他们并不依照实际所是那样谈论欲望和痛苦。更常见和更令人感动的是以色列人感叹这个世界是悲惨与痛苦之地的哀歌，而不是歌颂生活快乐的《赞美诗》。"我们在世的日子为七十年，甚或因强壮的缘故，可达八十年，除了劳作与忧愁没有什么可骄傲。"这样解读上帝仆人摩西的祈祷，摩西的祷告或许会在《圣经》中处处闻听到回音：《圣经》就是一部叹息与伤心的书，一部忧伤与痛苦的书，一部精神压迫和良心裸痛的书。同样的情调（tones）在犹太教传唱几个世纪的歌曲中亦可发现。犹太教中清晰可闻的是一种对世界的轻蔑的诠释——一种关于回响在犹太原本乐观主义中阴郁低调的悲观而又肃然的诠释。

这种低调以独特的音量在灵魂经历坠入卑劣与堕落后再次产生回响。它回响在那些为世俗权势所伤害的人们的感情中，亦回响在那些从充满世间的低俗与邪恶中挣脱出来的人们的感情中。这种否定性的悲号（cry）——对权势和名望的否定——源自对肯定（affirmation）的最深层的需要；它蔑视和拒斥，以便对何为高贵与真实的东西达到确信。一种有理想的乐观主义对事实的看法取悲观主义态度。没有鄙视的力量就没有持久的善，没有蔑视人的能力就没有真正的人的爱。犹太教乐观主义唯一的特质是蔑视这个世界中普遍存在的邪恶，不屈从于对这个世界的冷漠或顺从。犹太教的理想不是古代贤人的理想，古代的贤人自得于自己的智慧和心灵的宁静，不为人们的争斗而动心。在这个方面，犹太教与希腊和印度的思想有着根本的差别。犹太教用改变世界的意志去面对世界，用在世上实现善的戒律去面对世界。古代的圣贤仅知道满足自己的追求。犹太教绝不会抛弃世界的目标,因为它不怀疑上帝已敦促人向善的目标前进。犹太教的乐观主义是道德意志的强化,犹太教的召唤"预备(神)的路"(《以赛亚书》40:3)。

蔑视成功,拒斥世俗的傲慢,对"这个世界"持悲观态度——这些是犹太教乐观主义的基本成分。犹太教乐观主义将真理与成功相等同。犹太教乐观主义因此受到人的悲剧力量影响,人只要奋争,即使有失败感他也已取得胜利,因为人可以寄希望于未来并对最后胜利充满信心。在这方面,犹太教也完全与古代的思想不同,古代思想仅知道命运悲剧而不知人的悲剧是神的言词加之于他的:"因为我差遣你到谁那里去,你都要去;我吩咐你说什么话,你都要说,你不要惧怕他们。"(《耶利米书》1:7以下)这种关于人,那将自己的道德良心摆在现在与未来面前的人的犹太剧作(drama),与东方和西方均不同。因为犹太人向世界所索取的是他在自己心中所发现的东西;他确信这种要求提供了最终答案,是苦难之后的补偿,泯平杂乱的和谐。道德中动人哀怜的力量与悲剧性动人哀怜的力量在这里合二为一。《圣经》中充盈着这种强烈的悲剧,充盈着这种乐观主义的悲剧,借助对《圣经》真理的体验,犹太教把握到先知及其后继者的意义。

在犹太教中,这种乐观主义成为对人的英雄气概的呼唤,成为对人的奋争的道德意志的呼唤。它是一种努力在实践上实现道德性的乐观主义。与其说是一种关于欢乐和痛苦的学说,向命运发问并等待回答,毋宁说它是一种关于善的学说,向人提出问题,在"你应该"意义上给人以正确的回答。不是遁世的旁观者的自满自足,而是那确信上帝、为塑造人和刷新世界而从事创造活动的人的伦理意志——这便是犹太教乐观主义。毋庸置疑，犹太教乐观主义缺乏古典式的宁静，但它取而代之以为上帝的奋争成就了安宁。在这种崇高的乐观主义中——这种乐观主义经常回响在先知的常用词"终必"（And yet）中——伦理与生活的伟大样式被造就出来。它证明了宗教是"存在的崇高形式"。

犹太教的乐观主义包括上帝信仰，相应地也包括人的自信，人能够在自身中实现那首先在上帝那里找到自己现实性的善。犹太教的所有观念都可以从乐观主义中推演出来。由此可以建立起三重关系。首先是信仰自己：人的灵魂是依照上帝形象创造出来的，因而是自由的、纯粹的；灵魂是一座圆形剧场，人们总能在那里与上帝修好。第二，信仰自己的邻居：每个个体具有我所具有的那种个体性；他那自由而又纯洁的灵魂也得自上帝；他在内心里与我亲近，所以是我的邻居、我的兄弟。第三，信仰人类：所有的人都是上帝之子，因此他们为一个共同的任务而被结为一体。认识到人自身生活的精神现实性、我们邻居生活的精神现实性以及作为整体的人类生活的精神现实性是以上帝的普遍的现实性为根基的——这是犹太教乐观主义的表现。

对善的信仰的这三个方面，不能被那种主张它们应给予我们比它们从其共同根基即唯一神那里得到的更多的要求所分离。只有关于我们自己的灵魂、灵魂的人格特征以及灵魂存在的奥秘的知识，才能给予与我们生活相关的精神关系以确定性和自由。相反，只有在关于我们同胞的灵魂的知识中，在那种也为他人所具有的我们召唤我们自己的意识中，我们自己的个体性才能找到自己的责任和显现。信仰他人必然信仰我们自己；信仰我们自己必然信仰他人。

最后，只有形成的人类生活具有同一性观念，一个人的自我和他的同胞的自我才会相互关联。这些信念植根于这样的信念之中——生活的道路来自神又回归于神。由上帝信仰，我们仍逐渐发现了我们自己灵魂的价值，我们同类的价值和全体人类的价值。

犹太乐观主义从每种信念都包含着责任感这样一种观点引发出自己的创造力，这是一种典型的犹太观念。它在对人类的信念中也包含着三重责任：由于这个信念来自上帝信仰，它就是以对上帝的责任为根据。我们要圣洁，因为"耶和华我们的神是圣洁的"（《利未记》19：2），这是人对上帝的责任。对于我们的邻居，我们也有同样的责任：我们必须"知道他的心"（《出埃及记》23：9），并且我们要尊奉上帝的形象。上帝与我们同在，我们热爱上帝，因为他喜爱我们。最后是我们以上帝的名义承担对人类的责任：我是上帝在世的见证，纯洁他的圣名为将世界再造为上帝的王国铺平道路。

犹太教相信的善在上帝那里找到了它的确然性，在人那里找到了它的职责。上帝将善置放于世作为人能达到的道德要求。"我将生死、祸福陈明在你面前，所以你要拣选生命，使你和你的后裔都得存活。"（《申命记》30：19）对犹太教来说，拯救不是现成的事物，一种神恩赐予人的神奇财富，而是上帝为人设置而人不得不完成的任务，"人必因此活着"（《利未记》18：5），这是所有人必须完成的任务。人可以选择他的生活，他可以为了善而改造生活。这样生活本身成为一种诫命。上帝要求人的与上帝赐予人的善，合二为一。犹太教的乐观主义应该采取诫命的形式，向人陈明责任的意义，这是犹太精神的根本本质。

犹太教是仅有的宣称没有特定神话的宗教——犹太教原则上反对神话。在神话和犹太教之间事实上存在着一条巨大的鸿沟。神话要求改造传奇故事，后者描述的不是人和人的生活，而是神的生活，神的生、死、胜利与失败。对神话来说，神的命运是决定性因素，它的全部内容就是世界历史。神话叙述不从天和地的创造开始，而是从神的诞生开始。神的成功与失败、神的胜利与苦难、神的欲念与嫉妒决定了人间与人类的命运。所有宇宙创生论在这里都是神的谱系；神的谱系划开了历史时代，时间的沧桑变幻沉积在他们存在的岁月之中。作为机遇的控制力量和命运的支配者，神掌握着命运并支配着它，为机遇所导引并分派机遇，神留居在天上。对人来说不得不接受这前定的命运——无论是否身居显位。从这些术语角度看，人的悲剧就是命运的悲剧、神话的悲剧，就是人等待并在缄默中接受其命运的惨剧。它的箴言不是"你应当"，而是"你必须"。

然而，对犹太教来说，人类的悲剧是意志的悲剧，是选择自己生活的人的悲剧，是凭着良心靠近上帝以度过自己被恩赐时光的人的悲剧。犹太人的宗教是从人出发的宗教，人从上帝那里获得自己的生命和戒条，人渴望上帝，走向上帝并接近上帝。这是一幕人奋争的、用内在生活反抗外部环境的戏剧。它是与神话的戏剧直接相对立的。

无论神话在何处产生，它总是源自对飘忽的恶鬼、死者贪婪的灵魂以及数不胜数的精灵与神祇的想象的恐惧，而这一切又在单一的、严格的命运中得以完成。神话具有多种形式——从不断产生的传说到古板的思想样式。但神话总是描述神，神生活的历史、神的命运、神的诞生与复活、神的出现与消失。神话主题基本是神的命运，偶尔从性别差异角度看的神的命运。但犹太教很少这样去证明自己的非神话性质，因为犹太教已挣脱了神性的性别差异的羁绊。犹太教的语言，尽管有可塑性，也不包含指称"女神"的词语，不包含指称支持异类语词的概念的词语。犹太人的信念是只知道上帝的启示，而不知道他的命运。他对上帝的生活或者说上帝的经历无可言说，它只言说"活生生的神"（《申命记》5：23。《列王纪下》19：4。《耶利米记》70：40。《约书亚记》3：10。《撒母耳记上》17：26），活生生的神在万事万物中证明自身，用万事万物言说，而人们必须应对它。上帝的话语不是神谕而是律法和诺言。上帝的路不是由机遇和命运——它们差不多是一个东西，因为机遇是刹那的命运，而命运是持久的机遇——构筑，它是善的律令，借助它人们接近上帝。从诞生伊始，犹太教就不使用神话式语言："我眷顾他，为要叫他吩咐他的众子和他的眷属遵守我的道，秉公行义。"（《创世记》18：19）

不是神性的生活，而是人的生活，人对上帝虔诚的回答因此成为犹太教的真正内容。生活是命运，但亦是一件礼品和一项任务。人为上帝所创造，但他亦为创造者，是行为的作为者，并在选择中使自己找到生命的意义。人因此高于一切纯为自然和必然的东西，高于一切神话。人的意志的权利被犹太教断言为神秘物的对立物。生活不再被视作是琐碎小事的汇集或者命运的交织，或者是偶发事件系列中的一个环节，不管这些事件是否被称作机遇或前定——因为什么是前定的且又是在因果意义上理解的机遇的谨严形式呢？不谈机遇，犹太教更推崇意义及其意义的内在理由。

世界的命运问题变成世界的意义问题——律法既是全部因果序列的根基又位于其上。犹太教谈论真的、神圣和永恒的；它把这个世界以及世界历史中的万事万物看作是上帝的启示——是启示而不是命运或神话。不是神话，是接近上帝的自信，是自信与上帝相联系的意识解开了生活的迷津。所有的神话终结于悲观主义，屈从于命运，而犹太教坚持生活中的所有事物都有其自身意义与使命的乐观主义观点。

必须承认，从以色列民族的"童年"时代就活跃在以色列民族中的古老的命运观念，因其变化信念和罪感信念而归之于机遇。像一块灰色的、奇异的大鹅卵石，一块过去年代的石头，它在《圣经》文学中随处可见。《圣经》各卷以及后来的犹太文学作品，仍然用多种多样神秘的花纹装饰。而这在别的地方极难见到。作为《圣经》的歌唱者和叙述人，先知们，还有部分后继者皆是预言家和诗人；他们也总是颂吟自然中的生长与流变，历史长河中的变迁幻化以及犹太人苦难的跌宕起伏。对他们来说，一切都是超凡脱俗的上帝的启示。他们也会为他们的诗意精神所驱使去观看那不可见的东西如何进入可见世界，那无形象的东西如何被改铸与被创造出来；他们那深邃的想象力希求把握上帝戒律的威力如何进入人世间。正像他们是与其他古代民族栖居在一起那样，他们也被神话及亚述、巴比伦以及埃及的思想所包围。在他们的感觉生活中，人就是自己时代的孩子。所以，犹太人也使用他们那个时代的术语和形象去表达他们的所见所闻；他们也用神话的形象来陈说与神话不相符合的东西；他们也使用这些形象描述他们所知道的超出描述之外的东西。《圣经》的特殊的魅力常常源自思想内核与表现形式之间的鲜明差异，非感性的理念穿上了感性的外衣。

所有这一切均有深深的根基。这种诗意的表现源自一种宗教探求与沉思的强烈愿望。宗教的历史同时也是语言的历史，在印度和希腊、在中国和伊朗以及在巴勒斯坦均是如此。在它们中任何一个，人们总是努力用些新的比喻和隐喻去敲开和表明那些超越知觉或证明领域的事物。更有甚者，语言本身也有隐喻和神话特征，据说神话就是借助充满思想的语言摆脱自己的阴影。当语言试图将我们引向感觉不能抵达的地方时，情况尤其如此。那么，语言就其试图成为事物的符号象征来说，它必然转向神话，因为在这种情形下，事物是不可描述的。人只有在永恒和无限的隐喻中才能言说；如果人期望去描述那不可描述的，那么人只有借助诗才能做到（甚至当科学涉及自身最深层的根基时，也被迫使用符号和诗的隐喻）。一切借助话语接近上帝的努力终归要化为宗教的诗语，化归为"阿嘎嗒"①，就像它在犹太教的口传传统中被称谓的那样。无论何时，那深藏着的、深不可测的东西一旦被体验到，人或可能对静穆的虔诚，即那种对活生生的上帝最亲切的感情有所反应，或可能对那些歌唱用语言难以表达的情感的诗人或虔信者有所反应。这就是神秘主义通常在语言中如此丰富，浸透在诗意雄辩的狂喜中的原因，在神秘主义中，对不可言说者进行言说的强烈欲望时常找到它的富有活力的表达方式。为了言说不可言说者和悠远的东西，诗性语言抓住了可触知之物和近似物的丰富意象。

---

① 阿嘎嗒（Haggadah），泛指一类犹太经典，《塔木德》中解释法律要点的注解、寓言等的总称。——译者

假如宗教具有这种诗意的力量，它就总能够保持鲜活冲动的青春活力及动力源泉。当它在句法和律法上严格起来时，它的某些最优秀品质将趋向固定化。它的持久的新鲜活力使得它有能力觉察到天和地构成了一个永恒的世界，也能够感觉到神圣者如何居于万物中间，如何在自然的生命和历史的流变中展示自己。在这种情感中，宗教不断使自身获得新生，并且这也决定着宗教的特征与发展。对宗教来说，保持这种感觉是极为重要的事情，这种感觉把宗教所思的一切，宗教关于神性所说的一切，看作不过是上帝与世界之间的一种隐喻，是上帝和人之间的一种隐喻，它只是一种不完善的等式，不能消除非决定性和不确定性。只要这个隐喻仅是隐喻，并且只要神性超越一切隐喻，亦超越一切关于天上、地下、水中存在物的话语，宗教就是诗意的而不是神话的。但是当宗教隐喻意在作为特定的答案去解释神的本性或神的命运和经历，并且大胆地去描述神的生活时，那么这些符号就将升华为概念，神话因素就要占据支配地位，上帝就从天上掉到人间。是用诗意的传说，还是用哲学的概念去界定神的秘密，本身并无差别。在这两种情况下，诗都变成了神话。

不管犹太教在宗教思想和感情方面有多少变化，犹太教总是远离了神话构造。在犹太教发展的历史过程中，犹太教有过这样的发展阶段，那时它接触到任何时代都会遇到的问题，即世界充满上帝之荣耀的奇迹问题。然后再出现传说阶段，那时人们听到一些令人吃惊的回答，这些回答为生命的每一时刻负责，它预告了上帝戒律的威力。此一时它强调把握人，彼一时它强调对人的要求。偶尔后者更受注目，据此犹太教创造了许多的戒律。在这种情形下，对不可解说的和非理性的东西的情感会减退。但是犹太教总会找到回归那神圣的神秘性再次占据心灵并征服心灵的时代，它将一些人引向静穆沉思的深处，将另一些人引向宗教诗意的巅峰。在这样的时代，符号意识再度被唤醒，感觉到被我们所把握到的一切被隐藏，深深吸引了我们，一切思想和诗都成为隐喻的思想和诗，而每一种最终的答案从根本上说就是一幅图画。

如此看来，犹太教发展经历了不同的时期，但每个时期都有一个共同特征——没有一个时期接受过神话。

因此说犹太教忠实于自己的精神。先知们的目标绝不是描述或界定神的本质。他们的希望，正如他们的心灵曾经体验到的那样，只是表明上帝对人意味着什么，以及人应该如何面对上帝。所以他们谈论上帝的启示，谈论可以体验到上帝启示的人的人格。他们谈论活生生的上帝，上帝的完满存在人类不能把握，但人类应当立意接受上帝的戒律。像"阿嘎嗒"中的宗教诗，犹太哲学也持这种看法。犹太哲学也对上帝的戒律大加"赞赏"，而对上帝的本质，却谦虚地答以"不知道"，它只赞赏不能用语言和概念表达的上帝。他们思想的唯一公则认为，上帝是活生生的上帝，是支配的上帝；对犹太教哲学来说，这些由思想归于上帝的属性只具有否定的性质，旨在将上帝从世俗万物中提升出来。甚至犹太神秘主义也认为上帝超越人的一切概念和判断，因此关于上帝的所有的冥思苦想都应颓然放弃。只有神的意志在世界的道德理想秩序中证明自身，并展示给人。反过来说，人的意志通过自愿的善行可以接近上帝。整个犹太教历史始终贯穿着这个中心要点，在犹太教中为人留有位置，将使命分配给人，而没有给神话留下空间，正如没有给除了用作神话构造就什么也不是的教条留下空间一样。

只有当伦理因素不再是宗教中心时，只有当人必须选择自己的生活这样的观念还没有被理解时，神话才会兴起。神话基本是多神论的。所以它将自然的多样性和命运的作用归为神性，多神论要求神的多样性，或者至少要求神的形式的多样性，神作为命运和自然的化身矗立在世人面前。通常是从道德意义上理解这些化身，但这绝不是说伦理因素是这些化身的基本特征。使伦理因素成为宗教的核心是一神论的独特特征。先知们对上帝认识源自这种基本的宗教体验，即认为上帝区别于一切创造物（creation）和进化物（evolution），也不同于一切世俗的和凡俗的东西。上帝超越一切，正如《圣经》所说，上帝是神圣的唯一。"那圣者说：你们将谁比我，叫他与我相等呢？"（《以赛亚书》40：25）由于上帝实际上是唯一，人们将赞成上帝超越万物并以万物为衬托（above and against everything）。人或许只做他的仆人。在"以色列神圣的唯一"观念中，第一次对灵魂提出宗教决意（religious resolve）的头等责任（commanding duty）：对唯一且唯其实在者的情感，对唯一且唯其真实者的情感（the feeling of the one and only reality, the one and only truth）。面对多样性，有意志和勇气只接受那唯一者的良心的虔诚是一元论的灵魂。

在善与伦理中，人体验到某些区别于这个世界而且不是自然的一部分的东西，借此人接近唯一的上帝，这个上帝对人言说并向人提出要求。由于伦理的因素融入了人的最内在的自我，人感到区别于自然的本质和命运：他觉察到他自己为那唯一者，即为上帝所召唤并引导自己趋向上帝。

精确地说，因为人在其最内在的存在意义上发现了自己对上帝的永远有约束力及不可亵渎的律法的承诺，因为人们认识到上帝的戒律是真实的，且为人们找到生活意义的唯一源泉，故他们将上帝认作神圣的唯一。只有当道德的统一性显现于人的意识中，人们才能把握上帝的统一性。所以人们清楚地知道把犹太教与所有神话相分离的因素，也就是使犹太教成为一神论宗教的因素。

多神与一神的区别不只是数目上的区别——在这个问题上没有重大的误解——而是本质上的区别。两者的界限不在数量的多少，它们的界限是宗教的和伦理的。许多异教，特别是希腊的异教，经常将多种多样的神联为一体，即形成所谓的择一神教[①]。当一个一般的神圣原则被奉为多神的主导原则或当一个拥有超凡能力的特殊神，取代其主神而暂时居于权威地位，那时择一神论就产生了。但是，这一现象和以色列的一神论基本上无任何类似之处。从希腊人的观点看事实也是如此，正如色诺芬尼所说，除了"那众神和众人之中最伟大的唯一神"之外，其他一切神都被认作偶像并得到崇拜。具有决定意义的是，甚至这个"最伟大的神"以及甚至那普遍的神圣因素也不能和以色列人的唯一神相提并论，因为他们不是那种神圣的一；对人而言他们的基本性质及倾向不是伦理性的，亦不是他们神性启示的本质。结果，依照希腊人的观点，道德行为不被看作是人们对上帝真正的敬畏。

一神论的宗教价值不在于它的数目上的统一性，而在于它提

---

① 择一神教（henotheism）即在多神中特选一神而敬奉之，但不否认其他诸神的存在。——译者

出的关于统一性的理由：它的上帝观念的内涵。以色列人的上帝不只是单一，因为他独自就可以完成多神论中的众神集体才能完成的使命。他区别于众神，他的行为亦区别于众神。他不仅比众神更为超越，而且与众神的确不可比较。因为他是独自就可以行使创造与控制功能的上帝，这个上帝就其本性而言，只有人的道德要求实现出来，他才能为人们所供奉。所以，一神论不是早期信念发展的单纯结果；确切地说，一神论是早期观念巨大的矛盾发展的结果，是其他原则启示的结果："耶和华以色列的君、以色列的救赎主万军之耶和华如此说：'我是首先的，我是末后的，除我以外再没有真神。'"（《以赛亚书》44：6）

某些思想家自相矛盾地主张，上帝观念就其自身而言并不比引力（gravitation）观念更具宗教色彩。这个观点包括某些真理成分。因为在哲学意义上接受上帝的存在并借此在自然过程中引进第一动因解释宇宙秩序是可能的。面对上帝概念，这种自相矛盾被证明是正当的。哲学化了的上帝作为第一动因，就其自身而言，其宗教意义并不比其他哲学观念更为丰富。从这个立场看，信仰既找不到自身基础也得不到强化。只有通过上帝之于我们的存在及我们的灵魂的意义，通过我们的生命因此获得的内在一致性，通过我们富有成效的道德力量，通过因寻找到关于我们的疑问及要求的答案而产生的心满意足，通过发现我们的精神本性与神之间的关系——在我们一生中的每一天，这种感觉兑现了上帝对我们的召唤："你在哪里？"（《创世记》3：9）——宗教的必然性才会显示出来。

对犹太教来说，宗教并不仅仅在于承认上帝的存在。只有当我们知道我们的生活与某种永恒事物密切相关,我们感觉到我们与上帝紧密相联并且感觉到上帝是我们的上帝时,我们才拥有了宗教。正像谚语所说的那样,如果我们爱上帝,如果通过上帝能发现我们的真诚与谦恭、勇敢与平和,如果我们将我们内在的存在向上帝的启示和戒律敞开,上帝就是我们的上帝。我们试图把握和注解的这种内在联系往往只具有比喻的形式——是人类灵魂的一种表达。我们使用上帝的用词"我"和"你",赞誉上帝,塑造我们自身的特征,而我们使用的上帝的用词"他",沉思上帝,形成我们对他的观念。但是,无论我们用虔诚的秘语(devout words of intimany)去接近上帝,还是期望通过纯粹的思想接近上帝,只要我们认为他是我们的上帝,其结果是一样的。对于我们的上帝,我们的思想也许会形成自己的概念和观念,而我们的心会一致向他祈祷:"耶和华啊,你是我们的父,从万古以来,你名称为我们的救赎主。"(《以赛亚书》63∶16)"除你以外,在天上我有谁呢?除你以外,在地上我也没有所爱慕的。我的肉体和我的心肠衰残,但神是我心里的力量,又是我的福分,直到永远。"(《诗篇》73∶25以下)这就是犹太教很少谈论宗教学说及信仰祷文,而谈论活生生的上帝是每个人的上帝的原因。只有这样,上帝观念才变成为宗教观念;只有这样,上帝观念才具有宗教力量。要了解这唯一的、万事万物因他而有意义的上帝,要证明上帝,忠实于上帝,在上帝那里得到庇护,信仰上帝——这就是以色列人所要告诫人类的,它构成了一神论,先知们将它公之于世。

所以,犹太教的典型特征是人与上帝的关系,其要旨是被创造的意识。这个概念为犹太教所独有,其独特性在于对唯一神的信仰。

当人们面对命运、自然以及他们各自的神时，他们感到自己在生命的机遇与事变两个方面依赖它们；他们为自然的力量所驱使，不折不扣地被挑选或不折不扣地被抛弃。但当他们面对那唯一的上帝时，以色列人就觉察到巨大的不同：因为他们自知他们为上帝所创造，如同上帝创造其他所有的事物一样。他们的生活以及所有其他人的生活，因此就变成对他们来说那唯一的上帝的启示。就宗教意义而言，启示和创造是一而二、二而一的事。以色列人充满了与那区别于其他一切事物的唯一者相联系的意识，充满了为主所簇拥和支持的意识，充满了知晓在主那里有着关于人类起源和万物存在之秘密答案的意识。因此，人们在自身中就能体验到整个世界的意义。人和世界被联系于生活的一种确然性之中，联系于一种相信一切生活来自赠予、被维护并永远被置于安全境地的信念之中。唯一的上帝就是作为开端与终端的上帝，他是我的上帝。"地和其中所充满的，世界和住在其间的，都属耶和华。"（《诗篇》24：1）代替关于形成与毁灭的神秘主义传说的是创造观念，是关于全人类、整个世界及一切时间与唯一的活生生的上帝之间关系的精神性体验。代替强调服从不可理解之物的宿命论，产生的是置于自身创造活动中的上帝观念。发展的神秘性变成起源和生命的必然性。不是偶然事件，而是创造和神圣的行为赋予世界的法则以特色。

伴随这种被创造的意识，无限和整体的情感就进入了人们有限而短暂的生活。创造着的上帝的本质超越人类一切知识和猜测——人的无限和整体的情感就附着于此——之上，但我们的生活来自上帝，所以我们与上帝相关联并靠近上帝。与上帝相比，虽然我们只是"灰尘"(《创世记》18:2),但我们仍然属于上帝;虽然上帝深不可测且不可量度,但我们还是从他那里产生出来。对黑暗秘密的感觉遂成为对无限呵护的感觉。那深藏着的,那我们在其中被安全地遮护着的——即永恒的秘密和永恒的呵护——就是《圣经》语言中的一个词语。一切存在均在与无条件者、永恒者和无限者的关系中被看护,被创造的生活的意义源自上帝。虽然世界是一个人的王国,但它依然是上帝的世界;上帝是神圣的唯一,也是世界的上帝。"圣哉!圣哉!圣哉!万军之耶和华,他的荣光充满全地。"(《以赛亚书》6:3)这已经成为人的经验,人认识到唯一的上帝是他的上帝,人必须在自己生活中把握全部生活的意义。众多与唯一者的联系,暂时与永恒的联系,显然易见的与深不可测的联系就被建立了起来。在上帝与人之间,在上帝与世界之间,一种契约订立了。世界,如同人一样在宗教中有了自己的位置。

在已有的宗教知识中,在有关分离与归属、此岸与彼岸、超越与内在、疏远与接近、神秘与透明以及奇迹与法则相关联的感觉中,存在着一种自相矛盾。上帝不可言明,无从把握,难以接近,但他却创造了我们的生活;上帝深不可测,不能解说,是隐秘的一,但凡存在皆自他来。他创造奇迹——对他来说没有什么东西是奇异的——但生活的秩序与法则均来自他。犹太教意识到了这些明显对立物的统一,所有这些术语,如彼岸与此岸、超越与内在都表明它们不过是上述自相矛盾之物两个方面因素的概念影像。它刻画出人的单一宗教感情中的两个极端,人确信在唯一的上帝那里才能找到他的上帝。假如这些术语,如超越与内在,想得到更多的解释,假如它们试图成为明确而独有的概念，那么他们就会扯裂那从自身之经验到世界创造之奇迹的人类的统一的宗教感情。

尽管这种疏远与接近被感受到在统一性中并存，但在某个时代，往往被强调是偶然的。他们被联结的感觉包含被重视的程度（shades of emphasis），所以也包含紧张的程度（tension）。这样就能解释为什么希伯来《圣经》，还有后来的犹太文学在不同时代给予那两个方面以多种多样的强调。在这里首先体验到上帝的超越本性，那化为神秘的伟大。这唯一的上帝是超越的，是完全不同于自然现象的。上帝"居于高处"（《以赛亚书》33：5），如先知们称呼的那样，上帝是"神圣的一"、超越的一。

严格地说，所有宗教都寻找并敬畏这种比人更伟大、有力的因素。但其他的宗教只知道那伟大和有力者，对他们来说那伟大和有力者似乎是可怕的和令人惊惧的。仅在对唯一神的信仰中，才有那种对纯粹超越者的感情——for, one might say, the height and depth in their unity（人们或许说，是那种在相同意义上对至高至深者的感情）。凡在艺术中得到升华的东西都在努力成为神圣者的象征中扎下根基，获得意义。

上帝是超越的一，世上万物因与其相映衬而被注意。《圣经》中反复地陈说，从不可言说的奥义上说万物在上帝之下。当人与上帝相比较时，人最骄人的成绩也要归于无。"万民在他面前好像虚无，被他看为不及虚无，乃为虚空"，他们仅是"水桶的一滴，又算如天平上的微尘"，地上各个部分就像"一粒沙子"，千年的时间在他的眼中"如已过的昨日"（《以赛亚书》40：15以下。《诗篇》90：4）。所以上帝是不可把握的，它对人来说是无限者。用孩子气的看法，这个思想可以用以下格言表达："上帝必住在幽暗之处。"（《列王纪上》8：12）这个思想也表现在以利亚①的沉思中："我们愚昧不能陈说，请你指教我们该对他说什么话。"（《约伯记》37：19）说有任何称他的名并与他相比较的词话涉及了他的存在。所以，在最终意义上，虔诚变成沉默。在静默之人的奥秘之处大多数内容不可逆转地转化为对神性的无限性的认识。"全地的人都当在他面前肃敬静默。"（《哈巴谷书》2：20）在这种能把握人的灵魂的静默中，甚至沉思的大脑也动荡不已，趋向隐喻。《圣经》一遍又一遍地寻找关于上帝崇高的表达。凡可以描述崇高与无限、全能与永恒的，都被《圣经》所使用的高超语言所阐述详尽了，《圣经》经常在不同的地方使用"重音"。《圣经》的赞美诗献给了超越的上帝，献给了神的"荣耀"（《诗篇》19：2）和华贵。

因此，这一切成为创造之歌。"上帝居于至高之处"（《诗篇》113：15），却仍然创造了世界——这种自相矛盾的说法是犹太信仰中的必然成分。上帝与万物不同，但万物的生命均得自上帝。唯一神的启示在世上被证明，由此唯一神的和睦成为显而易见的事情。世界上纷繁多样的事物就与那唯一的神联系起来。从而使世界有了自己的灵魂和语言（tongue）。由于世界的伟大和谐与占据了人们的灵魂，世界开始言说、吟唱和欢娱。以色列的天才们又征服了一块新的情感领地。宗教甚至在这个世界中向人宣讲："诸天述说神的荣耀，苍穹传扬他的手段。"（《诗篇》19：2）"耶

---

① 耶稣诞生前希伯来的伟大先知。——译者

和华我们的主啊,你的名在全地何其美!你将你的荣耀彰显于天。"(《诗篇》8:2)

这种被上帝创造的意识在个体生命中能够被更生动地把握到。在那里,这种感受接受到它最虔诚和最贴近的内涵;因为在那里,可以比其他的方式更能体验到与上帝的接近。避难与庇护,佑护与天助,实际上这些可以从上帝那里获得的利益,都能在上帝创造了我们的生命并在创造中彰显了自己这一事实中被体验到。人们绝对相信可以感觉到此岸世界与彼岸世界的统一。尽管在概念和语词上两者依然分离,但宗教感情会让我们体验到这两个世界意义深远的联系。在这样一种情感中,我们把上帝视作"至高者",正是因为如此,"人居于至高者的隐秘处",并"在他的荫下"(《诗篇》91:1)。上帝是全能的,正是因为如此,人知道自己栖息"在他的荫下"。上帝"从亘古到永远",世世代代是"我们的居所"(《诗篇》90:1以下)。

一位《塔木德》教师指出,《圣经》总是将对神的超越性思考与隶属于上帝的感情联系起来,同时将上帝的疏远与亲近联系起来。《圣经》总是将上帝看作至高者,它亦声言上帝是最亲近的。"因为耶和华你们的神,他是万神之神,万主之主,至大的神,大有能力,大而可畏……他为孤儿寡妇伸冤,又怜爱寄居的,赐给他衣食。"(《申命记》10:17以下)"因为那至高至上、永远长存、名为圣者的如此说:我住在至高至圣的所在,也与心灵痛悔、谦卑的人同居;要使谦卑人的灵苏醒,也使痛悔人的心苏醒。"(《以赛亚书》57:15)

犹太教对接近与疏远同等重视,因而经常领受一种紧张情感,在这种情感中，犹太教竭力求取，诚心渴望，并与被上帝创造的情感紧密相连。由于上帝的遥远而期盼上帝的临近，并且同时必然被上帝所具有，犹太教充满了渴望。渴望与相信相关联。如同先知所言："你的心又跳动又宽畅。"（《以赛亚书》60：5）拥有上帝的必然性也总是要变为一种渴望——一种有希望的质询和一种质询的希望。它也是大地之子朝向无限与永恒的那种渴望，无限与永恒已经进入了他们的生活，但仍然是无限与永恒。它也是一种趋向上帝的渴望，人们知道自己与上帝相关联，也知道自己有别于上帝。

渴望的感觉在人的灵魂张力中被发现，它驱动自我克服遥远的感情，在人的那种不满足于有限而寻求生活真正意义的意境深远的情感中，在人的那种想完全拥有上帝显现真身的感觉的热望中，找到自己真正的家。"但我亲近神是与我有益，我以主耶和华为我的避难所。"（《诗篇》73：28）渴慕上帝的赞美者如是说。但是这里只有对人具有否定意义的浪漫渴望，其他一无所有。上述言语只谈到人的灵魂对真切地拥有为上帝所赐一切的欲求，在此世体验超越以及在自己生命的时光中寻求永恒的感觉。只有当上帝观念的自相矛盾——上帝既是超越的，又是内在的——被人认识到时；只有当意识到上帝悠远的灵魂仍能感觉到其生命依赖于上帝的亲近时——只有那样，对上帝的渴望才会涌起。当这种张力未被体验到，当人迷失于将自己融入无限的狂喜中，狂叫着，"我是上帝，上帝是我"，那时产生这种宗教渴望的真正基础就绝不会存在了。

只有当人高声呼唤他们的上帝时，人才能够求助于上帝。这就是为什么将人与神联系起来的神秘主义不知道祷告，只知道专注于冥思的原因所在。祷告上帝只有以带有敬畏、知识与相信因素的紧张与渴望为基础才会产生。在祈祷中，人们转向"高居在上"但人们能够接近的超越的上帝。上帝是高高在上，远离尘世，但又与人相伴的唯一神——对上帝，人可高声呼喊："凡求告耶和华的，就是诚心求告他的，耶和华便与他们相近。"（《诗篇》145：18）"当趁耶和华可寻找的时候寻找他，相近的时候求告他。"（《以赛亚书》55：6）这种必然性的说明与渴盼的说明相伴生。"不要远离我。"（《诗篇》22：12）犹太教也知道悲伤和几近绝望的呼喊："我的神，我的神，为什么离弃我？"（《诗篇》22：2）但是，甚至在这种怀疑和绝望的呼喊中，亦然有一种依恋感觉："我的神。"不论犹太教在祈祷中表达些什么——或许是期望将自己的灵魂升华接近上帝；或许是期望挣脱危险和痛苦；或许是期望从罪恶中得到救赎；或许是期盼恩赐生命，神恩临门——它总是反映了上帝超越性感觉与使人发生祈祷上帝感情的上帝的亲近感之间的紧张。由此可见，在犹太教中，神秘性和必然性总有一个神奇的临界点：好像天与地彼此相连。遥远的上帝也变成亲近的上帝。在祈祷中了解到自己是上帝的创造物的人的生命的欲望转向自身存在的根基。由朝向活生生的神转而朝向活生生的人，而人最内在的存在渴望升华并完成对德性限制的超越。这样，谈论生命的延展就是祈祷的真言："我在急难中求告耶和华，他就应允我，把我安置在宽阔之地。"（《诗篇》118：5）

在人对上帝创造的认知中和在人的渴望和祈祷中，人最具深远意义的感情受到震撼：人的独特的个体性的实现以及对其植根于上帝的确认。由于这一经验包括了人的最本然的本质，它只能使用人类的术语——人类的责任与恐惧,信念与渴望——证明自己。它通过人的言说来表达,因为它是存在于那些体验到事物全部的人中的"我"。正是这个"我"认识到自己与上帝相关联,寻觅着将自己引向上帝,并且由此而使自己面对上帝。这个"我"与永恒的、无限的以及秘密的上帝直接相关。犹太教的祷告说:"我是他的,他是我的。"在犹太教那里,上帝不仅是远在彼岸的他,而且也是此岸的你,是犹太人祈祷的对象。彼岸的上帝与此岸的上帝的统一在这种结合的视野中被把握。这就是《圣经》使用"他"和"你"两个词语的原因所在。这两个词语可以互相替换使用,有时在同一个句子中亦是如此。"他"(He)和"你"(Thou)彼此间直接地可以互相补充。"耶和华又要给受欺压的人作高台,在患难的时候作高台。耶和华啊,认识你名的人要依靠你,因为你没有离弃寻求你的人。"(《诗篇》9:10下)"他必用自己的翎毛遮蔽你,你要投靠在他的翅膀底下。他的诚是大小的盾牌……因为神说,耶和华是我的避难所。你已将至高者当你的居所。"(《诗篇》91:4以下)"称谢耶和华,歌颂你至高者的名,这本为美事。"(《诗篇》92:2)"噢,我的心哪,你要仍归安乐,因为耶和华用厚恩待你。你救我的命免了死亡,救我的眼免了流泪,救我的脚免了跌倒。"(《诗篇》116:7以下)这里一次又一次地发生从"他"到"你"、从"你"到"他"的转换。在这些情感波动中,不断地去接近、把握、寻找、注目,借此"他"不断地转换成"你"。

借助这种渴望与恳求,人把握了他的上帝,并使自己对其确信不疑;人找到了由上帝到他的灵魂,再由他的灵魂回归上帝的道路。但是,这种通过犹太教的渴望与恳求表现出的对上帝探求的思想并不企求对神的本性作出概念化的界定。正如中世纪犹太哲学家所指出的那样，人类的体验虽能使神本身向人显现，但绝不能用这种体验去描述上帝的属性。因为犹太教的上帝不是由不同质性构成的上帝，上帝不单纯是概念，上帝不是哲学或教义的上帝（对犹太宗教哲学来说，上帝不是那个样，因为它对《圣经》的依赖极为明显）。由于犹太教将他理解为活生生的神，上帝就被感受为人格神。那包括万有的唯一者的崇高与隐秘镶嵌在人的最内在的存在之中，在这里他被认为最有人格意味。在灵魂及灵魂的"我"面前，矗立着永恒的神，他是亲近的、人格化的上帝。正像在人的苦思冥想中涌出上帝观念一样，在人的祈祷与恳求中也会发现那亲切的人格化的上帝。这是一种二难问题，人格化的上帝出现在人的生活中，而这人格化的上帝又是无限的、无形无状的唯一。

这种意识到上帝的感情财富导致了试图要在词语中寻找更新的和更强烈人格化的表述上帝方式的结果。这在短语"我的上帝"中被发现，该短语出现在巴比伦的忏悔诗中，是一个直到被用于唯一神之前其含义没被充分挖掘出来的短语。然而，甚至就是这个短语也不能充分表达宗教感情的虔诚信念。虔诚信念使自己在这样一个更为新鲜的心意表露——"上帝是父"——中展示出自己。从神秘主义角度看，这个短语总可以在古代甚至是原始的宗教祈祷中被发现。但当它被用于一个上帝时就显示出了新的含义，它解释了全部人类生活的起源与意义。上帝是拯救者和庇护人，是救助者和支持者，是引导人和守护者。上帝是医者和仁慈的拯救者，他是避难所和护卫，是至高点和居所、光和救世主；他是希望、慰藉和生命。宗教的精英借此创造出代表万世之人虔诚感情的语言。

所有宗教都包含这种诗意的成分。人们在使自己的存在得到最有价值的实现及探寻并赋予自身存在以最高意义中成为上帝的诗人。他们找到了恰切的语言和永久的比喻去表达上帝；从与上帝的亲切关系中，他们觉察到自己灵魂的不完满，从而创造了自己的诗。对灵魂来说，宗教的歌声响起，咏唱"上帝所行的一切"（《诗篇》113：2）。语言因为这样的改造而成为全人类的财富。

心灵在旧的词语中发现的东西，期望通过自己选择和创造的新的语言来表达。为精神自我进行的斗争成为对讲演的寻找与发现，成为对词语的征服。在语言中，心灵发现自身，获得对自己的意识，同样在后《圣经》时代（post-biblical period），犹太教寻找关于它对于上帝的超越性与实在性统一的感情的表达方式，寻找那源自活生生的有关被上帝创造的感情的表达方式。在这个时期发展起来一种新的词语结合，用以表达这些感情。上帝如今是"我们的父，我们的王"，是"我们在天的父"，并且还是"神，我们的神，世界的统治者"；这套用语就像单一的表述，几乎成为一个单词。上帝身处天上，但是我们的父，他是世界的统治者，也是我们的上帝。这种把上帝与时代的"阿嘎嗒"①相比较的比喻产生出表达两种概念统一性的愿望。上帝被喻为国王，人是国王之子，上帝是王但同时又是父，他是超越的一，也是亲近的一。这样就创造出一幅在唯一的神那里将高贵威严与平易近人融为一体的画卷。

但是，这里有一种危险，人格因素被不分场合地过分强调，人

---

① 犹太经典《塔木德》中解释法律要点的注解、寓言等，或犹太人在逾越节诵念的《出埃及记》中的故事。——译者

类学因素将渗入到上帝概念之中。为规避这一危险，上帝的超越性得到了极力强调。在《圣经》的巴勒斯坦和巴比伦版本，即所谓《塔古姆》(Targumim)中可以看到对这种强调的应用非常坚定。但试图解除神人同形论的危险，往往会导致另一种危险。因为神圣的存在极容易成为一种抽象物，一种单纯的观念，一种柏拉图式的神灵，而灵魂对某种活生生的及直接的东西的需要由此将令人遗憾地被保留下来。人的想象力将信使和（上帝的）仆人看作遥远的上帝和人之间的联系人；为了在天和地之间建立联系，哲学创造出"逻各斯"作为世界力量和上帝人格化的样板。只有当宗教信念——超越的上帝同时是实在的上帝——的自相矛盾再次被化解，这种危险才能被克服。这样从上帝概念中再次引申出上帝是我们的父的概念，在上帝和人之间的那些或许是神话征兆的存在物将逐渐消失。上帝的实在性再次被体验到，在人与上帝之间不存在中介物。在圣殿被毁之后产生的一个犹太谚语概述了这种感情："无人为我们挺身而出，无人为我们的利益而亲近上帝，我们能依靠谁？依靠我们在天的父。"

这样，人格化上帝的诗意化依然活泼新鲜，并不断为犹太教再创新。价值的满足以及表现上帝之于人的意义的民歌为先知和赞美诗人在爱这个词语中发现。这个词成为犹太教的核心概念。被爱的感觉是彼此相属的感觉，是那不能计算也不可界定的被支持和被养育的感情。爱（Hesed）由隐秘处产生，但却是这个世上最有确然性的东西，它表达了由"他"转成为"你"，由"我"转成为"你"（Thine）所导致的内在统一与安宁的奥妙。

神话也知道爱这个单词，它也讲神的爱。但它的爱是命运的一种形式，神的爱施予那些被选的人，世上它所喜欢的人。神话的爱不是犹太教的爱。"上帝爱人"——在犹太教中，这意味着上帝是我们的上帝，我们为他所创造，我们属于他。这是最基本的宗教感情，它在单词"爱"中得到表达。无须解释就可以表达出这个单纯的《圣经》词汇的全部的意义与内涵。

《圣经》中的隐喻经常借用父母之爱这种亲情来表达。"父亲怎样怜恤他的儿女，耶和华也怎样怜恤敬畏他的人。"（《诗篇》103：13）"你当心里思想，耶和华你神管教你，好像人管教儿子一样。"（《申命记》8：5）"妇人焉能忘记她吃奶的婴孩，不怜恤她所生的儿子？即或有忘记的，我却不忘记你。"（《以赛亚书》49：15）"我父母离弃我，耶和华必收留我。"（《诗篇》27：10）"母亲怎样安慰儿子，我就怎样安慰你们。"（《以赛亚书》66：13）这里是一片爱的强大声音，它不受限制，不能被战胜，它比"死神还强大"，它无所顾忌地倾诉一切。"我用慈绳（"慈"原文作"人的"）的爱索牵引他们……我回心转意，我的怜爱大大发动……因我是神，并非世人，是你们中间的圣者，我必不在怒中临到你们。"（《何西阿书》11：4以下）"因为主必不永远丢弃人。主虽使人忧愁，还要照他诸般的慈爱发怜悯。"（《耶利米哀歌》3：31以下）"我的怒气涨溢，顷刻之间向你掩面，却要以永远的慈爱怜恤你。这是耶和华你的救赎主说的。大山可以挪开，小山可以迁移，但我的慈爱必不离开你。我平安的约也不迁移，这是怜恤你的耶和华说的。"（《以赛亚书》54：8以下）

上帝的爱也表现在其他方式中；这种爱是宽容的和诚心诚意的，绝不倦怠，绝无止息；它是仁慈的力量，是因虔诚的思考找到恰当的形象而表现出的善。"我们不至消灭,是出于耶和华诸般的慈爱,是因他的怜悯不至断绝。每早晨这都是新的;你的诚实极其广大。"(《耶利米哀歌》3:22以下)"遍地满了耶和华的慈爱。"(《诗篇》33:5)"耶和华善待万民,他的慈悲覆庇他一切所造的。"(《诗篇》145:9)"神啊,愿你崇高过于诸天,愿你的荣耀高过全地。"(《诗篇》108:5)"我正说我失了脚,耶和华啊,那时你的慈爱扶助我。"(《诗篇》94:18)"神啊,你的慈爱何其宝贵!世人投靠在你翅膀的荫下。"(《诗篇》36:8)"因为他向我们大施慈爱,耶和华的诚实存到永远。"(《诗篇》117:2)"我要与他们立永远的约,必随着他们施恩,并不离开他们。"(《耶利米书》32:40)

在这些关于爱的大部分格言中产生出希伯来文"怜恤"(compassion, Rahamim)一词。在《圣经》的语言中,这个词的意义取自母亲对子女的那种爱,即那种最自然和自足的爱。所以它可以被用来表达上帝对他的创造物所具有的爱。在这个希伯来单词中没有它在其他语言中所具有的那种含意,它不只是强者对弱者表现出来的那种同情和感情上的谦让。在它那里,只有那种始终如一和永远不变的爱的感情。这个词"还"蕴含被爱即珍爱之意;相信与(上帝)的约定绝不会被毁弃,相信神,它不会消失,不论生活有时显得是多么空虚和不幸。所以,怜恤总是被称之为"伟大的"(great),它不可度量、持久永存。神圣的爱的感情创造出无限及永恒的感觉,犹如人感受到自己被创造而带来的那种无限与永恒的感觉。上帝的爱被感受为上帝的仁慈,是一种无条件、无限制的赐予,是一种赐予所有生命的激情。所有这些论述对人来说还是一种人化的描述,它对人讲演了时代所包含的一切。这里就是说,人性的"我"面对上帝,并找到了"你"(Thou)这个表述语词。正如雅各所说:"你向仆人所施的一切慈爱和诚实,我一点也不配得。"(《创世记》32:11)也如大卫所说:"主耶和华啊,我是谁,我的家算什么,你竟使我到这地步呢?"(《撒母耳记下》7:18)尤其重要的是《赞美诗》中那些涉猎万象的句子:"我的心啊,你要称颂耶和华,凡在我里面的,也要称颂他的圣名!我的心啊,你要称颂耶和华,不可忘记他的一切恩惠,他赦免你的一切罪孽,医治你的一切疾病。他救赎你的命脱离死亡,以仁爱和慈悲为你的冠冕。他用美物使你所愿的得以知足,以致你如鹰返老还童。"(《诗篇》103:1以下)

借助人类的语言,对上帝之爱的信念得以表达。心灵对赋予生命的一切愈感亲切,就愈有人情味地言称它。人是不可能在概念中祈祷或者抽象地渴望超越存在的限制。如果说上帝之爱对我们来说成为生活意义的标志,那么亲近我们的总是人格化了的上帝。我们可以歌唱他的怜恤和仁慈,讲说从天堂到人间之路如何向人的生命敞开。对于上帝我们可以说:"谁像耶和华我们的神呢?他坐在至高处,自己谦卑,观看天上地下的事。"(《诗篇》113:5以下)"耶和华从天向地观察,要重听被囚之人的叹息,要释放将要死的人。"(《诗篇》102:20以下)

就像在《圣经》中那样,在《塔木德》文学中,爱也是深知自己是上帝所创造的人的基本宗教体验的表现。按照《塔木德》中的说法,上帝的属性包括在《圣经》中那些告诉人们如何体验"上帝荣耀"的句子中。"耶和华在他面前宣告说:'耶和华,耶和华,是有怜悯、有恩典的神，不轻易发怒，并有丰盛的慈爱和诚实，为千万人存留慈爱，赦免罪孽、过犯和罪恶，万不以有罪的为无罪。'"（《出埃及记》33：18；34：6以下）。在这十三个属性和质性（thirteen attributes and qualities）中，正像它们所昭示的那样，可以发现以上关于神之爱的全部描述。因为依据拉比的解释，那开头的单词，"主"（the Lord），包含爱的观念，它同时也在有关惩罚必然性的结论性短语中为人聆听到。《圣经》中的这个句子成为一种象征，一种祈祷程序中的公式。因印证社团的信仰而生成的这两种经典说法就具有了这样一种特征——断定神的统一性，"啊，以色列人，神，我们的上帝，它是唯一的"，以及确证前述的上帝之爱。历史的动人哀感之词句由这两者而尽收耳蜗。当其成为人的自我意识的一部分时，那被创造的感情就化为一种谦卑的感情。最高的谦卑就是人意识到自己因上帝的唯一而存在。在这种意识中，那些远离上帝又与上帝相统一的自相矛盾的感觉被联系在一起。正如上帝观念将超越的唯一与实在的唯一结合在一起呈现出一种显而易见的矛盾那样，在谦卑者的思想中，将不完全性和非全能性感觉连接在一起，生发出上帝创造存在物的信念。谦卑者感到为上帝所保佑、所呵护；他们在自身之内就能获取永恒；在上帝面前他们的渺小是无可争辩的，尽管也可以无可辩驳地说他们伟大；他们是暂时的、无意义的，但依然是上帝之子。由此可见，在犹太人心目中，谦卑的基本意义是了解人在无限与永恒中的位置，由此产生人知道自己为上帝所创造这样一种宗教感情。当生命在自身之内倾听并意识到自身的奥妙时，它就处在一种主动情态中。这种精神态度隶属于意识到自身来自无限者的有限的人。

内在于谦卑的是那种对作为上帝创造物赋予生命的价值的认识；它是一种知道人所隶属的宇宙也是为上帝所创造的宇宙的情感（feeling），所以能够意识到永恒秩序及其意义契合于人的存在。单纯的顺从感情只与宿命论和悲观主义相适合，并为其所要求；这种感情在混沌世界，即一种没有任何价值的世界中培育生长。可以理直气壮地说命运是混沌的副本，因为这二者均无意义可言。由于人的谦卑感，上帝既遥远又亲近的二难背离现象就进入了人的存在之中。在将生活琐碎乏味与宏大壮丽、狭小受限与珍爱永远、有限短促与绵延无尽之间的矛盾统一起来的统一性中，人的世俗存在问题找到了答案。在这里，宗教再一次告诫，不是要解决生活的谜团，而是要坚定一种朝向启示的态度。因此，这不意味着生活谜团已经解开、矛盾已经缓和以及由此每个人的存在生活的意义已被昭示。生命从二难背离中找到了自信。

由此一来，人就可以感受到一般意义上的个体性和个体意义上的一般性，而相应于《圣经》，谦卑成为一首歌，它对人的脆弱作了令人感伤的描述，对人的伟岸加以荣耀的礼赞。这两种论调被同样有力地强调，并且为了让人们对这种二难背离有充分的印象，它们在相当程度上是被直接地联系在一起，而无须婉转迂回。"人算什么，你竟顾念他？世人算什么，你竟眷顾他？你叫他比天使（或作'神'）微小一些，并赐他荣耀尊贵为冠冕。"（《诗篇》8：5以下）"至于世人，他的年日如草一样，他发旺如野地的花，经风一吹，便归无有；他的原处，也不再认识他。但耶和华的慈爱归于敬畏他的人，从亘古到永远；他的公义也归于子子孙孙，就是那些遵守他的约，记念他的训词而遵行的人。"（《诗篇》103：15以下）"你使人归于尘土，说，你们世人要归回。"（《诗篇》90：3）在这里，宗教抒情诗以不同的音调吟唱，人的生命之歌借助自身充分的对应物展开。

它也是我们在世时日的意义之歌。吟唱这首歌的心灵（soul）的自信心不会为加给人身上的痛苦所毁弃。当神以它的超越性和亲近性向世人展示自身时，总会有两种感情——神秘感与安全感——彼此相关联并彼此相互渗透。但在痛苦（affliction）和凄惨（misery）来临时，这两种感情彼此相异，发出彼此相背的声音。而生活的难题就会成为生存的最大矛盾。然而，即使这样，这个矛盾在以色列人心灵中也会成为唯一的，可以将来自天上和地上的声音合二为一，以造就更为和谐的东西。甚至在矛盾中也有统一性的主张：上帝的统一性以及随之而来的生命（life）的统一性。唯一的神是生命的源泉，生命因神而生，即使身陷一切痛苦中，但并不在意这一切痛苦。统一性因痛苦而常存——这是对上帝之爱的谦恭。

即使在痛苦压力下，谦卑也不会成为带有宿命论和悲观主义色彩的单纯顺从感情。乐观主义信念仍然使用肯定性和人性化的语言。在遭受痛苦时，谦恭也与宿命论毫无共同之处，后者坚持任何事物皆已前定的观念，并因此找到了一种痛苦的镇静剂，或主张容忍顺从一切事物皆为必然的，人类的意志对其无能为力的信念，直至麻木不仁。它与面对世界的精巧绝伦而放弃自己的惊异的忧郁沉思毫不相干。它也与那种人在击垮他的命运打击下而变得冷漠与屈从的迟钝麻木毫不相干。正如这里所感受到的，对上帝之爱的谦恭，并不是一种陈腐的"哲学"和沉思，也不是对生活的一种冷漠。简单地说，它是人们通过对上帝实在的感觉克服上帝超越之感受的那种渴望。它是虔诚,是祈祷;它通过发问祈祷,甚至它就是在它的疑问中祈祷。"难道我们从神手里得福,不也受福吗?"(《约伯记》2:10)《圣经》中一个特殊词汇,被重复强调的词汇,就是"why"(为什么),而这个"why"一直作为祈祷用语。正是因为谦恭是一种祈祷,它与聚集在它那里的许多疑问有诸多不同。它的最内在的特征是虔诚的静穆。"我的心平稳安静。"(《诗篇》131:2)"因我所遭遇的是出于你,我就默默不语。"(《诗篇》39:10)"他当独坐无语,因为这是耶和华加在他身上的。"(《耶利米哀歌》3:28)

来自《约伯记》中的一段关于谦卑的表述,已成为特别的格言:"上帝给予的,上帝要拿去,神是应当称颂的。"这不久就成为那些将谦卑化作对上帝之爱的宣讲中祷告的序文与结语。在其中,人可以把握上帝至大与统一——在上帝那里发现万物的统一性,借助人的生命同时也会意识到自身的统一性——的现实性。《圣经》用这样的话来表达这一观念:"天天背负我们重担的主,就是拯救我们的神,是应当称颂的。"(《诗篇》68:20)人可以称颂的只有那唯一的神,并且只有人可以称颂神,神将自己视为万物的神、一切人的神、黑暗与光明的神。所以,痛苦的祈祷也与这个概念相适宜。在《塔木德》经典中,我们看到这样的句子:"人必须在痛苦中称颂上帝,犹如在快乐中一样。""不要像偶像崇拜者那样:当一切皆顺利时,他敬慕神,但是当不幸降临他时,他诅咒神。以色列人却不如此。上帝赐予他们幸福,他们称颂神,并且如果上帝使他们受难;他们仍称颂神。"这最后面的引文——它展示了对待生活的坚定态度,体现了一神论的本质,道出了与异教的主要差别——是拉比阿吉巴的格言。阿吉巴也引用了如下格言："神无论做什么，都是为至善而做。"这也是阿吉巴生活的自白。因为他了解人忍受的方方面面的痛苦，无须强调他似乎对不幸不屑一顾，他有权如此去说。这不只是理性的智慧，而且是可以有许多相似表达的宗教的智慧。犹太教借此展示了自己独特性，引发出某种更高、更持久和永恒的东西，它们为心灵所具有，并通过它们对上帝保持确信。

在这里，谦卑与依赖是同一个意思。因痛苦而导致的种种对神的疑问总是得出上帝之爱的答案；所有被抛弃的感受会因"那永恒之手"（《申命记》33：27）的支撑和呵护而烟消云散，就像古代"摩西的称颂"所隐喻的那样。从其人性方面看，谦卑就是对上帝的信赖。它同样存在超越与实在、有形与无限、疏离与亲近之间的矛盾张力。在谦恭中，所有疑问都逼近于永久性的回答。"耶和华是我的亮光，是我的拯救，我还怕谁？耶和华是我性命的保障（或作力量），我还惧谁呢？"（《诗篇》27：1以下）"我的心啊，你为何忧闷？为何在我里面烦躁？应当仰望神，因我还要称赞他，他是我脸上的光荣（原文作帮助），是我的神。"（《诗篇》42：12；43：5）"我的心默默无声，专等候神，我的神思是从他而来，惟独他是我的磐石、我的拯救，他是我的高台，我必不很动摇。"（《诗篇》62：2，3，6，7）"我的心啊，你要仍归安乐。"（《诗篇》116：7）"我的心啊，你要称颂耶和华。"（《诗篇》103：1以下；104：1）

将永恒赋予人性（personal），人与自己的对话就成为人与神的对话，独白疑问就成为祈祷的回答。短语"我的心灵"（my

soul）——它使我们能够意识到自我以及自己在宇宙和永恒中所处的位置——在与他在以及宗教最基本的短语"我的上帝"的相互关联中获得自己的意义。在"我的心灵"和"我的上帝"短语中，隐秘与确然性，疑问与解答联系在一起。通过它们，上帝和人之间，即在属于上帝的心灵和作为心灵之神的上帝之间达成了约定。人的不断生发的疑问，"如果"（if），就在神的"虽然"（可是and yet）中找到了答案。这个"虽然"（"可是"）牢牢地抵抗住了起自"如果"的时间的变化。"虽有军兵安营攻击我，我的心也不害怕，虽然兴起刀兵攻击我，我必仍然安稳。"（《诗篇》27：3）"虽是这样，他们在仇敌之地，我却不厌弃他们，也不厌恶他们，将他们尽行灭绝，也不背弃我与他们所立的约，因为我是耶和华他们的神。"（《利未记》26：44）"我虽然行过死荫的幽谷，也不怕遭害，因为你与我同在；你的杖，你的竿，都要安慰我。"（《诗篇》23：4）这里，现在和未来都在这种对立的张力中联系起来。在这种现在体验到的自信中，人们找到了关于未来疑问的答案；同样，在这种自信中，人们从未来之光中找到了他对现在疑问的解答。由此可见，未来在精神意义上就是现在。"我要向山举目，我的帮助从何而来？我的帮助从造天地的耶和华而来，他必不叫你的脚摇动，保护你的必不打盹。保护以色列的，也不打盹也不睡觉。"（《诗篇》121：1以下）"流泪撒种的，必欢呼收割。"（《诗篇》126：5）

由于这种信念，人与上帝相关联。这是不依赖于金钱靠山的一种自信；它的精神现实非常不同于人们在日常生活中使用的实践智慧。在宗教的显现形式中，有一些生活格言，它只是为个人或集团指明选择须遵行的道路，对某些行为来说它们显得陈旧过时。还有更能引起争议的哲学，它披着宗教外衣，为权力作辩解，声称上帝青睐胜利者。以色列人的宗教绝不为权力开脱什么，或为世俗成就而志得意满地自我吹嘘。无论在何处，犹太教矢言确信，那不是因为在历史现实中觅到任何根基，也不是因为要替历史的热望辩护。相反，尽管世界的结局经常与信念的意蕴相背，但信念本身依然确定。在这种信念中始终存在着生活的外部经验与其内部意蕴之间的矛盾张力，这种张力形成一种力量，使人感觉到信念不是来自俗世的事功而是来自神圣的隐秘处。故它既是一种热望又是一种坚定的信念（trust）。

在犹太文学中，对上帝的坚定信念也称之为信仰（Emunah），但信仰一词在这里丝毫没有教条的意味，也没有它在别处有的那种宗派的意义。信仰也不能仅从外观上看，在外在形式上，超越性知识作为仁慈的赐予被给予人；信仰也不是学院理论中的象牙塔尖。在犹太教中，没有关于信仰的精确陈言，也没有一个有着庞大思想结构的教条系统，那个思想结构包含的思想意在寻找抵达天堂的路径。在犹太教中，信仰不是别的，它是对普遍存在（Omnipresent）的一种活生生的意识，一种亲近上帝的感情，一种对证明自身存在于万物中的上帝启示与创造性的感受。信仰是心灵在短暂中把握永恒，在被造物中探寻隐秘的一种能力。《圣经》用于信仰的词汇暗示了内在的坚守和平，强力与人的心灵的统一性。信仰并不更多地意味着人本该具有的东西，而是意味着人应该具有的东西。《圣经》上说："唯义人因信得生。"（《阿巴谷书》2∶4）"你们若是不信，定然不得立稳。"（《以赛亚书》7∶9）"我因信，所以我这样说法；我受了极大的痛苦。"（《诗篇》116：10）在以后的时光中，这种信仰被称颂：塔木德称以色列人为"有信的人，有信的人的子孙"。这种信仰从根本上说仅是为唯一上帝创造的意识，而犹太教的宗教体验就以此为基础。这是对人的信念的确证。对人来说，其内含的全部秘密已成为人本身个人生活的意义，并且人因此知道他是上帝之子。这样，那些老导师（teachers）中的一个所声言的《圣经》所显示的一切均可纳入这样一个句子中："因信而得生"，就是可能的。在人的信仰中，人把握了自己的生命，因为他被告知：他的生命来自永恒的和活生生的神。

然而，在被上帝所创造的知识中，仅包含处于萌芽状态的宗教意识。借助这种知识，犹太教将能够创造的意识与唤醒去创造的意识二者联系起来。既是被创造者又是创造者成为犹太宗教意识的核心。

人的创造才能在他的善行能力中得到证明。通过体验善的现实性——深深地关切于先知的伟大道德经验——人能够改造自己的生活。人借此运用自己的创造力和对自己的心灵进行创造性引导。他不仅了解到自己的存在是什么样子的，而且还了解到存在可以是什么样子的以及应该是什么样子的。如果说人一直将自己的生命视为对象，某种有理由被给予的东西，那么现在人开始感到他自己是主体，能够引起并进行创造的东西。迄今为止，人知道他是被创造的——"不管怎样你是被创造的，不管怎样你降生了，不管怎样你活着"。但现在他知道了他有能力指导自己的生活——"自由被赐予"；他认识到他为上帝所创造，以便自己能够创造，反过来说，他进行创造的力量来自他为上帝所创造。生命从永恒中诞生又回归永恒,生命被赐予,又再诞生——如此人体验到存在的秘密;而现在他体验到他自己是如何负荷生命,每时每刻呵护生命。因为现在他理解了生命加于他的使命,生命虽为更强大的力量所创造,亦能为人自身创造。"隐秘的事是属于耶和华我们神的;唯有明显的事是永远属我们和我们的子孙的,好叫我们遵行这律法上的一切话。"(《申命记》29:28)

如果说为上帝创造的感受是犹太教第一位的基本感受,那么认识到人自己做善行的创造性力量就是犹太教第二位的基本体验。这里,一种伟大的统一性令人倾心。隐秘相应于解说;人起源的秘密相应于人应该行走之路;上帝创造的现实性相应于人自己能够创造的现实性;隐秘的确然性相应于戒律的确然性。如果说了解前者,使人明了他在宇宙中的位置,那么了解后者,就使人超越宇宙,获得属于人的世界的知识。假如说首先产生的疑问关涉于位置(where)、状况(how)和原因(why),那么决定性的答案就来自神的应该(Thou shalt)和神的能够(Thou are able)。假如说起初宗教就展示了从神到人的道路,那它现在就要展示从人到神的道路。隐秘和戒律被联结在一起,仅因为二者的联结赋予生活以充分的意义。它们的联结就是宗教,正如犹太教所昭示的那样。

由此导致宗教的第二种巨大的二难论题:人是被创造的,但又是从事创造的;他是被造物又是生产者;他属于这个世界又超越这个世界;他的生命因上帝而存在,又具有独立性。从奇迹与自由,深不可测的奴役状态与经由道德支配而得到的解放之间的对比,产生出一种精神的统一性,以求回答生命的难题。

正是在犹太教对这些似乎分离的概念的统一中犹太教与其他所有的宗教区别开来。因为其他的宗教只是肯定并引导人们去体验其被创造的感情，它们不强调人为了自己的创造而生存于世。它们培育的第一个宗教观念是，人是依赖于永恒和无限之物的，但由于它们给这一观念以不恰当的强调，它们竟允许命运观念，一种震撼了一切的预定劫数进入了宗教。这样，比较而言，奇迹意味着一切事物及行为似无意义。对这些宗教信仰来说，它们只知道世俗生活对那些被选定或未被选定的人来说只是一种先定的命运，并不认为人本身可以塑造或者可以选择自己的生活以改造自己的命运。

但是犹太教在人为上帝所创造和人自身有创造能力之间建立起巧妙的平衡。虽然犹太教认为世界为人所掌握，但同时它也认为人为世界所掌握。尽管人是通过信仰体验世界的意义，但它们通过自己的行为赋予世界以意义。它承受了自己的生命，必然去充盈它。

到目前为止，唯上帝与人之间的关系获得了自身充分的意义。人已知晓他必须实现善，人也发现上帝向他显现，是支配的唯一神、审判的唯一神和正义的唯一神；他知道上帝要求他做出道德行为并为他施戒律以保证德行的实现。"世人啊，耶和华已指示你何为善，他向你所要的是什么……"（《弥迦书》6：8）"以色列啊，现在耶和华你的神向你所要的是什么呢？……"（《申命记》10：12）创造并恩准爱的神同时是伦理化的神圣意志，它是要求正义律令的神。如同神的爱给予我们并进行创造那样，神的正义亦支配人，它为人的生活置放了无条件的责任（duty）。如果说爱告知世人，人之如此皆因上帝，那么正义就告知人应如何面对上帝。唯有二者的结合才是唯一神的完满启示，唯有二者的结合才能展示出人类存在的全部意义。它们的统一揭示了上帝统一性的最深刻的内涵。这种统一性独特的特征表现在，我们生活中深藏的、不可测度的因素向我们展示的上帝的爱；而我们生活中清晰的、定义明确的因素告诉我们何为上帝律令的正义。人是作为个体的人体验到了这一切，律令只是相对于他的人格而言。他倾听到上帝对他的发问："你在哪里？"对个体的人来说，上帝显现为人格神。上帝的一切思想皆成为他对我们说的话语，单独对我们说的话语，也成为我们对上帝所尽义务的表达。如果说人的渴望带着疑问和希望首先通过转向上帝来表达自己的话，那么，通过祷告"我的上帝"，心灵学会了用对上帝的戒律和期望的理解来回应上帝。上帝的话语进入了人的生活，发出了一个指令："我是神，你的上帝，你应当。"

人愈充分认识到上帝的戒律，他就愈能意识到自己自由的后果。人理解到他是为自由而被创造的，善是意志的实质，人甚至在上帝面前是自由的，就像先知们所说的那样：他"选择了上帝的意志"（《以赛亚书》56：4）。人从中获得力量并构造自己生活的精神性力量的独立性来自神。但人是作为伦理性的存在立于神面前的，所以根据意蕴深远的《圣经》隐喻，人是在"神的面前"（《创世记》17：1）经历他的生活的。他可以接近上帝，让上帝的造物及其良心说话。虽然我们谦恭地感到我们所承受的万物皆由上帝赐予，但有一物——上帝告诉我们——属于我们，从它那里我们的生活获得价值和意义：自由的道德行为。我们感谢上帝赐予我们万物，但道德行为由我们自负其责。责任使我们在上帝面前获得一个由我们自己选定的特定位置。正如拉比哈尼拿（Rabbi Hanina）机智的妙语所言："除了对上帝的惊恐，万物握在上帝手中。"或如拉比以利撒（Rabbi Eleazar）所说："除了对他的惊恐，上帝无所索取。"这种观念为拉比文学特别是后来的神秘文学诗意地发展了。它们告诫人们，正当的意志在某种意义上如何对上帝发生影响。它们告诫人们，人如何成为世界的拥有者和创新者，人如何让上帝亲临这个世界或远离这个世界。这样就再次强调了犹太教与神话的绝对对立，在神话中神的命运成为世界的历史，我们看到，在犹太文学中表达出一种与之相反的观念，即宇宙的命运源自人。犹太教发现人创造了一种影响着无限者的命运。在这里，那独一无二、诗意地表现了善的创造力量的人类的自由想象被改铸。

在犹太教看来，人是这个为上帝所创造的世界中能动的存在物，虽然他也为上帝所创造，但人这一主体已超出了客体范围。人珍爱这独一无二的所有，他选择他可以居住的世界。在他面前鲜明地矗立着他生命的法则，善是他必须实现和拥有的品性。借助善，他可以证明他自己的价值并成功地在隐秘者与外显者之间架起超越鸿沟的桥梁。人和永恒被联结到人对自己起源与戒律的信仰中——而这种统一总被看作是犹太教的典型特征。相对于这种统一性而言，我们或许注意到，施莱尔马赫（Schleiermacher）经常引用的宗教概念的典型缺陷，即施莱尔马赫发现宗教的本质仅在于人对神的意味深长的依赖情感。所以施莱尔马赫的概念完全漠视要求宗教统一性的因素：趋向自由的宗教的戒律。这种由施莱尔马赫所造成的缺陷被错误地用到了《旧约》上。

正像人在犹太教中体验到他的人的品性（quality）那样，人也是在犹太教中学会如何创造现实，以及因此人对上帝具有某种价值。人自身改造了他的存在历程。他面对的问题是赞成上帝还是反对上帝。他可以不要上帝或者避开上帝。上帝亲近我们，而我们能够并且应该走近上帝。我们被赋予的生活是上帝与我们的约定，但假如它也能够成为我们与上帝之间的约定的话，它一定能得到捍卫和呵护。无限在有限中展示自身，而我们人也可将我们的有限升华为无限，这正如《塔木德》中所言，我们可以"凭借暂时赢得永恒"。"大地充满了上帝的荣耀"，但即使如此我们仍受命在大地布施上帝的荣耀。正像上帝将自己显现给人，人也将自己显现给上帝。人在善行中接近上帝；人在善中发现上帝更为清新，依靠善行，人使上帝成为人的上帝。宗教伊始就产生的短语"我的上帝"，现在成为人追逐的目标和使命。对于人的生活来说，它有自身的秘密和前行道路：秘密是我们提出的疑问；道路则是展示给我们的问题。在上帝那里，生活找到了对秘密解答和遵行自己道路的命令。

与人选择善的自由相关涉，《圣经》使用"侍奉上帝"（《出埃及记》20：5；23：24。《耶利米记》13：10；22：9；25：6）这个表述。它意味着我们可以为上帝做某些事情——不仅仅是谦卑地感受某些事情。借助善的实现我们可以为上帝奉献些什么。我们提供给上帝的不只是我们从他那里得来的东西；而且还有我们创造的东西，我们为上帝创造的东西。在对上帝的自愿侍奉中，我们使自己转向上帝，从而使他的律令成为我们的律令。我们能够为上帝作出奉献，并通过我们的自决去认知上帝。对犹太教来说，一切对上帝的认知大都是这种人的人性活动：凭借自身接近上帝的行为。认识上帝和侍奉上帝是一回事。二者都意味着人决心行善并持守善。只有偶像才为人们所顶礼膜拜。在《圣经》中，"侍奉和跪拜"是被限定用于描述偶像崇拜的术语。

真心地侍奉唯一的上帝，用古老格言来说就是，人成为"上帝创造活动中的参与者"，人预备了上帝的王国。人为永恒建立了居所。在生活的某一领域，人的命运是前定的；上帝将他安置于此而不是别的地方。人的起始，从此至后来的发展，都为上帝所创始。但是也有一个生活的领域，人却不是由上帝安置进这个领域的，反倒可以说，是人将上帝引入这个领域——这是人通过自由选择进入的领域，所以这个领域是人的领域，当然也是上帝的领域。正如一句老话所说："人可以为自己创造"一个善的世界，一个神圣的世界，一个侍奉神的世界，这个世界由上帝的单纯法则统治。过去时代的拉比们创造了一个术语表达这个世界，即"上帝的王国"。这是一个通过能够进行挑选的上帝"使上帝的意志成为上帝自己意志"的王国；这是一个不因人的生死而因人的意志才能抵达的王国；这个王国不是被给予的，而是取得的。所以，这个王国尤其属于那些改宗者，即那些自己下定决心接受上帝支配的人。上帝的王国与心醉神迷或单纯的超越的世界并无瓜葛，它仅意味着那些心甘情愿地准备侍奉上帝的人的一种生活状态。在这种献身中，来世降身于今世，此岸与彼岸合一。进入上帝的这个王国意味着将自身从存在的单纯压迫（constriction）及其命运中提升出来，获得上帝昭示于人的生活。正是在人的劳作中，上帝的王国凸现出来。正如过去年代的拉比所言："上帝说，将我的王国和我的戒律视作你自己的。""当以色列人说,我们将做上帝对我们所说的一切——就有了上帝的王国。""以色列人啊,你注意,主,我们的神是一,那就是上帝的王国的语言。"根本上说,这与《圣经》上所说的以色列人的使命是同样的事情。"你们将趋向我一个祭司的王国,成为神圣的民族。"由此我们看到,上帝的王国是一种理想的、由人创造的伦理的现实性。

面对支配者上帝,占据人心的感情是"敬畏上帝",尊敬永恒者。只有面对那些高于我们并与我们相关的存在,我们才感受到尊敬。作为道德存在者,我们的尊敬先于我们对道德存在者的道德尊贵的认知。这样,就有了对教师及领导人的尊敬,对母亲和父亲的尊敬;我们感受到各方面对人的尊敬,从中我们也感觉了神圣的气息。这种尊敬首先是对上帝的尊敬,既不是对命运尊敬也不是对自然的尊敬。就这点而论,甚至崇高(sublime)也不能真正引发尊敬。直到我们体验到作为支配者的超越的上帝,正义和向人说"你应当"(《利未记》19:14, 32;25:17, 36, 43)的神圣的唯一(Holy One),我们才能感受到尊敬。人,在他的全部工作和奋斗中,深受他侍奉永恒者和神圣的唯一这种信念的影响,为对上帝的尊敬和恐惧所笼罩。所以,"你应该敬畏你的神"是一种喟叹,它得出结论"你们应当"——对伦理命令心愿如是。能够感受到这种尊敬是灵魂高尚的标志,是人类最优秀的感情,也是身处自由之中能够向上仰视之人的感情,是了解伦理戒律对自由具有重要性和责任感的人的感情。唯奴婢心态感受不到尊敬。

通过将"敬畏上帝"称之为"智慧的开端",去强调"对上帝的敬畏",《圣经》使这种表述成为宗教的称谓(designation)。

这一点有充分的理由佐证，因为蕴涵其中的是这样一种感受，即为上帝所创造的人本身也是创造者——这是犹太教的典型观点。犹太教是一种特别强调尊敬的宗教。如果宗教只具有依赖的感情，它就纯然是谦卑的宗教。而在犹太教看来，人的自由与道德选择的联系已经被认识到，也就有了尊敬情感。犹太教把尊敬和谦卑纳入一个基本宗教体验之中。尊敬是能动的和创造着的人的谦恭，是上帝面前的自由。所以，尊敬与单纯的对命运的恐惧明显不同，它是一种与命运相对立的意识："你是谁？竟怕那……"（《以赛亚书》51：12）

自由人的尊敬感情，就像他的谦卑感情那样，亦有自身的烦恼。它时而强调疏远，时而强调亲近；现在又强调规避"你应该"，亲近"你能够"。此一时，人的心灵因敬畏而震颤，彼一时，心灵又为对上帝的执着献身精神所充满。对后一种感情，《圣经》使用一个短语来表达：对上帝的爱。这种爱是内心深处意识到自己是自由的人的一种感情。在《圣经》中，我们发现上帝的律法和人对上帝的爱相互关联，而不是上帝对人的爱与人对上帝的爱相互关联。与上帝对人的爱相对应的不是我们的爱，而是我们谦卑的信念。对上帝的爱等同于对上帝的尊敬——在《圣经》中爱与敬畏（fear）是一个意思。它们就像虔信与谦卑一样，不过是同一种感情的两个不同方面。在尊敬中，戒律先于意志；在爱中，意志先于戒律。当我们感受到我们侍奉的是上帝时，我们也就感受到对上帝的尊敬；如果我们感受到我们在侍奉上帝，我们就会感受到我们对上帝的爱。我们的全部个体性在这种爱中被证明——那不仅证明了我们的部分存在，还有我们全部的自我，"全部的心"，

"全部的灵魂和全部的力量"。在犹太教看来，上帝之爱也绝不仅仅单纯是一种感情，它还是人的伦理行为的一部分，它直接与"你应当"相关联。"你们要尽心、尽性、尽力爱耶和华你们的神。"（《申命记》6：5）

但是，由于强调尊敬和爱两种感情，就会像信和谦卑两种感情一样，两种冲突的因素在两重感情中有一种张力。我们又一次发现存在于疏远与亲近、意欲所求与实际所得之间的张力。在这里，也有由彼世与此世——我们的感情摇摆于两者之间——的因素结合形成的统一体。因顺从上帝戒律的意识，就像为上帝所创造的感情那样，使得无限性感觉进入人的心灵中。来自永恒的上帝的戒律以及"你应当"的形式因此成为永恒的，这个戒律指向人，在人那里，它发现了它的履行被重新置放于"你能够"上。相应于上帝讲的每一个"你应当"，人都回应以尊敬和爱，而相应于人的尊敬和爱，上帝又都回应以"你应当"。所以，两者中有一种张力，有一种渴望——对一个善的世界的渴望。这种渴望弥漫并渗入侍奉上帝的那种必然性以及上帝的王国中，也弥漫并渗入人的自由和人的创造力中，它使有限趋向无限，将无限赋予有限。

这种渴望从对善的现实性的信仰中获取自身的力量。一切创造性的意志同时也对意志所指向的对象的现实性保持信仰——这就是它与单纯欲望的区别所在。体验到如何去创造善，自然就会把善变成现实。假如善以上帝戒律的形式展示给人，假如有创造力的人的信仰源自对作为支配者的上帝的浓烈信仰中，那么善就会作为不变的现实出现在人的面前。善自无条件的源泉而来，产生于全部存在的意义中，并在永恒中找到自身的保障。与善一道进入人们生活的是真实与确定性的东西；善对人表现为无条件的命令，因此也是超越了一切争论的东西，是要求人们必须作出决定——他必须接受之或拒绝之——的东西。由于伦理学和宗教在内在根基上彼此联系在一起，所以对善来说，上帝的命令就有了人的伦理约束的意义。在这里，就产生了绝对命令观念，绝对责任观念。德性打上了绝对的印迹。善和恶的区别相对人的抉择来说是永久、不变和永恒的问题。这种差别无传统可溯源，亦不能归属于偶然，甚至也不能归于聪明人的观念意图。这种差别以唯一的上帝的存在为根基。我们把善作为"永生的上帝，凭真实"（《耶利米书》4：2）来追求。

与对作为支配者的上帝的信仰相伴随，产生的是对任何种类的伦理机会主义的反对，是对任何转化和混淆伦理标准的做法的反对，也是对任何对绝对的善抱绝望态度的反对。这种信仰不会妥协；除了善，它不与任何东西相关联。上帝给予的是戒律，而不是忠告；上帝说"你应当"和"你不应当"。犹太教是第一个要建立这种伟大的选择（二中择一）的宗教。在这里，我们也可以看到它对神话的反对；由于上帝命令的绝对性——这种绝对性将无条件和真实的东西带入人的生活——从而使命运的神话概念成为不可能。在这里，我们也看到，犹太教与古代思想的基本差别。希腊哲学所最缺乏的是伦理命令观念。虽然柏拉图认识到善的永恒性，但他没有绝对命令观念。故而他是沉思的始祖。柏拉图的世界对犹太教所具有的那种热诚一无所知，对于那种听从和服从于"侍奉上帝你的神"这一训谕的生活的决然性（resoluteness）一无所知，甚或对于弥漫"尽心、尽性、尽力"之意蕴而与古代的遗产完全不同的绝对，即那种作为犹太人的责任概念而为人指明须遵行道路的绝对一无所知。古代的遗产中只有重思辨沉思的观念论，而没有重积极活动的观念论；有哲学沉思型的乐观主义，而没有重伦理实践的戒律型的乐观主义。

所以，对一神的信仰意味着除了神的戒律而没有别的戒律，对人是可以提出完善的道德抉择要求的。"你要在你的神耶和华面前做完全的人。"（《申命记》18：13）在犹太人看来，人是在伦理的统一性中发现上帝的统一性的。谁认识到这种唯一和仅有的法则，谁就将上帝认作唯一，这是一神论的关键所在。由于一神论仅承认唯一的神，故神也只承认一种命令和一种正义。这也意味着一神论拒绝一切差异、一切中立态度和许多古代哲学家理想中被思考的东西。它也意味着拒绝二重德性论，即那种认为对统治者和被统治者、强者和弱者有着不同的道德要求的观点。

"耶和华啊，求你将你的道路指教我，我要照你的真理行，求你使我专心敬畏你的名。"（《诗篇》86：11）《诗篇》中的这段话在犹太思想中获得了极为丰富的内涵，这不仅是就它的神秘主义和哲学，而是就它表达了人们的沉思和祈祷来说的。因为这段话谈到了一个心灵探寻走向上帝的道路和那唯一的训令。假如一个人秉受了这唯一的心并最终遵行了那唯一的道路，那么他就表现了对唯一神的真正的尊敬，因此，他就真正把握了一神论的真谛。正像古代的希伯来晨祷所说的那样："人通过对上帝的爱专心于上帝。"在这种"专心于上帝"的愿望中，人的创造性欲望找到了自我表现的强有力的形式。通过他的道德行为，人在世上创造了上帝的统一，由此来看，就仿佛将神的统一性变成了人的任务。

一切德性都是一种矛盾和一种冲突：它蕴含着对非神性的拒绝——非神性是德性为之斗争的善的对立面。这就是《圣经》谈到神圣性时，避免使用无神论术语而用不同于无神论术语表达神圣性的原因，无神被其看作是邪恶的别名。这种恶是没有价值和现实性的，它剥夺了来自神的启示的创造性和自由。它对现实性的否定导致了它对德性的摧毁，故而《圣经》称它为"死"。"看哪，我今日将生与福、死与祸，陈明在你面前。"（《申命记》30：15）人有恶便不能使神成为自己的神，因为恶无缘于作为生活王国的神的王国；恶归属于单纯的命运及死的范畴。犹太人的正义就是这样解释恶，并由此认识到永恒的上帝。"因为你不是喜悦恶事的，神、恶人不能与你同居。"（《诗篇》5：5）"你眼目清明不看邪僻，不看奸恶。"（《哈巴谷书》1：13）上帝支配的正义作为永恒神圣的伦理崇高立于人的面前。"神因公义显为圣。"（《以赛亚书》5：16）上帝的戒律因此永远有别于一切低俗和污浊的东西。但是恶并不只是与上帝相区别，它还是对神的神圣性的否定与攻击。"他们的舌头和作为与耶和华反对。"（《以赛亚书》3：8）

《圣经》把上帝对非神圣性和不信神的反对称作为上帝的嫉恨与愤怒。当然，通常在人对神的爱深信不疑的情况下，所使用的词汇是人类的词汇，并借助它们寻找对上帝的公义和神圣性作出神人同形论的描述。我们不能此一时称上帝为在天的父，彼一刻又剥夺他的存在，称他为愤怒的上帝。术语"神圣的嫉妒"和"神圣的愤怒"被很好地改造了。因为在这个意义上，人对一切非公义之事的愤怒，被他相信的上帝，那"嫉妒的"上帝起而捍卫公义和善，并为与非公义和恶势不两立的观念所震撼。人感受到上帝戒律有充足的威力，同时感受到上帝的事业就是人的事业。"耶和华啊，恨恶你的，我岂不恨恶他们吗？攻击你的，我岂不憎嫌他们吗？"（《诗篇》139：21）在这些明显属于人类的词汇中，论及了善的绝对性和独特性。如同上帝的仁慈那样，上帝的嫉恨也与人的心灵直接相关，这亦是一神论的特征。它是定言的、独特的、绝对的，即唯一的上帝的唯一戒律的最有力的表达。嫉恨与愤怒的上帝的概念使道德上的任何妥协不再可能，或者说，它使任何创造双重道德标准的借口和诡辩都不再可能。

缺乏嫉恨与愤怒的神就像伊壁鸠鲁的上帝待在某个遥远的星球上独立为王——这个神与世界的需要和关切毫不相干，它也远离道德问题，与人之间无任何真正的关系，亦不能通过"你应当"把人与神联系在一起。没有神圣的愤怒，人的德性即容易满足，只有当与德性本身相反对或者与它的追随者相反对，德性才会将罪恶看作是有罪的——心灵沉重地以一种感性的态度去审视世俗的恶，却完全忘记了应当与恶作斗争，击垮与摧毁恶。也许这很明智和虔诚，但这种单纯的镇静缺少创造力和斗争意志。所有的抉择必定有自己的偏好（passion），所有性格气质必定有自己内在的动人之处。一个人可以敬重什么，也能够对什么发怒。上帝的拥护者了解上帝的愤怒。那些经常不能了解上帝愤怒的人都缘起于那些沉迷于自己的完美存在的幸运之人所持有的那种自满自足的乐观主义。更进一步说，它经常是缺乏对恶的伦理对抗的结果，是对世间所有不公义的罪恶感缺乏感受的结果。只有那种面对反

133 对人性的可怕行为而能镇静地保持心灵平衡的人，才能轻而易举地加快"他的进步"，以超越对嫉恨的上帝的信仰。

仅仅对个体而言，这并没有什么错。每种不公"都向上帝哀告"（《创世记》4：10），即向起支配作用的和嫉恨的上帝哀告。如同《塔木德》中所说："不只一个人的血被流放，因为在他的血流中，全世界的血都哀告于上帝。"每一种恶都是一种反对上帝的罪，因而也是反对保障人类生命自由因素的罪。敬畏与爱上帝的人在自身中就感觉到那种神圣的嫉恨：他憎恶和仇恨的不仅仅是这种或那种恶的行为，而且就是恶本身。"你们爱耶和华的都当恨恶罪恶。"（《诗篇》97：10）假如任何错失，无论是在何处犯下，是针对谁的，都不能震动我们的心灵，即使它是针对我们自己的，那么我们也就不能体验到支配的上帝和嫉恨的上帝。或者说，也就不理解上帝用以反对罪的愤怒的本质。对上帝的信仰不允许存在投机取巧的道德中立论，以及对人间细微错失的漠然态度，或者说懒怠态度。假如说历史似乎更为经常地提供反例的话，那么，这就再一次表明，在人的宗教感情本质问题上，人是能够欺骗自己的。

把上帝称作为爱之父就意味着允许人们忘掉那个支配的、嫉恨的上帝。在这种情形下，宗教也失去了某些基本的东西。一种失去了尊敬概念的信仰——因为尊敬是十分了解神的愤怒的——必然使自己的道德力量大为逊色。宗教绝不能失去对每种非道德和不信神现象的强烈憎恶。

在这里，我们可以再次发现犹太教独特的先知精神，这种精神在要求人作出抉择的绝对的宗教追求中表现自己。一切感情和知识，一切沉思和解释都不能造就什么，并且也不能给予生活以意义，除非人通过使上帝一词成为现实的而"选择生活"。所有的体验都要求行为；对犹太教来说，只有通过行为，体验才能成为宗教体验。行为将人们引向上帝，以便将人与上帝相联系；通过行为，上帝的王国得以建立并被拓展。信仰和谦卑就其本身而言还不是虔诚。它们仅仅是对上帝意义的一种感受，所以就人的积极人格说，它们亦无内容可言。只有在行动中，人的人格才能获得自己的内容。信仰和谦卑构成了一种宗教态度（mood），假如这种态度仅仅只是态度并自我标榜为神的作品的话，它就是一种充满了危险的态度。如果谦卑只为谦卑，信仰只为信仰，也就是说，假如它们仅仅保持自身不变的话，它们就是坏东西。因为人们只能逐渐地获得反思自己虔敬的习惯，而谦卑亦不能在行为中为自己找到积极的证据。施莱尔马赫关于宗教的观点就指出了这一点。

当《圣经》要求进行自我审视时，它只是意味着对我们心仪的善的有意识的回忆，一种关于上帝已安置好我们并认识了我们的意识。从这一点出发，必然产生根据我们的责任尺度检讨每一天的需求："我们当深深考察自己的行为，再归向耶和华。"（《耶利米哀歌》3：40）"总意就是敬畏神，谨守他的诫命，就是人所当尽的本分。"（《传道书》12：13）我们在歌德（Goethe）那里看到同样的思想。"我们如何认识自己？绝不能凭借沉思，而只能借助行为。去尽你的责任，你会立即知道你所是的。"在伦理行为中，人的人格展示自己。一切不导致行为的宗教内省，通常是自负而非自知；被假定来自这种内省的谦卑或者是成为虔诚的傲慢，借此人将自己视作沐浴在上帝的荣耀之中，或是成为矫饰的悔罪，它在上帝面前顺从地低下头，尽管实际上十分自负。这就是那些对上帝并不真心恭敬，因而较其他人更容易傲慢自大的人的谦卑。它也是那些因安适地偎依在天父的身旁，而认为他们在上帝的天堂已获得了一席之地的人们的谦卑。这些人总是谈论上帝的爱，这种爱对他们来说已成为一种感情，并相信其可以恰当地取代伦理行为。因为实际上，敬崇比顺从更容易。这样，所有对卑微的心灵的自我分析，所有在自己有罪的欠缺面前卑躬屈膝，就变成了"善的工作"的骄傲展示，持守着表达自己虔诚的唯一要义。

而真正的谦卑却非如此。它或许更类似于谦逊（modesty），这是一种并不容易取得的人类的品质，这不仅仅因为真正的谦逊须以先前已有所成就为前提。要达到真正的谦卑，一个人必须接受检验，必须侍奉上帝。宗教体现了信仰和行为：居先的品性是行为，因为行为为信仰奠定了基础；我们越行善，就越容易把握责任的意义，就越容易相信神灵，从神灵中引申出善，这样我们就会为谦卑所浸染——这二者都涉及我们的行为和我们为上帝所创造这个问题。借助道德行为，人类得到真正的谦卑。在这个意义上，信仰就成为戒律：相信你通过做更多的善行而信上帝会更有意义。就像知识，我们学到的越多就越认识到自己的无知，所以在德性中，那些更急迫明显的事我们做得越好，就有更多的善事要我们去做，我们离上帝的戒律就越近。侍奉上帝无始无终："时日不多，而使命重大。"

通过行为，人也认识到其存在的独特限制，这个限制总是在人对理想的追求中设置障碍。由此，人认识到自己的位置在无限和永恒中间。谦卑就是对我们在世界中位置的意识，而这个位置不是给予我们的而是我们创造出来的。没有对道德戒律的认识，就绝无真正的谦卑或信仰。在自我认识中只有这两者联结的结果，并允诺我们在整体意义上去体验生活；它们构成了面向生活的宗教感情，将那给予我们的和反过来由我们给出的联结在一起。正如人对他的上帝说，他总是听到上帝的声音那样，人在自己的祈祷中也总能听到关于责任的戒律。这种同一性，还有一神论的特征，赋予人以内在的统一以及宗教（精神）。

这就是《圣经》将信仰与行为联系在一起，看作是单一的宗教统一体的原因。"谨守仁爱、公平，常常等候你的上帝。"（《何西阿书》12：7）"相信上帝而行善。"（《诗篇》37：3）"你当等候耶和华，遵守他的道。"（《诗篇》37：34）"当献上公义的祭，又当依靠耶和华。"（《诗篇》4：6）"愿纯全正直保守我，因为我等候你。"（《诗篇》25：21）"世上遵守耶和华典章的谦卑人啊，你们都当寻求耶和华，当寻求公义谦卑。"（《西番雅书》2：3）"世人哪，耶和华已指示你何为善，他向你所要的是什么呢？只要你行公义，好怜悯，存谦卑的心，与你的神同行。"（《弥迦书》6：8）在这最后一段引文中，谦卑被看作是公义和现实的爱的精神结果；但同时，谦卑也是一个起端，因为谦卑是永不停息的，总是不断寻求适应上帝的语言的谦卑。谦卑自伦理行为中产生，又总能产生出新的伦理行为。

依照这种理解，人的痛苦被重新解释。因为人类痛苦亦与上帝的声音，与"你应当"相对应，它要求固守这种戒律，每天都必须侍奉上帝，即使痛苦之日也应如此。就像已进入人的生活的每一件事那样，痛苦加于人，独立于人的意志；而人必须把它熔

137 铸成严格意义上的自由动力,就像他必须在他存在的领域中熔铸一切事物那样。他面对这样的任务,使生活中已渗入痛苦的部分,成为上帝王国中的一部分;他必须改铸它,将其伦理化,由此使自己超越单纯、因果性。这样,对痛苦来说,有着更多的戒律可使用于它:"你应当爱神,你们的上帝……并尽全力。"对于古代的教师来说,它的意思是:"用上帝给予你的全部去爱上帝,既带着痛苦也带着愉悦。"无论是处境险恶还是得势顺风,人都是自由的,富有创造力的。并且当人痛苦时,劝其尽全力爱上帝的布道尤为执着与有力。

与这种思想相一致,短语"以上帝的名义祈祷"也变成了痛苦的祈祷的一部分,那个时代的语言为这一点特别创造了一个术语:"审判之辩护"(Zidduk ha-Din),天谴的自认(acknowledgment of judgment)。这个术语表明了人们决心在其经受痛苦之时接受上帝的戒律,并借此而认识上帝。在第一句短语中首先强调的是死亡萦绕的痛苦。与其他任何事物相比,死亡似乎更能摧毁生命的价值,否定生命的尊严。死亡是非理性的。死亡是否定的。目睹死亡和遭遇死亡的人,他的信念为无意义所吞噬。然而,面对死亡,通常以"你应该"压倒命运的"你必须";占据优势的总是对人有效的道德自由,"天谴的自认",即人对上帝戒律的承认。所以当术语 Zidduk ha-Din 用于人,而人在伦理自由的情况下,选择死亡作为遵行诫命的原因,即殉道时,它也就获得了最完满的意义。拉比说,这种人超出他人已做到了"天谴的自认"。拉比哈那尼·本·特拉迪恩(Hanania ben Teradion)曾谈到过这样的事情。当他和他的妻子到刑场为信仰举证时,他们提供了"天谴的自认",拉比由摩西之歌中的一段开始,"他是磐石,他的作为完全,他所行的无不公平",她继续说:"神是诚实无伪的神,又公义,又正直。"他们的女儿,命定要经受痛苦,似乎是为了应答,她用耶利米的话祷告:"谋事有大略,行事有大能,注目观看世人的一切举动,为要照各人所行的和他做事的结果报应他。"(《耶利米书》32:19)将"他"换作"你",她表达了这个包含一切答案和必然性的"你"。这些句子作为经典的"天谴的自认"之陈述,在祈祷书中占据一席之地,并且当人们归于大限时,在葬礼上重复诵读它们已成为习俗。

即使痛苦沉重地附加于人身上,人应该能行进在他自身选定的路上。人不仅仅被封闭在自身痛苦的深渊中。在这里,他可以显现他那要实现诫命意志的伟大和"and yet",并提供他的尊敬与创造性自由的证据。在这里,他可以升华至真正的人的意义的高度。人不仅要去忍受痛苦——如果仅仅如此,那不过是苦难而已——而且人还要将痛苦置于自己面前并战胜它。对人所发生的一切不只是单纯痛苦,也不单纯是命运的产物;因为甚至在痛苦中,人的自由人格也能够通过选择和行为证明自身。如同古老的希伯来箴言所说,痛苦成为衡量人们克服人的痛苦力量的尺度。"爱的惩戒"就是代表这一概念的拉比用语,教诲(instruction)和痛苦在这里被统一在一个术语中。《圣经》也已明确地表达了这种统一性。"耶和华啊,你所管教、用律法所教训的人是有福的。"(《诗篇》94:12)"因为耶和华所爱的,他必责备,正如父亲责备所喜爱的儿子。"(《箴言》3:12)"人在幼年负轭,这原是好的。"(《耶利米哀歌》3:27)在《约伯记》中,同样的观念得到清楚的表述:"神借着困苦救拔困苦人。"(《约伯记》36:15)。这正是以利胡(Elihu)给出的,对一切问题的答案,而这些问题,相对于公义的痛苦,似乎与生活的意义相矛盾。在《塔木德》中我们也发现了同一种观念。"上帝爱他,为净化他,上帝严厉惩戒他。""上帝的荣耀靠近痛苦的人","上帝提升他使之痛苦的人","痛苦比牺牲更能赎罪"。"痛苦是生命之路","上帝给予以色列的最好东西是通过痛苦给予的"。

说出这些结论性话语(last words)的人,西蒙·本·约海(Simeon ben Yohai)是一个"因耶和华愤怒的杖,遭遇困苦的人"(《耶利米哀歌》3:11)。这也适用于一切以这种方式讲话的人,特别适用于中世纪通俗的伦理学作者和宗教文学作者,这些作者经常说到神圣审判的恩赐,他们宣讲已为他们自己所证实的东西。他们全都拒绝那种平庸的智慧,这种智慧深深自得于能够承担别人的痛苦并称颂痛苦的价值,除非痛苦影响它们。犹太人的智慧——其本真的历史这样勾画了它——是这样一种智慧,它将生活看作是由上帝安排给人的任务。痛苦是这个任务的一部分,每个创造性个体都体验到这一点。由于痛苦,人经历了那些给予他的意志实现以悲剧性意义的冲突,而且他也发现了如何去行为。借助行为,他成为他自己生命的创造者和拯救者,并解除这些冲突,将冲突引入统一与和谐之中。

犹太人历史的神圣性与悲剧性在这里得到了统一。它是一部选择的历史,以上帝名义进行解救的历史,因此也是充满痛苦的历史。在犹太人那里搜集起来的问题和苦难绝没能从内心上压垮他们。犹太人绝没有接受命运的单纯摆弄;他们还是创造者,在精神方面满怀解救和向上的情绪,即使在苦难之时也是如此。这绝不是一种单纯的苦难牺牲。在纯粹只是考虑外部事物的历史中,犹太人似乎作为历史的玩偶被三番五次地戏耍过。然而在注重精神力量和能动性的历史中,犹太人被视作可以自己作出决定并影响历史真实实现的一种力量:犹太人的生活就是一种完满(fulfillment)。犹太人的历史充溢着高尚感(nobility),假如真正的高尚意味着继承与成就的统一的话;犹太人的历史充溢着信仰和行为、成长和收获。当犹太教使每个个体意识到人的独特性并意识到需要将这种独特性变成现实时,犹太教就将这种贵族气派赋予了每个个体。上帝作为创造者所给予的以及作为支配者的唯一神的戒律,塑造了人的生活。由于这种生活,犹太教有了历史。隐秘和戒律必然而又庄严地赋予了人。

人把爱和正义作为上帝的启示来体验。上帝的两个古老的经典性称谓表达了这一点,上帝作为永恒的存在,称为耶和华(Yahveh);作为永恒的目标,称作埃洛希姆[①]。拉比们将第一个称谓解释为永恒的爱,将第二个称谓解释为永恒的正义,它们指称生活的源泉和道路。唯有上帝能在这两个方面证明自己。专注于一个方面而忽视另一个方面意味着从统一性中剔除了对上帝的启示和我们对上帝的信仰。因为我们不可能从一个不能看到他为我们设置道路的神那里找到我们存在的根源,而若不能认识到我们存在的根源,也就不能认识到上帝为我们指明的道路。为在上帝面前表现谦逊,我们必须是善的,而为了达到善,我们必须谦逊。

---

① 埃洛希姆(Elohim),即上帝,希伯来文《旧约》中常以此词称呼上帝。——译者

我们的自信心告诉我们，上帝永远支撑着我们，而我们的敬慕告诉我们，我们总是能使我们在上帝面前站立起来。在被创造的意识中，通过说出表达对上帝信赖的"你"（Thou），我们体验到"我"（I）如何转向上帝。并且，在我们也能够去创造这种意识中，通过神对我们说那行戒律的"你"，我们认识到神如何显示他的"我"。我们造访上帝，上帝造访我们，只有两者的联系才能造就一个完整的"我"。把握这种统一性是犹太教的本质。

但是，在这种统一性中，亲近即存在之源和遥远即存在目标之间也有着一种内在的张力，两者共存在唯一上帝之中。在给予我们的和要求我们的之间也存在一种张力，它们统一在人的生活中；在生命借以存在的和生命借以应该存在的之间存在着一种张力，其统一性在生活的意义中。这种紧张在犹太教中展示出一切宗教体验的独特特征，并将犹太教与单纯神秘主义或单纯理性主义区别开来，后面二者缺乏由尖锐对立的两极构成的那种典型统一。这种统一是矛盾对立的结果——价值的必然性与对价值的热望相统一，现实的必然性与对现实的追求相统一，限定性（definite）的戒律必然期望远遁（distant）和绝对，而对远遁和绝对的欲求也必然期望限定性的戒律。在这种统一性中隐秘与解答、疑问与知识、怀疑与拥有（possession）、希望与现实成双成对地出现。在将对立面统一起来的紧张中，生活本身转化成巨大的悲剧性渴望。

至此，犹太教第三个巨大的两难论题明显地表现出来，上帝，它的本质是无限的爱，但却在排他性正义中找到了特定的表现。拉比解释《圣经》对上帝的称谓意味着：耶和华就是埃洛希姆，埃洛希姆就是耶和华；"主，即是上帝"。具体到人，这个观念意味着我们的生命在上帝那里找到它永恒的价值,但若没有人的成就,生命就没有任何价值并且是邪恶的。上帝赐恩给生命,但上帝也对生命提出要求。人之为人是因为人为上帝所创造,但人只有依照上帝的戒律创造自己的生命时,人才获得了真正属于人的地位。

在犹太教的根基中,存在一种意远旨高的乐观主义,这种乐观主义以一种清晰的形式表达了对生命意义的信仰,以及对人通过这种信仰而创造的价值的信仰。生命有它的源头——"因为在你那里有生命的源头"(《诗篇》36:10)。生命也有自身的所为——"人活着不是单靠食物,乃是靠耶和华口里所出的一切话"(《申命记》8:3)。上帝了解每一生命,并对每一生命陈言。我们可以对它祷告,接受它的忠告:"我与你同在。"(《以赛亚书》41:10;43:5。《耶利米书》1:8,19;15:20)"我应允你们","耶和华啊,请说,仆人敬听"(《撒母耳记上》3:9)。我们的生命就既有意义也有目的,它们是些手段,借助它们,我们的生命真实地被实现。由于这种意义和目的,生命就不仅是时日的延续,生命是一个统一体。生命有自身的挚爱与使命。宗教给予我们的不仅仅是有限制的爱,我们的全部生命应当为爱所充满,因为上帝总是眷顾我们。宗教为我们设置的使命也不是孤立的,我们的全部生命就是我们的使命,因为上帝每时每刻都对我们陈言。宗教也不是存在的单纯的附属物,它无任何遗漏地将自己显现给生命,而生命又显现给我们。生命在宗教中完整地拥有自己,必然地拥有自己,借助宗教,生命获得了意义和价值。

所以,先知时代的犹太教曾将宗教看作是生命的实现,可谓入木三分，言深旨远。在宗教中，生命找到了自然成长的土壤，生命在这块土壤中被创造，并走向生命造就的终点。在宗教中，人找到了自己真实的自我。或者用现代术语表达这个古老的犹太观念，找到了自己生命的形式（style）。先知们和赞美诗人说明了人的生命如何在上帝那里找到了自己的必然性，如何因相信上帝而得到升华。"靠你有力量，这人便为有福。"（《诗篇》84：6）"但那等候耶和华的，必重新得力。他们必如鹰展翅上腾。"（《以赛亚书》40：31）"主耶和华是我的力量！他使我的脚快如母鹿的蹄，又使我稳行在高处。"（《哈巴谷书》3：19）当他们说到那些未认识到上帝的人时，他们归因于灵魂的荒芜（aridness），就像"沙漠中的树住旷野干旱之处"（《耶利米书》17：6）。先知和赞美诗作者尤其谈到心灵对生命现实性的渴望，即对上帝的渴望。对上帝的极度渴望——"我的心渴想神，永生的神"（《诗篇》42：2）——表达了人渴望超越自身的神奇的经典性想象。要超越所有的因果链条，超越世界的限制，超越人类存在的世俗及属人的内涵，超越日常生活的平庸与肤浅。这就是人要求从包围他的孤独与恐惧中解放出来的渴望。

《圣经》经常地谈到人的孤独，赞美诗作者称他那渴求着的灵魂为"我的独一者"（《诗篇》22：21；35：17）。人似乎被孤独团团围住。人似乎处身于世界中间，处身于无限的空间和不尽的时间——这是古代希伯来语称呼世界和永恒的仅有的用语——的中间。与这种时间和空间中的孤独相伴，产生的是由因果链条所规定的有限生命转瞬即逝而造就的孤独。这是一种被弃绝的感情，一种服从于必然性的感情。《圣经》中经常用来表现这种感情的形象说法是：深夜幽暗。没有神的生活陷入一种孤独的黑夜，即使对那些置身人群中的人来说，即使对那些贪恋快乐和权欲的人来说也是如此。较之人因为不为同伴所理解而产生的孤独，或者那些为同伴所抛弃的人的孤独，那些只知道同伴并只关心此世的人所产生的孤独，这种孤独更为可怕。这是那些心灵远离真实、永恒和高尚的人的孤独。在这种孤零零的状态中，当人要解答他无法逃避的关于生命的问题时，他就会因失望而感到忧心忡忡。

严格来说，从这种恐惧——对无边无际黑暗的恐惧以及对单纯俗世及人的孤独的恐惧——中产生出一种渴望，即说明并与作为永恒创造者的唯一神调和一致的渴望。了解这一渴望，并总是把这一渴望与探寻联系在一起的人，被从孤独中拯救出来；他的黑暗充满光明，他的心灵摆脱了绝望，"耶和华啊，你是我的灯，耶和华必照明我的黑暗"（《撒母耳记下》22：29）。"在你的光中，我们必得见光。"（《诗篇》36：10）谁知道自己密切地相关于那唯一的和永恒的上帝，谁就不知孤独，因为他的生命绝不孤单。无论我们与我们的同伴有着多么亲切的关系，在我们心灵的内在深处，我们仍感孤单，因为每个个体都是世上的独特存在，孤单是个体的构成部分。只有在上帝那里，生命才找到平安（peace）。平安——这是以色列人赋予新意的单词之一。世上的一切争斗都使人感到厌倦。但在与上帝的统一中，人找到了自己的居住地和拯救者，他的平安。"除你以外，在天上我有谁呢？除你以外，在地上我也没有所爱慕的……神是我心里的力量，又是我的福分，直到永远。"（《诗篇》73：25以下）"倚靠耶和华，以耶和华为可靠的，那人有福了。"（《耶利米书》17：7）

这福以"平安"一词为归依——"神……赐你平安"(《民数记》6:22)。"愿平安康泰归与远处的人,也归与近处的人,并且我要医治他,这是耶和华说的。"(《以赛亚书》57:19)

为了感受到与上帝的接近,我们需要与他人保持一种间隔,如果我们不想将自己沉沦在远离上帝的真正孤独中,我们在世就必须有一个孤独的时期,那时我们的心灵固守自身,我们疏离其他人。如果我们不想在世上堕落,我们就必须自我审慎,记念着我们的心灵和上帝。在人类心灵的最内在深奥之处,偶尔有着对那种作为禁欲主义最牢固的根基之一的孤独的欲求。借助祈祷,它满足了人类的需要和宗教必然性,这是以色列人取得的一个历史性成就。祈祷的目的是力求让我们单纯与上帝在一起而与其他人分开,并在世界之中给我们以隐居之地。甚至当上帝之家为众人所挤满时,我们也想寻找孤独,孤独使我们与我们自己,与上帝在一起。如果我们的生命为挚爱所充满,我们就必须经常地弃绝在世的方式,以便我们能够分享上帝的平安。

犹太人的安息日被用来给人以享受平安的时刻,这一时刻完全与日常生活相分离,在世界之中为人提供一个离开世界的隐居之处。安息日是"可喜乐"(《以赛亚书》58:13)之日和"心灵充实"之日。安息日的法规之墙被有意识地建得很高,以保证在劳作日世间的喧嚣不能侵入这块神圣领地。由于这种精神,安息日成为举世无双的诗歌盛会,在那里,安息日的平安不只是忍让那艰辛而又受压迫的存在,而且用金色的阳光美化它。所以,安息日歌曲成为家庭传唱的歌曲并不令人惊讶。"我在世上寄居,素来以你的律例为诗歌。"(《诗篇》119:54)

当前更为急需的是古老安息日的复苏,古老安息日就像《圣经》中表达过的那样,是"我与以色列人永远的证据"(《出埃及记》31:17)。为安息日而战就是为成为神圣(consecration)而战,就是反对生命不断增长的世俗性。谁的生活为虔敬所充盈以至于他可以不守上帝的约在休息日工作呢?如果许多为生存劳作的人不守安息日,可以允许自己挣脱安息日的人们又在何方呢?

犹太教给予人类的丰富遗产之一,是造就了一种世俗,即为值得敬慕的信仰设定了固定的时间,在这段时间内,公众的良心被唤醒,神灵对人的心灵诉说。在这种场景中,伦理追求与神之侍奉相联系,通过布道,我们再次了解到我们意欲何为。我们也许不能对别的什么——因为我们是唯一的人类——说什么,这也许并且一定是通过上帝的语言指点给每一个人。我们或许常怀慈悲之心,但上帝的话语严苛有加亦属正当。以上帝对正确和真实的极度热心,带着对下界极度的愤懑,上帝的语言或许恰好用于反对日常生活中被局限于世俗领地之内的中规中矩的感情。《圣经》中坚定而又刚强的直白之言被用以摧毁软弱的俗见,这种俗见极容易满足于妥协和掩饰自己锋芒的圆滑精明。相对于在外部世界中支配与规范我们的准则,我们需要经常不断地唤醒这样一种意识:"神是审判我们的,耶和华是给我们设律法的。"(《以赛亚书》33:22)

与安息日一道,犹太教创制了庄严肃穆的节日(seasons),它们连接起来如一根神圣的纽带贯穿于一年之中。通过揭示出存在的真实含义,这些节日将我们的生活凝聚在一起,使生活不至于分裂为单纯的时间延续。在我们的生活中,我们一定会发现许多特殊的机会，在我们前行的路途上劳作与休息之间会有一定的间隔，那时生命的意义可能会再次突然出现在我们面前。后来的宗教或后续的历史阶段不可能为犹太的神圣节日增添些什么。或许外观上有所改变，艺术上有所更新，但绝不能改变神圣节日的精神内涵。在这方面，以色列人的创造力再一次显示了它的威力。

综上所述，不能确切地断言，上帝信仰在以色列人历史初创时期没有达到最终的明晰性。同样也不能确切地说，最终达到的高度并不因为它必须被首先抵达，而弱化其意义。不管怎样，我们要强调一点：所有一切表明，远在先祖①时代，就产生了新宗教，而关于神的纯粹知识可以追溯到摩西。后继者都以摩西为先驱，摩西是"先知之父"。

由于所有宗教都试图用某种方式去表述根本上不可表述的东西，故每一种新的宗教都不得不创造自己的语言。然而，语言的精确化必然，但也是缓慢地造就了思想的独特性。经常是丰富的思想能被完全明晰化，而语言却不能构成思想的内容。另一方面，世界借助符号化功能传递的东西或许比它公开展示的东西要多得多。所以，在《圣经》的解释中，人或许会顺从于严重的谬见，如果他无视符号化功能和一系列起关键作用的理念的话，这些观念是语词的根本灵魂，专门用作检讨作为观念载体的语言之用。这种情形经常发生在对《圣经》进行唯物主义解释上，唯物主义的解释仅从《圣经》语句中剖析出最浅显的可能性意义，夸大对

---

① patriarchs，《圣经》中指亚伯拉罕、以撒和雅各，或雅各的12个儿子中的任何一个。——译者

《圣经》语句的理解。这种做法过于吹毛求疵却又缺少判断，那些最崇高的段落被加以最普遍的意义而遭到诋毁。这种做法将诗转变成为最平淡无奇的陈词滥调。这是狭隘地专注于物而必然导致的结果。

这种做法特别适用于《圣经》中最经常使用的称呼上帝的名称：耶和华。尽管耶和华原初——不管这种历史有多长时间——是用来表示众神之外的一个神，但最终耶和华成为那唯一的神，耶和华是唯一，而关于耶和华，所有民族都说："神真在你们中间，此外再没有别神，再没有别神。"(《以赛亚书》45：14）总而言之，从产生这个说法以来，耶和华就不再是用以将一神与别的神区分开来的适当的名称；耶和华指称着"上帝""永恒者"，他归集了所有象征，统一了全部隐秘与必然性；耶和华可谓是无名之名，独自在自身中使意义更新。不过，假如关于《圣经》的现代翻译，在某些明确说明上帝的统一性和唯一性的段落中，坚持不说上帝的爱和正义，或者永恒者的爱和正义，而是说耶和华的爱和正义的话——这不是要阉割这个词语的真正精神本义吗？例如，单纯的卖弄学识或者自吹自擂的浮夸导致那种赞美诗作者式的祈祷："耶和华啊，你已经鉴察我，认识我。"（《诗篇》139：1）"你出你入，耶和华要保护你，从今直到永远。"（《诗篇》121：8）或者使虔诚的约伯说："我赤身出于母胎，也必赤身回归，赏赐的是耶和华，收取的也是耶和华，耶和华的名是应当称颂的。"(《约伯记》1：21）在这种翻译中，《圣经》的话语被剥夺了真实的本义。

然而，在另外一个完全不同且更为基本的方面，先知、《赞美诗》作者以及以色列哲人（sages）所颂扬的上帝，即唯一神，它的意义也已被误解——这种误解有时就发生在犹太教本身。人们抱怨在犹太教内部,关于上帝的观念有某种放任自由的思想倾向,是恰如其分的。某些犹太人似乎认为犹太教完全被包含在伦理戒律中,信仰上帝不过是一种单纯的崇敬。这种粗鄙的浅薄不可能对犹太教产生影响。真实的情形是,犹太教把最高价值赋予道德行为,只是使用道德属性刻画上帝,并且将信仰的上帝与道德律法的上帝相等同,因此对犹太教来说,不相信上帝,不去完成与侍奉上帝完全不同的义务,就没有伦理学。在犹太教看来,上帝是德性的根基与必然的保障。

犹太教所要求的决断不仅是伦理性的,从根本上说它还是宗教性的,是对唯一神的信仰决断。在犹太教看来,信仰上帝不仅是宗教的一个部分,而且更是其生活的根本源泉和对现实的真正知识。犹太教伦理学的基本本质是伦理学的本质,是上帝的戒律。犹太教并不仅仅认识与义务和律例相关联的有限生活——这不过是单纯道德主义的观点。应该说,犹太教发现并体验到存在的意义在于信仰上帝,借助这种信仰,受情欲、习惯等所支配的生活就转而与上帝相关联了。只有遵行此道,宗教才能升华为伦理的宗教,并且也只有这样,伦理学才能成为宗教的伦理。体现在有限德性中的那些明确而受限定的律令在这里就被升华到无限的境地,有限的生活融入永恒,戒律的领域融入信仰的世界。在这里实现了起源的神秘性与道路的必然性的统一,实现了信仰与道德律法的统一。犹太教的特征在于它的上帝信仰的完满性,它不允许信仰有任何暧昧之处或动摇不定,要求公开明了的信仰表白(confession)。人对这种弥漫于他的生活中的意识把握的程度,就是衡量他对犹太教从精神上接受程度的尺度。

正是为了这唯一的神,那创造和支配的唯一的神,犹太教的殉道者不惜牺牲生命;正是为了这个上帝,成千上万的人,作为真理的见证者,抛家舍业,摈其所有,从堕落宗教的迫害中拯救自己。在上帝信仰中,犹太教的历史获得了意义,它的史诗般意义。谁在那唯一的、仅有的神那里找到自己存在的根基与目的,谁就体验到了犹太教,他也就是一个真正的犹太人。这种犹太人,面对永恒,其心灵就会听到上帝的召唤,并为无限所簇拥,他就能够以自己的生活阅历和理解宣布:以色列的精英在决断和启航的时刻就已经说过:"听着,以色列人哪,主即我们的上帝,主是唯一的。"

信仰人

1. 信仰自己

从对上帝的信仰产生了对人的信仰。上帝创造了我们,上帝与我们同在,我们这样做是作为自由、独立有伦理行为的人。在此,犹太教有别于泛神论的救世思想以及简单的神秘主义,因为后两者认为上帝存在于万物之中且万物存在于上帝之中。从这些宗教观点看,创世者与创世本身实为一体。

虽然犹太教把人看作是自由和独立的,但是人并没有与上帝完全分离,也没有完全外在于上帝。这里犹太教的观点与"道德"神论和理性主义有所不同。因为这两者只认识到一个可望而不可求的遥远的上帝,一个只是作为思想存在的上帝。然而,犹太教既不是一种没有戒律的宗教,也不是一种没有神秘色彩的宗教。犹太教的上帝不只是存在于宇宙万物之中的上帝或凌驾于芸芸众生之上的上帝。只在今世或只在来世,犹太教都无法寻找到宗教的真理。而犹太教对上帝的信仰突出地表现在它始终坚信这两个世界的统一,并由此产生了对上帝创造的人的信仰。

所以,对人的信仰也受到了整个犹太教中各种矛盾因素的限制。一方面,我们面对上帝——区分上帝与人是犹太教的基本观点；上帝是造物者，是神圣的唯一，与尘世和凡人不同并相分离。另一方面，我们又与他相联系；我们的生命与自由来自上帝，将来要归还给上帝，保留在上帝那里。犹太教中所有的信仰都是对人与上帝的某种联系的信仰。我们的生命拥有这样两个世界：一个是现世的世界，另一个则是永恒的赎罪悔过的世界。生命同时具有尘世和超越尘世的存在。它是一个有限的、确认的事实，又具有走向无限的使命。同时，我们的灵魂是最具个性的。从心灵的最深处和内心中永恒的部分，它把我们区分开来，人人如此，由此也就产生了各种各样的个性。尽管灵魂是个性的表现，但又如犹太教的思想家们指出的，它是上帝和人之间的中介。事实上，灵魂是内在于我们的神灵，源于上帝又融于上帝，成了所有宗教中神秘成分的基础。灵魂又是个性的中心，是人的命运的自由的推动者，存身于宗教中道德成分之根深处。人与上帝之间、自由与永恒之间有一个契约，它存于宗教中这两种成分的对立之中。对于犹太教，宗教不只是提供了人与臣仆（attendant）的概念，也不仅仅是揭示了人的命运和臣仆的神话，它提供了对人的信仰。

《圣经》在描述人的本质时，指出人是按上帝的形象创造的（《创世记》1：27；5：1）。也就是说，人是上帝的一种特殊显现。人在上帝身上找到了源泉和目标，因为上帝是"我"，人的"你"。生活中，人可以发展上帝所赋予人的神性。人的生命往来于他和上帝之间。命运注定人是仿照上帝创造出来的。虽然这正如犹太教关于上帝的论述中所说的，这只是一个比喻，但其含义是无穷的。当时第一次使用这一比喻的人们可能没有完全认识到它的含义，它已变成了一个永远的象征，一个人提出"人"的宗教和道德观点——即人的尊严的观点——的原则。人们之间的差别不管有多大,他们与上帝之间的相仿是共同的。正是这一相仿确立了人。上帝的契约是对所有人的。不是这个或那个单独的人,而是所有的人都是按照上帝的形象创造出来的。人的生命的全部意义也在于此。认为每个人是"上帝的孩子"(《申命记》14:1)的说法是《圣经》中另一个认为每个人都是按照上帝的形象创造出来的说法。每个人都同样拥有最重要的东西。人有不同的位置和使命,人都有高尚的情操。对某一个人的否认就是对所有人的否认。在界定种族与国家、特权与阶层、主人与仆人、才能与权力时,首要肯定的是"人"。凡是人,都有与生俱来的尊严,也可称作人的尊严的表现。

《圣经》强调这种统一的内在联系,认为人是按照上帝的形象创造的。在创世伊始,便列举了世上所有的人,称"七十部族"(seventy nations)。这表明了他们是一棵大树的分枝。不管他们多么纷杂、分离,所有的民族仍由最根本的根源统一着。这样,在古代只有犹太教把人看作是一个整体的、世上的大家庭——这种观点是一神论所固有的。当人类分化为不同的群体时,相应于多神论就信奉诸多的神,一神论中的"一个上帝"的观念适应于一个人类。一个人类的观点同时与以色列历史使命的观点相符,这种使命基于人类整体的理想的统一。当然,这种统一深深地根植于人是上帝的类似物,即所有的人是"上帝的孩子"的观念中。这一观点将在其他几部分内容中分述,这并不意味着忽视了它是犹太教中具有明显特征、本质的部分。从犹太人的国土上产生了一个人类、一个世界——遵循戒律将使世界成为一个统一体——

的学说。

凡能把人看作一个整体的人同时也就是能够理解每一个个体的人。如果能看到人的出身、使命，那么这些具有决定意义的特征就会在所有的人身上找到。如果所有的人能在本质上被统一起来，那么一个人就可以代表所有的人。对世界的理解以及对人的理解就会有助于对个体的人的理解。但正是由于这一共同的出身、使命，才使人具有了个性。按照上帝的形象创造的人保证了人具有统一性。因此每个人都具有非凡的存在和价值。所有宗教的特点就是它能使个体从大众之中脱颖而出。这明显表现在最早期的信仰上：cura pii dis sunt（虔敬之人受神眷顾）。人在祈祷时总保留一点人本位的态度，在祈祷时人自以为是世界的中心。即使是在这一点上，犹太教也有其独特的一面：人不是接触众神之一的小神，而是屹立于天地间的造物主、唯一的上帝面前。

但犹太教给人最重要的东西是使人能够感受到作为个体的人应有的尊严的道德意识，那种他与上帝相仿的观点。这一观点的本质是人具有神的精神上的标识：他感到他的个性来自心灵的最深处，真切地感受到上帝的恩典。因为如果是上帝之子，每个灵魂都有其永恒的意义；没有不同的人群，只有按照上帝的意愿造就的人。这样，每个灵魂都是宇宙中的一个世界。正如《塔木德》所说："知道因你的缘故这世界被创造。"短语"以色列人中的一个灵魂"正是基于这样的教义。"谁拥有以色列人的灵魂谁就拥有完满实现的世界"，因为他挺立为人。

如此看来，每个人都有一定的独立人格。就像古老的格言所说，每个人都是"为自己而被创造出来的"。就每个人各自的独特性来说，他是上帝的显现。所以我们不是崇敬权势者或民众，不过是崇敬人本身，甚至是最贫穷、最没有价值的人。我们不仅相信善良的高贵的人，而且相信一切人，因为人都有自己的灵魂。我们必须信仰我们自己，信仰所有的人，因为都是依照上帝的形象被创造的。关于人的价值，恐怕只能够说这些，没有更高的尊贵可以赋予人。一位古代的拉比从这种学说中正确地把握了犹太教最基本的创造："西蒙·本·阿扎艾（Simeon ben Azzai）说'这是本关于几代人的书：在上帝创造人的日子里，上帝他（He）比类上帝形象创造了他（him）'——这个主张（sentence）包含了《托拉》的本质。"

在表达自身要求的承诺中，这个主张愈发包含了《托拉》的本质。可以说，作为上帝之子，主要是信守戒律承诺。因为恩赐予人的越超乎寻常，由它生发的责任就越发广泛。在我们生活中不可比较的意义内蕴涵着无限的命运：你是神圣的，所以要证明你自己是神圣的。人是依照上帝形象创造的意味着对人的要求是最高的。伦理任务就是所有人的任务，它是每个人都可以具有创造力的一个领域。《圣经》给予这种学说以经典性表述："因为我耶和华你们的神是圣洁的。"（《利未记》19：2）这是能够放在人面前的最高理想：越来越像上帝。

人于是被赋予了创造和实现的最高权力。世间存在的一切有用的东西均由人来生产。从好的方面讲，人成为创造者，把对永恒和无限的证明带到这个世界上来。人的善行来源于人的个性和本性——只要是发自人的自身，这便是创造。犹太教中的这种创造力被称为灵魂的净化。古代的祈祷语用这样的话来表达犹太教的声音："上帝，你赐予我的灵魂是纯洁的，你创造了它，你用呼吸送入我身中。"现在这已成为犹太教祈祷经的引言部分。创造力在此被看作是纯洁、自由的灵魂净化。人的创造力是上帝赐予的。这是生活的主导原则。人因这个原则亦为了这个原则而被创造，于是反过来人也可以成为创造者。由于这个原则，人可以通过行善事如觉悟、忏悔等获得自由。在纯粹意义上，这是个秘诀，是创造的来源；从自由角度说，自由是需求，存在于创造的道路上。对秘诀和戒律的肯定，产生了对自由的肯定。如果我们印证了起源及其奥义，我们就体验到了纯粹；如果我们找到了道路，实现了目标，我们就体验到了自由。自由是因为人的灵魂的净化，人需要完成的及能够实现的任务。自由不是神恩赐的礼物，不是明确分配给人的。它是人的生活中的一个伟大的戒律，正如古语云：自由写在西奈山的两张桌子上。自由是人一生的使命——一项使人能够真正地生活和实实在在地生活的使命。"所以你们要守我的律例、典章。人若遵行，就必因此活着。我是耶和华。"（《利未记》18：5）

在人的生命中有一种有创造力的伦理力量，它可以使人超越存在的限制。这一伦理力量包含人的生命，但同时又高于生命；它反映了人，即与神相关的人的最人性的品质；在有条件和被给予的生命中，它是无条件的、创造性的。人的生命偶然属于自己，但却被赐予力量使之圣洁，也就是与单纯世俗的及人性的东西区别开来。就自由而言，生命的自由产生于生命自身之上。甚至像上帝一样，人为自己的生命制定法规。现在人能够感受到对自己生命和本质的尊敬，能够感受到自由人对伦理戒律以及道德高尚的感情。这种尊敬与谦卑不同,它是被创造者的感情,所以,只能在与上帝的关系中体验到。由于自尊,我们明确了我们的位置,我们在伦理世界中拥有的自由的位置,由此,我们走向责任的世界。在犹太教中,没有多少声音比自尊之声更响亮。道路永远在我们脚下,方向坚定而又永无止境。我们将会变得神圣,就像我们的主——上帝一样神圣。

人因此被赋予了最高的可能性标准:人的评判与上帝相关联。这包含了永无止境的奋斗、无终点的(自我)实现与发展,以及永远无法完成的成就。对此,犹太教与古代人的态度,尤其是古希腊人的态度有所区别。人应该伦理地把自己升华到神灵的境界,这一点与希腊智慧格格不入,更不用说希腊的神灵并不向人提供伦理理想。品达(Pindar)曾在一段概括了希腊宗教的句子中说:"不要像宙斯一样奋斗。"结果,希腊宗教并未在宗教趋向中包含伦理努力。因为缺乏理想,这种对生命的传统认识包括了某种程度的自我满足。因为缺少了绝对义务的思想,所以它缺少了神圣的不满。在真正的古希腊文化中,奄奄一息的朱丽说:"我死而无憾,因为我生而无过。"这可与摩西之死的故事或《约伯记》中的话相比较:"看,主不信靠他的臣仆。"(《约伯记》4:18;15:14以下)对以色列的宗教来讲,善无止境。"一个责任产生另一个责任。"伦理法则,以及永不休止的"你将要"立于人们的面前,要求人的一生遵循,使之成为无尽的善行的一部分。人的伦理意识是对永无止境的责任的认识。由于人对自己的责任、责任的本质的尊敬,人感到对自己的尊敬。因为在他的戒律之上有这样的话:"我是主,你们的上帝。"

然而，对这项无尽的使命，人只有有限的能力。"时间短，任务重。"没有人能完成自己的使命，人总是落后于他的理想。《塔木德》描述了一个伪宗教的例子，一个"道貌岸然的人"自以为是地说："我完成了我所有的使命，告诉我，我还可以再做些什么。"既然全部完成自己的使命是神圣的，也是不可及的，即使是上帝也只能如此，那么声称自己完成了远比必须完成的还要多就是荒谬的。犹太教教义重申在上帝面前人不可自夸。人可以去奋斗、去斗争，但绝不会十全十美。"你不可能完成己任，也无法摆脱此任。"

人对自己生命的尊敬同时表现了犹太教中典型的紧张关系——即存在于敬畏上帝与热爱上帝，在上帝面前感到谦卑与在上帝面前充满自信，上帝的遥远与亲近，人拥有上帝与上帝可望而不可即的矛盾态度之间的紧张关系。虽然目标遥远，但通向目标的道路就在眼前。没有目标就没有道路，没有道路就没有目标。尽管伦理是人一生要追求的目标，而且永无止境，但这仍是不断走向远方的一部分。生命有限，但我们肩负的使命是无限的；戒律无处不在，戒律皆需遵守。这一紧张关系同样存在于纯洁与自由、现实与实现之间。被赋予纯洁，它是我们的精神追求，但自由则要求我们经过奋斗才能实现。这样，我们所拥有的东西再次成为我们的目标，而目标则永远在我们的自身之中。遥远的目标和眼前的目标再次交融在一起。人选择的生活就是走向上帝之路，同时这条道路又始于人的足下。

于是我们发现了第三个伟大的信仰悖论：人的意义和人的有限性之间的反差，我们存在的理想与它的现实性之间的反差。我们目标崇高却永远无法实现。我们永远信任自己,却从不能完全做到。原则地解释这一观点即是:善是内在的,拥有我们的心灵和力量,同时又是超越宇宙的,是我们内心永无止境的使命。我们将是圣洁的,然而世上绝无人能达到这种圣洁。上帝按照自己的形象创造了人,我们是上帝的子民;我们在论及此点时,我们谈论的是一个非常遥远的目标。甚至摩西也犯错误,由于他的原罪,他丧失了生命。宗教中自相矛盾的是它给予我们终生受用的价值,但又要我们去追寻一个永远无法获得的价值,这是生活悲剧的源泉。

这是宗教中最后的(last)一个悖论。正如我们所看到的,这第一个悖论是上帝创造了人的悖论,相互冲突的方面表现在,上帝是遥远的,外在于一切人的神圣的唯一,而同时上帝又是亲近的唯一,是我们心中的上帝,意蕴深远地与人密切相关。这是这样一个悖论:上帝既是深不可测的、神圣不可称呼的唯一,同时又是我们存在的原因及生命的源泉。

第二个有深远意义的悖论与人的自由有关——即人作为被创造者和创造者之间的反差,人的出生、命运皆已命中注定但同时人又是独立的,可以自由地选择自己的道路之间的反差。

第三个悖论与人的价值有关——上帝创造了生命,生命具有永恒的价值和意义,然而生命又是有限的,虚无缥缈和毫无意义的,除非人以实际行动来创造它。生命是神圣的,然而人须使之神圣。尽管生命是由上帝创造的,人仍需凭自己的实际行为才能进入上帝的国度——因为人的生命应该是神圣的。最后一个悖论由前两个悖论组成。在这个悖论中,被创造者的感情与伦理感情融合为一。在人——作为被创造的生物——体验意义上,神是亲近的同时又是遥远的悖论转变为自由的悖论,在自由中人体验到就他生命的使命而言上帝是实在的,而就他生命的目的而言上帝是超越的。上帝与人以及人与上帝之间的契约、人类起源的奥秘和对戒律的领悟融入总体性的秘密及对人类生命的领悟,反差对比的因素在此构成最绝对的确然性及其统一。这确然性及其统一只是一种哲学意义上的假设或武断的看法。它们构成了宗教的现实和人类的真正生活。

因为犹太教强调个人在上帝面前永无休止的责任,所以第三个悖论具有更重要的意义。人必须不断地在上帝面前反省自己,向上帝忏悔。这一思想使人达到理想境界的可能性成为明显的事情。就人的自由来说,人面对的是全知全能的上帝,他是"审判全地的主"(《创世记》18:25)。他"不以貌取人,也不受贿赂"(《申命记》10:17)。上帝"鉴察人心、试验人肺腑,要照各人所行的和他做事的结果报应他"(《耶利米书》17:10)。"我往哪里去,躲避你的灵?我往哪里逃,躲避你的面?"(《诗篇》139:7)这一思想在古典犹太文学作品中也有所反映:"你每天都在被审判","知道什么在你上方:观察的眼睛,倾听的耳朵,你的所作所为将被记录下来","他是上帝,他是创造者,他是造物者,他无所不知,他是法官,他是证人,他是起诉人,他来审判"。生与死使我们了解了这一审判:"知道你从何方来,去向何方,向谁忏悔,向谁负责。"相信"没有审判,没有法官"被看作是万恶之源。在上帝面前承担责任已成为新年的祈祷语,后来成为有名的"最后的审判日"。这一天,我们的灵魂再一次感受到向上帝忏悔的需要。

戒律一再要求我们以上帝赋予我们的天职来检验我们的行为。所以生命就有了永远无法逾越的标准，但人须为之不断奋斗。人成了自身的审判官；人根据上帝的戒律对自己宣读判词；人超越了其他同类人对他的评判。人的自由会是无限的和永恒的，只因畏惧上帝而受到限制。人的自我修行成为对理想的追寻。这一理想不仅仅是思想的启蒙，还是一种行动。追求理想的自我修行是对每一个新开端、每一个新决定的善意告诫，因为这源于对上帝的尊敬。然而，自由人的自我修行则不仅仅是承认人是由造物主创造的，而且人具有独立性。人和人的自由必须遵守戒律。这不仅是上帝为人指引的归宿，同时也是上帝为人指定的道路。

人永远由上帝来审判。我们生活中的每项职责就是上帝的戒律，我们永远愧对上帝。对上帝的内疚表现了人的本质中世俗的一面，这反映了自由的必然和戒律的约束之间的矛盾。但是，人的独立性同时会产生罪恶和灾难，它可以成为桎梏，束缚着命运的"自由"。人犯罪并不是当他不思进取时，而是当他违背了上帝的要求，采取放弃或是反对上帝的方式，因此而背离了自由，使其失去了根基和纯洁的灵魂。人背离和放弃上帝的做法便使其生活漫无目的，犹如《圣经》中所说的原罪。人因此而变得孤独，迷失了方向，与上帝分离。这不是一般意义上的孤独，而是在寻找上帝，实现灵魂净化过程中体会到的更高一级的孤独。这是迷失方向和被遗弃者的孤独，分离和无家可归。他们与他们的根基和灵魂净化相分离。灵魂的生命已不再延续和发展，因为灵魂已变得陌生和肮脏。《圣经》中指出：原罪是肮脏的，背叛的，是生命的枯竭。在原罪里，生命不是别的而是罪恶，人成为罪恶的对象。"恶人必被自己的

罪孽捉住，他必被自己的罪恶如绳索缠绕。"（《箴言》5：22）

因为这是人的罪，人便有了灾难。上帝"将生与福、死与祸陈明在你面前"（《申命记》30：15）。从犹太教的观点来看，并无原罪本身，只有人的原罪，个别人的原罪。犹太教没有关于原罪的传说，亦即罪恶的传说，原因是犹太教的预言者销毁了这种传说的基础。犹太教对人作为客观存在要忍受其结果的原罪说一无所知。对犹太教来说，原罪是当一个人背离了上帝而使自己仅仅成为一个客观存在时所犯的罪。人不是命中注定有罪而是注定犯罪。"你的罪"（《出埃及记》32：30），"你有罪"（《民数记》32：23。《申命记》9：16，18），"罪恶的灵魂"（《以西结书》18：20）——《圣经》中是这样评说人的。

然而，犹太教对究竟什么是人并不保持沉默。犹太教并不是要揭露人的缺点。犹太教不断地指出所有的生命都有缺点，如诱惑、"邪恶的诱惑"（《创世记》6：5；8：21）、"使人犯罪的欲望"（《创世记》4：7）。犹太教了解生命各个方面的联系与交融，它的继承和依附关系。它了解习惯、邪恶的方式、冷酷的"恶生恶"。犹太教谈及"父亲的罪孽"（《耶利米书》32：18。《出埃及记》20：5；34：7）以及"地的罪孽"（《撒迦利亚书》3：9）。但它并不接受恶是人类必然固有的。"原罪"一词在犹太教中指的是对人的行为的审判，而不是对其命运的描述。人可以选择上帝或反对上帝，继而产生原罪并因此承担责任。人是自己行为的受害者。全能公正的上帝就是惩罚的上帝。

人站立在上帝面前，该如何面对上帝？这里谈论的是信仰的决定性问题。的确，我们的内心世界分为神圣的和尘世的。但是原罪不是把人们的神圣世界和尘世世界分开了吗？的确，我们都是上帝的子民，但是当我们内心无神时，也就是原罪降临时，难道我们还是上帝的子民吗？我们的灵魂是纯洁的，但是当我们的灵魂受到束缚，屈从于邪恶和毁灭，难道我们的灵魂不是肮脏的吗？难道上帝和人之间没有裂缝吗？于是也就没有了人及上帝和上帝及人之间的道路吗？犹太教获得的对这些问题的答案表明，矛盾可以通过"皈依"和赎罪的方式来解决。

人可以"皈依"自由和纯真，皈依上帝和生命的现实。如果人有罪，人总是能够回到和找到走向上帝的道路。这远远超越了尘世，超越了生命的界线。他可以使自己再次变得神圣和纯洁；他可以赎罪，他可以重获新生。人总是不断地尝试新的道德观。选择与实践，自由与行为等使命永无完结。犹太教对活着的人说——"皈依"！"皈依"并不能曲解为"以苦行赎罪"。这种皈依（this teshuvah），是指人绝没有被剥夺的赎罪，通过赎罪，人总能够获得新生。"离开尘世前，皈依吧。"

对犹太教来说，赐予人，人及其追寻的道路——从上帝到人以及从人到上帝——永远是敞开的。不论我们如何违背和偏离主的意愿，这条路永远在我们面前。因为上帝与人之间的契约是永恒的，不论我们是如何玷污自己，如何受这一契约的磨难，我们仍是上帝的造物，因而我们或许会自我创造。我们的生命已承受了上帝的秘传和戒律。从上帝那里，生命找到了永恒的源泉和目标。即使我们有罪，生命依然有秘传和目标。正如生命可以被罪孽分离，对生命的否定，生命仍可以通过赐予我们灵魂的肯定力量使之再次成为完整的一体。我们不受命运摆布，我们的罪孽不是命中注定的，而是我们犯的罪。既然是我们犯的罪，我们就能够寻找到源泉，探究生活的意义。罪孽不是命运强加的悲剧，而是由人的愿望产生的悲剧。当犯罪时，人的愿望彻底消失。但又因人的愿望产生于纯洁，成长于自由之中，所以又难以彻底分离。既然是人的罪过，人总可以赎罪，可以改过自新。

赎罪以及与上帝的统一同时表明了上帝对于人的高深莫测，明确了人在上帝面前应如何表现。人是而且永远是上帝创造的，然而，人总能够再次成为自我创造者。犹太教基本的宗教体验——永恒与人——再次相互结合，融会在一起。赎罪是无限与有限的统一，是上帝的亲近感超越了疏远。关于自新，《塔木德》这样解释《圣经》中的话："这是你的，啊，上帝，也是我们的！因此预言先知祈祷：让我们归属你吧，主啊，我们将是你的！"接着是戒律："跟我来，我将指引你们！"这些观点由拉比阿吉巴（Rabbbi Akiba）在论及宗教的基本个性时简洁地概括为："你是幸福的，以色列人，你在谁的面前净化了自己的心灵？是谁净化了你的灵魂？是在天的父！"这段话中提到的两部分包含了同样的感情。首先人感受到上帝的亲近和眼前的上帝，尽管原罪使人远离了上帝，但因为人是上帝按照自己的样子创造出来的，人从身世上说，仍是上帝的子民，尽管人的行为有时与此不符。我们的生命仍具有重要意义。虽然我们背离了圣训，但上帝所赐予的将不会被丢掉。拉比迈尔（Rabbi Meir）用这样的话解释赎罪："你是上帝的孩子，你的上帝，尽管你的行为并不像上帝的孩子。"

尽管上帝是苛刻的、绝对的、惩罚的，但上帝又是仁爱的。我们虽然有罪，但上帝仍然是我们的。因为我们的罪对他来说是可以饶恕的。"上帝没有按我们的罪过待我们,也没有照我们的罪孽报应我们。"(《诗篇》103:10)上帝与人的契约永存。如《塔木德》所说:"上帝说:'我依然如故,不论是在人有罪之前还是之后。'"这也是摩西所感叹的:"上帝,上帝:我们有罪,我们迷失路程,但上帝如故!"一位老拉比曾对那些面对神的惩罚浑身颤抖的负罪者安慰道:"你在上帝的面前,难道不是在天父的面前吗?"尽管我们的罪使我们远离上帝,但上帝却依然亲近我们。有一位先知曾说:"上帝在发怒的时候以怜悯为念。"(《哈巴谷书》3:2)这是嫉妒、严厉却又慈祥的上帝的两个方面。以色列人古老的传说中记载着罪恶使他们远离上帝,但上帝又与他们同在的事实。中世纪的一位犹太诗人所罗门·伊本·加百列(Solomon ibn Gabirol)写道:"我逃不出你的手心。"遥远的上帝离我们并不遥远,我们永远与主同在,上帝与我们同在。

《圣经》中所有关于上帝的仁爱、慈悲和宽厚在此表现了他温和、忍耐和宽容的一面。上帝"赦免罪孽、过犯和罪恶"(《出埃及记》34:7。《弥迦书》7:18)。上帝"本为善良,乐意饶恕人,有丰盛的慈爱,赐予凡求告他的人"(《诗篇》86:5)。即使是对有罪的人,也"当趁耶和华可寻找的时候寻找他"(《以赛亚书》55:6)。上帝养育了人,安慰他并接受他。上帝所有的超凡之处表现在他的宽恕和那无边的宽容。如《塔木德》所言:"上帝的伟大在于他对罪人的忍耐。"人渴望神的同情和亲近,这反映了人的心灵祈盼的归宿、纯洁和自由。这不是渴望尘世间的自新,而是追求人在尘世间内心世界完全拥有神并与之和谐统一。由于人的心灵的渴望使由原罪掩饰的孤独消失了,只有心灵中没有追求的人才是真正的孤独者。人的生存是历经磨难和否定的悲剧，现在有了可以悔过赎罪的机会。赎罪存在于尘世，却不限于凡人或由凡人来实现。当上帝出现在人面前并对他说"我赦免了你们"（《民数记》14:20）时，人的生命与生命的起源就密切联系起来了。

但这还远远不够。人也需要明确自己的方向。正如犹太教强调人与上帝的密切关系一样，犹太教同时也强调上帝的教诲和人的责任。正是强调了这两点，犹太教的赎罪说才具有其独特性。人将皈依上帝。"恶人当离弃自己的道路，不义的人当除掉自己的意念，归向耶和华，耶和华就必怜恤他；当归向我们的神，因为神必广行赦免。"（《以赛亚书》55:7）这里自新不仅仅是神赐予子民的恩典或是救世的奇迹，赎罪需要的是人自由地选择道德和行为。既然是赎罪，"你必会"与神相遇。神命令道："我是上帝，是你的上帝。"人并不是无条件地被赐予而是无条件地服从。赎罪就是应做的第一件事如《塔木德》所解释的："对于我们有罪的人，至高无上的上帝先说，只有当我们听从了上帝的教诲，上帝才会慈爱地对我们说话。"如《诗篇》中所说的，"上帝行为公正，尽施善心"，这里强调的首先是公正，然后是善心。第一步是人的皈依，因为赎罪是人的义务。

有罪者将皈依上帝，因为他抛弃了上帝。他必须自恕其罪，无人可以取代，无人可以替他自新，他与上帝之间没有他人，没有调解人或经过事件，没有救世主或圣礼。他必须净化自己，他必须获得自由，因为他必须为失去的一切负责。仅仅有信仰与责任是不够的，相信上帝或依赖已有的救助也是不够的。这里行动再一次成为首要任务。赎罪是我们的,它是我们的使命和方向。这一点与保罗的福音书不同,体现了犹太教所具有的鲜明特点。它直接阐明了人与上帝之间的伦理关系。这与保罗的观点形成了鲜明对照。拉比阿吉巴特别强调说:你是在天父面前净化你自己。

犹太教所有的内容都与赎罪说密切相关:隐秘与戒律,起源与道路,对神赐予的爱及其至高无上的公正性的肯定等。赎罪使人信仰上帝、拥有上帝、崇敬上帝并渴望与之融为一体,使之成为内在的统一体。赎罪使虔诚和义务合二为一。这是宗教的两个基本点:人既是被创造者又是创造者——一个统一的和谐体。信仰上帝和信仰人在此得到了圆满解释,也就是对赎罪的绝对信仰,对自身、自己的同胞以及全人类的伦理自新的信仰。

犹太教是赎罪的宗教。有两句古老的犹太格言表达了这一思想:"创世的目的和目标就是赎罪","昼夜成为一天,成为赎罪的一天"。犹太教的习俗也表明了这一点。一年中最神圣的一天就是赎罪日,它与新年元旦、"最后审判日"相关联,它告诫人们在新年伊始,人对上帝所负的责任。

只要犹太教承认祭献的合法性,赎罪观念就容易表露出某种局限性。作为悔过的明显举动,捐献祭品行为就成为人与上帝之间的联系中介。虽然这意味着架起通向仁慈的上帝的桥梁,它确实存在于人与上帝之间。拉比以利撒(Eleazar)生活在圣殿被毁不久的年代,他曾大胆宣称:"在圣殿被毁之日,将有一座铁墙降临,它将矗立在以色列与天父之间。"这番话出自一位认为祈祷重于祭献,对上帝的内在的崇敬之情会使人与上帝结合的人之口。稍后又有了其他类似的说法。"《托拉》说,让有罪之人带上祭品，他将获得赎罪；但上帝却说，让有罪之人皈依，他将获得赎罪。"在此，我们可以听到古代先知们充满激情的某些话语，他们曾经与任何精神世界、外界现实以及由此引发的观念进行了一场伦理大战，他们也反对祭品，认为"虚浮的供物"（《以赛亚书》1：13）并不能够把人引向上帝的观念。

但是不可否认，很长一段时间祭祀制度以其深奥的象征及神秘的形式灌输着人们的头脑，使之对上帝虔诚、驯服，并祈求上帝赐予悔过赎罪的机会。这是教育人民极有价值的方式。但是一旦真正理解了赎罪观念的真实意义——当祭祀甚至祭品被迫取消、祭祀制度被废除的时候，这也就不足为奇了——赎罪的祭品以及祭祀制度就会废弃。在圣殿毁灭时，犹太社团的最精华的思想都认为祭献对赎罪来说并不重要。认为上帝"喜怜恤而不是祭祀"（《何西阿书》6：6），"神所要的祭就是忧伤的灵"，上帝并不"作令献祭"（《撒母耳记上》15：22），而是要"正义与公道"（《耶利米书》7：21以下）等古老的先知观念再一次得到强有力的证明。赎罪再次被看作是一项自由的伦理行为。"行善、虔诚、悔悟和《托拉》之言胜过所有的祭品"，"皈依、行善、祈祷"——这些观点形成一个宗教统一体并成为犹太教语言中的永恒部分。以行善即崇拜上帝而取代祭坛上的祭品的做法对祭祀的观念及其伦理意义都丝毫没有改动。祭祀走出圣殿，走出生命的前院（forecourt），走进真实的生活；悔悟赎罪走进人们内心最深处的避难所——人们的心灵。这样犹太教便能够放弃祭祀而不改变圣礼或其神秘色彩。

经常受到祭祀影响而变得模糊不清的净化心灵的观念现在可以还其本来面目。废止了祭祀，心灵净化便成为急需和绝对必要的了。先知们的话铿锵有力:"你们要洗濯、自洁,从我眼前除掉你们的恶行;要止住作恶,学习行善。"(《以赛亚书》1:16以下)"皈依"的人是纯洁和清洁的。生活中品德不端者遭到抛弃,而真诚而健康者则立场坚定。仅仅为了提高人们的自身能力是不够的,正如以缺德或违犯规定对人的罪来定义是不够的一样。在赎罪过程中,每个人的心灵都经历了一个不只是伦理而且是宗教的变化。由于赎罪,隐秘和戒律得以实现。这就回归到源头,即神的创世。这种体验完全产生于人的内心最深处,是人的净化和自由的一种体验。所有的"皈依"都是"尽心尽性地"(《申命记》4:79)皈依。

"皈依"给人的生命带来新的内容。这里用的"新"字源于《圣经》:人获得新生,如先知所说:"一个新心和新灵。"(《以西结书》11:19)"你们要将所犯的一切罪过尽行抛弃,自作一个新心和新灵。"(《以西结书》18:31)这一先知思想被"阿嘎嗒"(《塔木德》中的传说部分)传说所采用。这一传说认为人经历了一次宗教再生,通过赎罪获得新生。人重新获得了在来世时上帝赐予的爱和正义,他重新获得了纯洁和自由——即人的来世。由于罪孽,人被剥夺或脱离了自己的真正身世,经过赎罪,人再一次拥有了生命。赎罪将人从束缚禁锢他的罪恶之中释放和解救出来。人的生命重新开始。

这次再生是由人自己起作用的一次创造。尽管人的来世对人来说是神秘的,但人的再生是自己决定的结果,是对自己神秘的身世的一次自由的"皈依"。人的出世不受意志的作用,而人的再生却受意志的影响。人的存在是上帝创造的,但人自己却创造了一个新生。这样，人的创造力得到实现。如拉比哈尼纳（Hanina）所言："如果你服从并完成上帝的戒律，你就成就了你自己。"人通过皈依上帝而重塑自我的观念被拉比如下的话推得更远："上帝相信世界，所以创造了世界；人来到世上并不是要犯罪，而是要正义。"这句话还解释了摩西的一段话："神是诚实无伪的，神，又公义，又正直。"（《申命记》32：4）通过"皈依"，人重新确立了在世界上的神圣使命，恢复了因为罪孽而遭毁灭的那部分世界。人重建世界，人的"皈依"是世界延续的条件。这样，人获得了伦理力量中最重要的部分。《塔木德》夸张地说："金无足赤，人无完人，完人不与'皈依'者为伍。""皈依"最大限度地表现了人伦理上的自由。

一旦人皈依纯洁和自由，罪孽也就终止了。"东离西有多远，他叫我们的过犯离我们也有多远。"（《诗篇》103：12）《圣经》中说："上帝涂抹了我们的罪恶"，使它们"如薄云灭没"（《以赛亚书》44：22）。《塔木德》中以精确的心理观察评述了人一旦"皈依"，其罪孽也便失去了罪的特征，因为"过去的目标从现在看是错误的"。此言极是。从错误的道路上迷途知返，无论何人，他只是偏离了方向。既然人自己自愿地皈依上帝，人的罪孽现在已远离了人的生活。

赎罪中包括了人的自由，选择和行为的权利作为其基本部分，避免了忏悔者自以为是的"谦卑"的自满和危险，这种傲慢来自忏悔者在得到上帝的宽恕之后自觉使命已完成的想法。应当记住的是，尽管上帝可以赐予一切，但人无法完成一切。即使是皈依上帝，人仍有无尽的使命。人重新获得的自由仍负有新的责任，因为人永远不会不需要赎罪。这里有句忠告:"辞别人世之前,皈依上帝吧","生活中的每一天都皈依上帝吧"。

尽管《诗篇》(7:4;17:3)经常谈及纯真,但它却真实生动地揭示了被迫害者和被压迫者比迫害者有更高的伦理境界。犹太教中更是经常出现这样的语句,"为了我们深重的罪孽",谈话者再次审视自己的生命并从内心深处寻找罪孽。犹太教的祈祷表现了忏悔的需要是何等重要,其中包括对爱与错的危险与焦虑的忏悔,尤其重要的是对原罪的忏悔。

当忏悔不再仅限于个人的自救,忏悔自身才会产生新的伦理动力,触及伦理的更深层次。在忏悔与赎罪中,人的良知变得更加生动。一旦人与上帝之间的间隙得以克服,那么与上帝的联系将得以保障并且能够更强烈地感受到这种关系。忏悔产生了伦理力量,同时带来了对上帝的敬畏。这也正是《诗篇》中所说的:"但在你有赦免之恩,要叫人敬畏你。"(《诗篇》130:4)像《诗篇》中的这种思想在佛教中是没有的,后者的理想境界是人"不责备自己",人"像一朵美丽的莲花既不与水相连也不与善恶相关",而是"脱离了善与恶"。犹太教与佛教的基本区别在于,佛教的忏悔目的是静止的,而犹太教的忏悔则是持续不断的伦理的升华。

这样,忏悔便引向了恒存的戒律:"你们要圣洁,因为,我耶和华你们的神是圣洁的。"(《利未记》19:2)如果人证明自己是按照上帝的形象创造出来的,如果人以自己的行为证明自己是圣洁的,如果人经过净化和自由证明自己是属于上帝的,那么人就是圣洁的。所以人把上帝看作是唯一的圣洁者,人"将上帝奉若神明"(《以西结书》20:41。《利未记》22:32)。这一观点首先出现在《圣经》中,随后在一个重要观念"尊崇上帝的名义"中获得了明确和基本的含义。根据这一概念,每种伦理行为和行善的决断都"荣耀了上帝的名声";它们是神圣的实现并依此在凡世建立了善的避难所,一块为上帝的国度准备的地方。反之,每一个错误的行为、每一个不洁的感受和每一个伦理的欠缺都"亵渎了神的名义",偏离了神的世界。就像犹太拉比话语所表达的那样:上帝远离了尘世,尘世远离了上帝。

《塔木德》中说:"你若珍惜了自己的名声,你就珍惜了上帝的名声。""如果以色列人按照上帝的意愿行事,上帝的名声将在世上得到赞美,当以色列人未遵照上帝的旨意行事时,上帝的名声将在世上受到玷污。"又如拉比西蒙·本·约海(Simeon ben Yohai)所说:"你们是我的证人,上帝说道,我是上帝;当你们是我的证人时,我是上帝,当你们不是我的证人时,我就不是上帝。"正如上帝是由人来认知的,他的存在也是由他的伦理行为来表现的。没有多少事情比"赞美上帝的名字"这一概念更具有说服力的了,它在犹太教中也最为流行。它包含了人类对上帝承担义务这一观点的精髓。

对上帝承担义务的最高境界就是殉教。殉教是真正可能"赞美上帝的名声"的方式,是上帝是人的上帝的最有力的佐证。在此,殉教的决定不是暂时的而是永久的,这是对生与死的抉择。最终的问题是:人的宗教责任,人在上帝面前的自由,都将作出最后的结论,戒律成为勇敢的行为。如果这是为上帝承担的无条件的责任,那么生命是有限的而责任是无限的。与人的繁重的任务相比,生命本身已是微不足道,甚至当与无限的伦理追求相比,生命的全部存在也已是毫无价值。对伦理的追求已超越了个体生命的界限，因此为之付出生命是正确的。高于人的生命的是戒律，遵行戒律，所有生命就能自我实现。所以，牺牲生命就是生命的真实实现。如阿吉巴（本身即是殉教者）所说："牺牲生命就是用全部的心灵和整个生命去实现戒律，热爱上帝。"这位殉道者将他对上帝的爱置于自己的生命之上，显示了其灵魂永恒的价值。世俗的存在被击败摧毁了，但宗教的存在胜利了——是上帝戒律的胜利，上帝的国度依然存在。这是人借助自己的自由赢得的胜利，因为人正是面对着死亡依然行使了自己的选择权。人选择了上帝的旨意，通过死，他选择了生。

对于殉教者来说，死亡不再只是生命的终结，一种单纯的命运。它成为自由之举和表达对上帝之爱的行为。殉教不是向命运屈服，不同于人在绝望时或平静地放弃生命时的自杀。殉教与创造力并不矛盾，而是这种力量的证明，是人的自由的证明。通过殉教，人得以实现戒律，正如古语所言：人通过死亡创造了自己。殉教者的死使隐秘与戒律得以结合，它肯定了心灵的道德力量。尽管死与生一样是人人所必须经历的，但对殉教者来说，死是一种决定，是殉教者通过实现戒律的命令而自愿采取塑造生命的方式：为了上帝的爱，为了上帝的名声。死亡成为"你应当"的一部分，进入人的伦理领域，成为人的自由的一种表达方式。这种方式破除了死亡的神秘感，而所有关于命运的神奇传说正源于此。人将自己的生命置于戒律之下，人"奉献上自己的灵魂，为了赞美上帝的名"。

犹太教为创造了殉教观念并号召去殉教而感到自豪。犹太教教导人首先应知道他们属于上帝，继而绝对接受戒律并以生命去响应。犹太教教导人应学会证明他们的信仰，除了成功地避开陷阱的诱惑之外，只有牺牲才能够证明其信仰；人们要学会排除外来的干扰而坚持自己的信仰，无论这些干扰是突然出现的强制性行为还是由成功带来的渐渐的蜕变。对犹太教来说，这不是少数人的崇高理想，也不是情感的宣泄，这是所有人可能而且是必需采取的一种生活方式、一种"托拉"。犹太教的历史证明了这一点，因为这不再是被动的命运的安排而是积极的行为。殉教者始终是命运的积极抗争者，而不是坐以待毙的幸存者。在殉教者的生命中，起决定作用的因素总是他们的意愿——殉教的意愿，为上帝而行动到底，而不只是空想。与强迫的力量抗争就是产生了反对命运和选择的力量，而不只是逆来顺受。

这就是犹太教的力量，如果没有殉教者，这就永远不会为人所知。其他宗教没有像犹太教一样，能够按照世代相传的《诗篇》去忏悔。"这都临到我们身上，我们却没有忘记你，也没有违背你的约。我们的心没有退后，我们的脚也没有偏离你的路。……倘若我们忘了神的名，或向别神举手，神岂不鉴察这事吗？因为他晓得人心里的隐秘。我们为你的缘故终日被杀，人看我们如将宰的羊。"（《诗篇》44：18以下）

作为人生最后的留言，殉教的呼唤首先经由决断的话语而发出。生之殉教先于死之殉教，通常也比后者更难。除了终止戒律外，勇敢行为是犹太宗教性最强烈的表达方式。因为犹太教的伦理观崇尚永不屈服由此而对世界保持一种优越性，犹太教伦理观要求人们为了责任而"以自己的灵魂作注"。因此为了寻求上帝的真理，犹太教世世代代忍受压迫和迫害，更有甚者，犹太教在他人眼里成为"嘲讽和取笑的对象"（《诗篇》44：14；79：4。《耶利米书》20：8）。忍受在这里成为走向自由的道路，并因此而荣耀了上帝的名字。历史证明，犹太教不只是少数人的一种短暂经历或是许多人的一种情感，它是无与伦比的良知的勇敢行为，是一种具有决定意义的理想主义（idealism）。对犹太人来说，宗教永远是生命，是以实际行动对信仰的忏悔。如塔西陀（Tacitus）所说，犹太人已经证明了他们的宗教是"固执的信仰"。为表明自由，他可以选择磨难以致死亡。凡有犹太人生活的地方，精神的意义远远超过尘世，即使这样做会剥夺了他们生活的全部乐趣与利益也在所不惜。犹太人身上随时体现出真正的理想主义的成分，直到殉教。在道义上，犹太人通常是蔑视一切的，正所谓被压迫者的头颅昂得更高。伦理学家有时感慨殉教的意义，或者为求真理而去受难，在今天已不能被充分理解。如果犹太教不能普遍被众人理解，其部分原因是殉教的个人的和精神性的体验，连同把握这种体验的能力，已经从许多教义中消失已久，取而代之的是世俗的成功。

在殉教中，诚实和品德成为伦理事功，随时接受一切事物的检验。所有的诚实都是人对自己的证明，是与自己心灵交融的一种形式。它源于这样一种要求："用你全部身心和灵魂！"在一神信仰中，在人与他的绝对戒律的关系中，以及在与人的意愿相矛盾的"亦此亦彼"的关系中，都向人显示出宗教诚实和宗教信念的意义。除了单纯的理智信念，人还找到了精神上的信仰而且决定着人的一切及全部生命。"你要在耶和华你的神面前做完全的人。"（《申命记》18：13）这表达了宗教诚实，也表达了对上帝的敬畏。真理、尊敬以及全心全意在《圣经》中相提并论："耶和华啊，求你将你的道指教我，我要照你的真理行；求你使我专心敬畏你的名。"（《诗篇》86：11）"只要你们敬畏耶和华，诚诚实实地尽心侍奉他。"（《撒母耳记上》12：24）"现在你们要敬畏耶和华，诚心实意地侍奉他。"（《约书亚记》24：14）

犹太教认为，品德是由伦理行为创造形成的。如先知所说："遵行我的律例，谨守我的典章，按诚实行事。"（《以西结书》18：9）同样，《诗篇》的作者也称赞他"就是行为正直，做事公义，心里说实话的人"（《诗篇》15：2）。行动塑造并决定着心灵的意愿，只有在一系列行动之后，真理才显现出来。正义的行为产生正义的思想，诚实的行为创造出诚实。反之，弯曲的道路导致扭曲的思想。总之我们相信自己的行动。因此，具备良好的品行的先决条件是要有连贯的行动。如果这一点成立的话，就避免了一种危险，即把品行看作是人内在的自我满足的倾向并逐渐将其演变，取代行为。当品德没有形成，没有行为助之，它是僵硬的、萎缩的。只有在生命中真正地去实践，心灵的诚实才会出现。

"内心应是外表的反映。"这句话反映了犹太教品德是本，是行为的灵魂的观点；二者的结合就是人格的全部表现。人的行为是由其品德创造和塑成的，也只有在完全具备了伦理意义之后才能称之为行为。当我们只有按照我们的思想行动时，我们才是真正地在行动；我们讲说——这也是行为的一种方式——如我们感觉的那样去讲说。内在生命与外在生命的统一的要求总是包含在为赞美上帝之名的戒律中。如果人的行为缺乏诚实就是否定了上帝。根据《塔木德》，伪君子成为有罪之人是因为他的虚伪玷污了上帝的名。约哈南·本·撒该（Yohanan ben Zakkai）对他的门徒讲过以下这些重要的话："在黑暗中犯罪的人使人凌驾于上帝之上"——因为他惧怕人胜过惧怕上帝。同样，拉比伊萨（Rabbi Issa）说："人偷偷摸摸地犯罪就是希望避开上帝。"或如另一位拉比所说："他拒绝了上帝的荣誉。"

因此，在上帝面前对人的要求是：人应该言行一致。如同祈祷，须像"戒律需要虔诚"（kavanah）那样。犹太教的一个特殊方面是虔诚渗透到各种思想之中，犹太教的宗教语言使用相同的语词指称品德的内在意向和虔诚。的确如此，在描述（品德的）内在意向时，没有其他词汇比虔诚和人应对上帝毕恭毕敬更合适的了。因为虔诚表达了趋向戒律的内在意向。如同人在内心里体验到活生生的上帝，虔诚使人体验到全能的上帝。所以我们总是在众多戒律的背后，尤其是那些极力要求内在意向显现出来的戒律中，发现这样的话："敬畏你们的上帝吧。"《塔木德》中这样解释："每个戒律都要求内心用'敬畏你们的上帝'话语来结束。"正如人们在祈祷中呼唤上帝，上帝也同时在戒律中召唤人们；正如人们在祈祷时是心灵在诉说，那么也是心灵在倾听责任的命令并作出回应。祈祷是"心灵的祈祷"，"没有虔诚的心灵就如同躯体没有灵魂"。除了戒律，"上帝还需要心灵"。我们所有的行为都通过他们所表现的内在意向获得极高的价值，也由此造就净化和意志的真诚。"不要问一个人是否成就了多少伟业，而是问他的心灵是否皈依了上帝。"心灵的情感、愿望及幻想也应该是圣洁的；罪恶的思想或罪恶的想象就如同罪恶的行为一样是罪恶。"十诫"警告人们提防邪恶的欲望和诱惑，提防那些没有变成行为和甚至无意于变成行为的罪恶。在这里我们又一次听到了坚决的"你不要"。

尤其是在中世纪，犹太人的思想和情感坚信，能够在上帝面前经受考验并完成神的使命的行为的价值，是在纯洁化的内在动机方面确立的。对犹太教来说，动机与行为密不可分。对行为起决定作用的是其内在品性，即心灵。中世纪的思想家阿伯拉罕·伊本·以斯拉（Abraham ibn Ezra）说："所有戒律的本质是使人心正直。"这又一次充分解释了人需要用心，用他全部的灵魂和力量去爱上帝。因此在信教的犹太人中，没有几本书比巴亚·伊本·帕库达（Balya ibn Pakuda）的《心灵的使命》更广为人知了。"用你全部的心灵"这一告诫在此书中得到新的阐述。作者告诫读者，内在意向和诚实存在于行为之中并通过行为变成现实。

不仅要有诚实，无私也是人应具备的行为的内在价值。在上帝面前要保持诚实和无私实际上是一回事。我们要行善事，因为这两个一致的概念反复告诫我们："为了善本身的缘故"，"为了上帝"，"无论做何事，为上帝而做"，"不为善而行善就一文不值"等。我们不应考虑行善是为了奖赏或担心惩罚，而是完全"出自爱"，"无论做何事，只为爱而为之；那就是为爱上帝"。"不要做想从主人那里获得报酬的仆人，而要做为主人服务而不计报酬的仆人；你心中只有对上帝的敬畏。""赞美、热爱上帝的戒律吧，但不是那些想从戒律中得到回报的人。""不要询问所有这些戒律所能给予的回报，但要知道，上帝会保佑那些遵守戒律的人以及他的孩子。"这都表明每一件善事都在自身中找到了补偿和满足，善本身是上帝赐予的。斯宾诺莎（Spinoza）的《伦理学》一书的结束语"幸福不是美德的回报而是美德本身",这就是一句古老的犹太谚语。在本·阿扎伊（Ben Azzai）的《先知格言》中,它仅有的另一种说法是:"责任本身就是对责任的回报,惩罚就是对罪恶本身的回报。"

不可否认,与真理概念一样,这些概念也经历了一个发展阶段。在《圣经》——经常提到和强调对罪孽的惩罚和对善行的奖励——中它指的是真实的及世俗的奖惩。在教育犹太人时,这一点是必要的,也是有价值的。但从犹太教发展的目标和结果来看,我们发现,人的行为的唯一善报就是继续在街头行善,对此自由和无私是必不可少的。这一观念已被全部犹太社团所接受,并且体现在中世纪宗教文学之中,中世纪的宗教文学一致认为,只有预期的行为并将其诉诸实践这才是善行。正如古谚语所言,这正是出于"上帝的爱"而为之。

应该知道,期待回报与张开双手祈盼某种明确的补偿是大相径庭的。回报概念通常包括伦理需求,即人的行为结果的观念。责任和审判思想以及回报的思想相辅相成。因为人的每一行为都会对自己生活产生影响,行为并未因作为本身的结束而结束。人所犯的每一种罪恶都是人自己的罪恶,并因此而循环往复而招致上帝的惩罚。同样人的所有善行都会在自身中得到善报。"他的赏赐在他那里,他的报应在他面前。"（《以赛亚书》40：10）这样,无论怎样,希望善报就是希望善有善报,善将给行善之人以福佑。假如说,善报希望经常表现为物质上的回报的话,那不过是表达了这样一种信仰:相信善终将会在人的世俗方面取得胜利。希望得到物质上的回报证明了人对未来的信仰,换言之,就是对自己救世主的信仰。人塑造自己成为自己一生的主宰。人不仅成为救世的主体而且成为道德的主体，人渴望创造自己的未来。

在回报渴望中，存在着灵魂的一种宗教的渴望，在获得和应得，给予人的和应允人的之间存在着一种紧张。人固有的对幸福的渴望体现在人对理想世界的渴望。人努力创造爱，证明自己听从上帝的召唤是受到自己如何度过一生并获得平安——这是人如诗一般美好的未来，人的内心世界得到升华，人的最佳品质得以充分展现——这种梦想的鼓舞。尤其重要的是，在《圣经》中"安慰"一词常被用来代替"回报"一词，这是与康德（Kant）所说的"相信道德律的诺言"一语意义相同的一个概念。每个目标又表示一种确信，而每个要求都提供一种诺言。追求完美和追求幸福难以分开：二者合二为一。"苦尽甘来"是人们真正的希望。为了生存，我们要虔诚敬神，但谁又不愿意在敬神的同时过幸福的生活呢？如果认为尽职尽责已成为冷漠的精神的机械运动，希望和激情也就不复存在。按照帕斯卡尔的说法，"渴望的人"与尽职尽责的人并无不同，他们通常是同样的人。

这种渴望跨越了尘世生活的边界，在尘世间纷乱的表面之外，找到了真实的世界。宗教信仰将无限带入人的生活之中。人的生命不仅仅限于狭小的尘世间。人的根基在永恒中，即使在死后，人的根基也不会消失。人生的方向越过尘世存在的界限。超越起点，超越终点，执着地亲近上帝，那永恒的根基和永恒的目标。除了人所有的缺陷和局限、痛苦和磨难，人的一生，如拉比所说，就是一处"预备"之地，一所房屋的"前厅"，人生仅仅是"现在的生命"。真正的生命是"永恒的生命"（永生）。人具有上帝的形象,所以人注定有别于现世,人是圣洁的,将是"来世的孩子"。人被赋予精神和善良,是真实的存在,超越死亡。人的生命将超越死亡而永存。

人的孤独,不同于且超越这个世界,浸透着各种偶然与必然,借助对永恒之生命的确信得到克服。信仰上帝使人能够克服孤独;当上帝信仰发展成不朽的观念,存在于世俗之人的永恒中的悖论以及存在于人类神圣性中的悖论就得到了新的精确解释。死亡是最孤独的孤独,无声的寂静为人打开大门,故去的人无法告诉后人门将通向何方。世界上有了第一个人,从此便有了孤独。当人是整体的一部分而又不同于其他部分时,孤独便永远伴随。林中的花草,旷野中的动物,在天的上帝并不孤独。只有那像万物一样被创造但又不同于世上的万物的人才会孤独。孤独首先源于人要挣脱束缚着自己的枷锁的强烈愿望。人的这种孤独和渴望同时又来自人的伦理本质——人在追求理想和渴望生命的永恒意义时产生的孤独。相信永恒的生命与上帝同在,这种渴望便有了目标,孤独也就得以终结。一旦人们相信,当他穿越死亡的大门时他正走向永恒,那么他一生中的所有问题就都找到了答案,所有的矛盾难题也就迎刃而解。这样在地上向上仰望的灵魂与听到自己被天堂召唤两者之间的紧张就得到了缓解。永生的思想消解了孤独和安宁。

此时,人的神秘和人的道路便获得了自身的意义。由于永生,最深层的神秘,即死亡就变成通向永生的入口;上帝接纳了他所创造的人。对犹太教来说,走向永生的道路是人永不中断的使命,它只有开始没有终结,它不断地提出新的使命让人去完成。永生转变成一种持续,有始无终:人,生而会创造,在上帝那里找到自己的目标。神秘与道路在人的赎罪中连接起来,又一次在不朽中获得。永恒是有限者伟大的赎罪;所有的赎罪从根本上说是有限与无限之间的调和。神秘变成道路,道路变成神秘,它们作为"皈依"(Teshuvah)被统一在犹太教之中。死亡是伟大的"皈依",它将人从尘世与有限中解脱出来。由于死亡,尘世幻灭,永恒浮现。"尘土仍归于地,灵仍归于赐灵的神。"(《传道书》12:7)对犹太教来说,赎罪的真实意蕴是人的生命可以重新开始。由死亡肇始了具有决定意义和结束意义的开端,最后的再生,包含一切的(所有的道路与所有的神秘)新的创造。正如赎罪日一样,这就是永生被称作伟大的安息日的原因,"安息的日子,生命在永恒中休息的日子"。这是伟大的安宁。活生生的人寻找并趋向的"安宁",根据《塔木德》,谢世的人得到"安息"。人对完美的渴望得以实现,他的生命已完结,死亡成为伟大的启示。于是,赎罪与启示中的因素又融入了殉道之中。上帝掌握生死大权,但他又在永生中赐予完美。无尽的使命相应于无尽的未来,由此使得戒律与自我信仰合二为一。

虽然相信死后生命仍可延续本质上与先知的宗教相一致,但《圣经》尽管不否认这一观点却对此涉猎不多。关于不朽《圣经》中有所保留,是有着特殊原因的。这是对犹太人周围"自然"宗教过分渲染来世的一种沉默的拒斥。它是一种意义深远、雄辩有力的拒斥。"你不应为自己造偶像或其他类似之物",这一禁令有意无意地被解释为是一条命令,它禁止任何来世的形象进入犹太教的精神生活。与"十戒"中的第二戒真正相符,所以禁令特别拒斥膜拜偶像的异教。

一旦犹太教中的偶像崇拜被克服,人们就可以以一种更加自由、更加严格界定的方式谈论永生。对于充满希望的人来说,永生是一个精神王国,是在此世被人否弃的纯洁的灵魂的生命,它是一个"可以使人享受上帝之荣耀"的"纯洁的世界"。《圣经》中提到的虔敬的回报现在转向了彼岸世界。承诺的"生命的时日"表现为"永生",它所带来的幸福成为"永恒的赐福"。这样,回报变成精神性的回报,精神来自上帝又再次回到上帝。它将人与上帝联系起来;上帝是精神而精神在人之中;上帝是"万人之灵的神"(《民数记》16:22)。精神的神召概念得到阐扬——此时肇始的更高的生活在永恒的世界中得以全美。这里,最鲜明的犹太人的观点再次表明,精神因素与伦理因素密不可分。精神性因素是善的动力、宗教行为的助力。有一句严肃的、古老的拉比格言说:"我以苍天发誓:无论是异教还是犹太教,无论是男人还是女人,无论是男仆人还是女仆人,总是依据他的品行,上帝的光辉降临其头上。"

不可否认,随着各种末世学与神秘概念的拥入,对彼岸世界的生动描述,尤其是对来世惩罚的描述也在犹太教生活中找到了一席之地。但是,这种玄思是有限度的,任何夸大的阴森恐怖的幻想都要经过特定原则的检查,那特定的原则就是,在彼岸世界赎罪的惩罚期限是一年到七年,只有安宁的回报是永恒的。比这个更有意义的是那句经常重复的格言,即"死可抵罪",或如另一句格言所说,人们想象的天堂应付诸火焚,而人们想象中的地狱应彻底捣毁。我们发现,犹太教的典型观点最清楚地表现在犹太教精神领袖对待未来世界的唯物论概念的态度中。我们只需回顾一下这些对彼岸世界的幻想与感知被迈蒙尼德当作过时的闹剧就足够了。犹太教的基本观点是不朽，是无形的精神概念，它没有任何表象，甚至难以用语言描述。"未来世界，无人见过，除了你，唯一的神。"

对彼岸世界进行任何诱人的或可怕的描述都是不当的，这会损害人的伦理追求或减轻戒律对尘世生活指导的重要性。作为人类终身奋斗的目标，未来世界只是作为神圣和完美的目标而存在，并以此要求人们在尘世的伦理追求。在这个世界上的生命只是一个开始，但犹太教的说法——"开始，决断"也同样适用于永恒的生命。没有开始，没有努力，就没有完成。人有了前进的道路，沿着这条道路就会创造永恒的生命。对于犹太教来说，不朽也变成了一条戒律，这样，无止境的命运神话得以终结。戒律与起源的必然性结合为一，反过来又与赎罪的必然性合二为一。在永生面前有这样一句话："我是神，你们的上帝，你们应该"——这句话把神秘与戒律合二为一。

只有在此岸世界中赋予人类灵魂的宗教体验及戒律的体验都得以实现，人重新找到前进的路径，我们才能够更好地了解来世。投向来世的目光就是投向我们忠厚良知的目光，就是投向我们纯洁心灵的目光。永恒向那些了解自己来源和自己道路的人展示自己。在道德和宗教感情以及宗教决断的振奋中，人感知到永恒的祝福比尘世的欢乐重要得多。这是与上帝亲近——犹太宗教哲学如此教导——我们人在这个世界体验到的，也就预示着我们人在来世要经历的。《塔木德》这样解释："尊崇现世就是尊崇来世；

甚至远不只如此，上帝对人说：我，上帝，洗清你的罪孽。"对此，《塔木德》大师、拉比雅各布（Jacob）——他是一位生活在人们沉迷于来世幻想时代的人——有更精彩的解释："皈依的一个时辰与在现世行善胜过来世的一生，来世祝福的一个时辰胜过现世的一生。"他的观点又在另一种说法中得到了证实，我们能在"一个时辰内获得永生"。这同时也体现在古代圣人们的告别辞中，它将人存在的现实和生命的长短结合起来，并将心灵对永恒的信仰和人在尘世的祝福结合起来："祝你们找到你们的世界，祝你们找到你们生命中的永恒，祝你们在来世实现你们的未来，祝你们的希望世代相传。"

这里，我们再一次发现遥远与亲近之间的紧张——人的目标和他的处境之间的紧张，永生与现世的紧张，存在于隐秘之中的必然性与在戒律中被给予的必然性之间的紧张。尘世的存在进入到永恒的上帝王国，而永恒的上帝王国又进入到尘世的存在。遥远变得亲近，亲近变得遥远。宗教认知的两极，现世与来世相互交融。生命反转自身，在生命自身之中它比自身更伟大和圣洁。有限与永恒在道德行为、宗教体验与希望中被连接在一起。救赎与对现世的严格要求密不可分，而现世连同它的特定使命又与在永恒中的伟大赎罪紧密相连。既然我们相信我们的所作所为，信仰也就成为戒律。我们的决心和行为使上帝成为我们的上帝，所以我们也使永生成为我们的永生。对犹太教来说，与这个世界现实性的世俗关系和明确现世存在的不足与局限性是一回事，不过有时强调的方面不同而已。

从救赎的悲观角度看，犹太教经常因强调与现世的联系，过分重视现世的生活而招致谴责。对此类谴责的回答使我们想起一位宗教思想家的话："谁认为现世不伟大和不值得生活其间，谁就没有对未来生活的真正愿望。"然而，更本质的回答是，对犹太教来说，没有德行和伦理学就没有信仰，没有戒律就没有隐秘，没有现世的价值就没有来世的意义。除非人相信自己，相信自己的使命，那么它对上帝的信仰以及对赎罪的信仰才不是空洞的。人的道德人格只有在现世的行为中显示出来。人把上帝带到现世，人通过尊崇上帝尊崇了世界。他履行了自己的职责。这样生命就成为责任：你必须去生活。存在不能被看作是人可以逃避的某种东西。上帝王国——人应该为自己在尘世准备一个处所以便尘世可以成为人的避难所——的伟大观念，对犹太教来说是基本的东西，借此以一种崭新的形象及形式表达出来。

从只重视现世的乐观的"希腊"哲学观点看，有一种反对犹太教的异议之论：即认为犹太教没有充分肯定现世而对来世关注太多。人们也许会引用歌德的话来反驳这一异议："不盼望来世的人在现世就已死亡。"然而，这里再次提出基本的应答是，在犹太教中，人不全心全意地信仰上帝，不肯定这种信仰能够净化世界，人就不会信仰我们自己；没有隐秘就没有戒律，没有遥远就没有亲近。换言之，犹太教认为任何伦理学说都源自信仰。没有对上帝的信仰，对我们自己的信仰就失去了根基与目标。我们只有相信我们是根据上帝神圣形象创造出来的，我们的使命才是无限的，我们才会像上帝一样神圣，我们才会信仰自己。只有追求来世的人才会真正懂得现世的存在，只有超越现世的人才能在其一生中真正地生活。只有聆听到那无条件的、通过每一种责任而得到领悟的上帝的神圣话语的人，只有履行那出自上帝律法之精神历程的责任的人，只有顺从上帝而不是其他人的人才会信仰自己。这样的人不是"德行志愿者"而是遵守戒律者。这就是戒律观念，责任作为上帝的戒律，借此便可以领悟生命。

信仰我们自己，现世与来世便得到统一。人知道生命是一种持有，是一种戒律，因为它是由作为造物主和立法者的上帝赐予的。人的使命的深奥与深奥的使命便是犹太教乐观主义的灵魂。意识到隐秘与戒律的人就是虔诚的犹太人。由于犹太教，人类存在的概念有了新的、永不消失的价值。因为，正如犹太教所理解的信仰那样，在人对自己的信仰中，生命需要力量去持有并选择自己。这就是生命的永恒意义，即它的道德自由。

2. 信仰同胞

信仰自己同胞的基本特征在前面讨论信仰我们自己的根据时已很清楚了。我们无法将那些已知的、从出生起就属于我们的人类高贵的品质毫不含糊地归于我们，而不归于别人。如果别人不能同等地具有这些品质，我们也不会有。作为上帝的子民，我们是按照他的形象被创造出来的，我们中的某一个人是这样，其他人也都如此。生命之源泉和所要求遵循的道路对于所有的人都是一样的。"人"的宗教概念必然包含"同胞"的概念。犹太教发现了同胞或者"邻人"，并进而提出人性的概念，以便理解我们同胞的生活，理解对人类尊严的尊敬，以及理解对一切具有人的形象的神灵的尊敬。

在犹太教中，"同胞"与"人"是不可分离的。我与别人，与"同胞"，构成一个宗教和伦理的统一体。人们或许会说根本就不存在"别人"。这里，同犹太教所有的概念一样，统一出自于对立：是遥远与亲近诸因素之间内在紧张关系的统一。我的邻人是别人但又不是别的"人"，他与我不同但又相同，他与我相对独立但又相统一。所有那些构成了（人的）存在、地位与使命、渴望与欲求的东西区分开了他和我；而所有那些包含在存在、内容与形式、生命的根源与目标之中的东西使他的生命与我相通。他的生命的意义与价值跟我的不能分开。跟我一样，只有按照上帝的形象才能理解他，他是上帝的创造物。在对唯一神的信仰中，他的生命的意义如我的一样，展示出自身。尽管他是别人，但上帝与我所订的契约同时也是与他所订的，因此将他与我相联结。没有"同胞"，就没有"人"，不信仰同胞，也就不能信仰我自己。因此，圣殿被毁时代的一位拉比本·阿扎伊把有关人是按照上帝的形象创造出来的叙述看作是《托拉》最基本的原理。"本·阿扎伊说，'这就是人的历史：当上帝造人时，上帝按照自己的样子把他造了出来'。"这句话道出了整本《托拉》的精髓。

因此，我们对自己同胞的认同是绝对的、无限的，因为这种认同基于这样一个事实：我的同胞是我的生命的生命（being of my being），如我一样具有尊严。《利未记》中一个指令，那被阿吉巴称作《圣经》中具有决定意义且经常被提到的语句，"爱邻如己"（《利未记》19：18），其最确切的含义是"爱自己的邻居，因为他与你一样"。这个"与你一样"是这句话的精髓。对犹太教来讲，这句话不仅仅是哲学的或情感的表达，它完全是一条戒律，要我们敬慕跟我们一样的同胞。我们并不是因为他取得了这样或那样的成就而尊敬他，而仅仅因为他是一个人。他的价值恰恰存在于那些构成我们价值的东西里面。我们只有感受到对他的尊敬，才能感受到对自己的尊敬，因为上帝创造了他正如上帝创造了我们。所以先知说："我们岂不都是一位父吗？岂不是一位神所造的吗？我们各人怎么以诡诈待弟兄，背弃了神与我们列祖所立的约呢？"（《玛拉基书》2：10）《塔木德》中的一位拉比本·佐马（Ben Zoma），用一句简短的话表达了这个思想："荣耀归于荣耀的人。"为了提升爱邻"如己"至充分的高度，与本·佐马同时代的本·阿扎伊说："不要说：因为我遭鄙视，我的邻居也要跟我一样遭鄙视；因为我负罪，我的邻人也要跟我一样负罪。"后来的一位教师、拉比坦胡马（Rabbi Tan huma），对这句话加以解释说："如果你这样做，就要知道你所鄙视的那个人是谁：那是依照上帝形象创造出来的人。"

关于我们对邻人的责任概念，再没有比强调我们对其所做的一切都包含着上帝的荣耀更加意味深长的了。一则《圣经》箴言说过："欺压贫寒的，是辱没造他的主，怜悯穷乏的，乃是尊敬主。"（《箴言》14：31）根据古代的一种解释，这种观念在有关爱邻人的戒律的最后部分也有过同样的表述："我是主，我秉持我的荣耀而创造了人。"阿吉巴的一则格言说：如果"我们守护了上帝的子民"，我们就对上帝表示了忠诚。我们每个人都面对着上帝的子民。《圣经》由此将其融入一句意味深长的话中：每个人都是"我们的兄弟"和"我们的邻人"。不只是我们的家人，我们的同族和我们的同胞，每一个人都是我们的兄弟。因为上帝，人无拘无束。既不是靠情感也不靠是善良意志使他成为"我们的兄弟",任何社会机构或国家法令都不能给予他如此的地位。是通过上帝使每一个人成为我们的同伴。如果我们承认上帝,我们必须承认我们的同伴。即使在我们的生活中他距离我们如此遥远,与我们如此陌生,他仍然是我们的兄弟和邻居。这就是《圣经》里谈论"你的兄弟,即使你不认得他"(《申命记》22:2),还有谈论"你的兄弟……像外人和寄居的一样"(《利未记》25:35)的原因。迎面而来的穷人是"你的穷人"(《出埃及记》23:6)和"你的困苦穷乏的兄弟"(《申命记》15:11),正如和你同住的外人是"你的寄居的客旅"(《出埃及记》20:10。《申命记》5:14)。我们因上帝而彼此相关联,因为"我们都为耶和华所造"(《箴言》22:2)。

成为一个人就意味着成为一个邻人。我要用我的意愿和行动,使我身旁的人成为我的邻人。我必须凭我的选择和责任在生活中实现那已通过上帝实现了的东西。这儿又有一个犹太教的悖论:某些事情总是要求助于上帝但必须通过人的行为来达成这样一种矛盾的统一。别人是我的同胞,因为上帝使然;然而我的行为也使他成为我的同胞!这就成了一条戒律。我们必须给予其他的一切,使他成为我们身边的同胞;我们的行为必须承认他就是上帝放在我们身边,要与我们一起生活的人。由此我们让他进入我们的生活。

我们对邻人的尊重不是一个孤立单一的戒律,相反,它体现了道德的全部内容,体现了责任的本质。因为在犹太教那里,虔诚信徒的含义就是我们服务于上帝,热爱他并奉献于他。但我们能够奉献于他的只能是借助我们的善行和公正自由作出的抉择。

正如《塔木德》中一句格言所说："于上帝所造的人类中去爱上帝"——这就是我们能够自由地奉献于上帝的途径。当我们找寻我们的兄弟时，我们就找到了一条通向上帝的路。著名的《塔木德》教师希勒尔[①]强调对这一指令的理解，他宣称对我们邻人的这种内在的承认是《托拉》的本质，是包罗其他一切的戒律。在经常被重复着的拉比们的告诫中，也隐含着同样的思想，善行使他们走在上帝之路上，努力寻求正义，怜悯和仁慈引向永恒。为邻居服务就是侍奉上帝。在这里，这种友善的态度就是虔诚，而虔诚就意味着友善态度。

在犹太教里，没有同胞，就没有虔敬。隐士的生活被看作是失去了生活的最本质的特征：为自己的弟兄服务。这种生活或许有它的价值，但它不是犹太教指明的生活之路；它或许能帮助一个人发现自己，但它不能帮助他实现自己。圣·奥古斯丁（St. Augustine）曾这样说："上帝和灵魂，再无别物"组成了宗教全部、真实的内容，这是一种只知道他自己和他自己的救世主的人的宗教，是只关心他自己的灵魂拯救的人的宗教。犹太教不能接受这种以自我为中心的信仰。天赐之福的认知，令人心往神驰的欣喜，神恩的必然性，这些都不能取代"爱人如己"这个戒律。在犹太教看来，说一个独来独往的、只关心自己的人是虔诚的，在概念上就是矛盾的：隐士称不上圣洁。在犹太教语言中，犹太教的宗教精神通过将虔诚的人的概念纳入公正无私的人（Zaddik）或"正

[①] 希勒尔（Hillel），活动时期为公元 1 世纪初，耶路撒冷犹太教《圣经》注释家，解经不拘泥于词意，力图使人理解经文与律法的真意。——译者

直的人"之中,以及纳入哈西德(Hasid)或"充满爱的人"之中——而这两组语词都强调人履行对同胞责任的必要性,从而表达了这一理念。

我们与我们同胞的关系由此被提升出善良意志、情感甚至爱的领域,它被升华到与上帝建立联系的高度,而上帝为所有的人所共有并平等对待一切人,因此上帝将所有人联系在一起。不是这个人或那个人由于偶然原因与我们相联系,而是人本身就对我们有此种要求,并且这是一个无条件的要求。甚至我们的敌人也许或者必然要求我们履行我们的责任,因为他虽然是我们的敌人,可他还是我们的同胞。"你的仇敌若饿了,就给他饭吃;若渴了,要给他水喝。"(《箴言》25:21)"若遇见你仇敌的牛或驴失迷了路,总要牵回来交给他。若看见恨你的人的驴压卧在重驮之下,不可走开,务要和驴主一同抬开重驮。"(《出埃及记》23:4以下)凡有着人的面容的就是我们的邻居,就有权利要求我们的帮助和怜悯。我们所给予他和为他而做的不是以善良意志的非必然的根据为基础,而是基于上帝所给予每一个人的确定权利。

我们对我们的邻人的所有责任来自公正(正义,justice)这种戒律,即绝对义务的领地。按照这个概念在犹太教中的发展,公正不仅仅是规避和阻止对其他人的权利侵害。它更是一个积极的、社会性的戒律,真诚地、心甘情愿地承认我们的同胞,平等地对待他们,实现他们的人权。在这里,人的权利不只是指一个人的权利,还包括我们邻人的权利,他对我们的要求。这个要求是他不可让渡的权利,他永不可放弃的权利,而且超过所有其他的"权利",因为这是他的作为人的权利,他可以以此要求我们把他的生命作为我们自己的一部分。如果我们给予他们这些，我们就给予了他公正，犹太人的公正。在犹太教的宗教语言中又给出了一个词概括了这个概念：Zedakah。这个词难以完全翻译，因为它把公正和善行的内涵融合成了一体。这个词描述出我们对我们邻人的善意（benevolence），做到了这些我们只不过是履行了我们对他应尽的责任。"Zedakah"一词是积极的、宗教的和社会的公正，其中包含了需要救世主的因素。这个概念是这种思想的结果：一个上帝、一个人种、一种永久的人权。

如此强调我们给予我们邻人的权利，就将其从短暂的感情冲动提升出来，安置到明确的责任的坚实基础之上。人总能碰到满怀激情的热心肠，他们愿意整个世界幸福，但却从未认真尝试真正赐福给每个单个的人。一个人沉醉于对人类的热爱是容易的，只是因为某个人是人，而为他行善就比较困难了。当一个人向我们提出权利要求时，我们不能以纯然模糊的善意来取代明确的伦理行为。经常地被放弃和避而不谈的就是纯粹的邻居之爱！

所有人类的爱，如果不仅仅是徒劳无益的多愁善感，就肯定在伦理的和社会的意志方面，在人们的内在认知方面，在由"Zedakah"所指的他的权利的极度关心方面有其根基。那是首要和基本的，只此就能确定一个明确的、无可辩驳的、无条件接受的要求。人们会想起康德谈到这一问题关键所在时说的话："人的爱以及对人的权利的尊重都是责任，但前者只是有条件的责任，而后者则是无条件的、绝对必须担当的责任，那些沉湎于善意的甜蜜感情中的人，首先要清楚知道这项责任是不可拒绝的。就道德首先被提到的意义（作为伦理学）来说，政治学很容易与道德相协调以便将人的权利置于'权势者'的控制之下;但从另一个方面看道德(作为律令),不再卑躬屈膝,政治学不能通过与其讨价还价确认自己的合理性,毋宁是通过否定道德的现实性且只是用善意解释一切责任来确认自己的合理性……"

上帝要地上行公理和正义,将其作为人类存在的任务的观念,即犹太教的公正观念,在中世纪未能继续发展,结果使欧洲历史的新纪元呈现了构成其特殊命运的一个特征。它将公正的本质放入信仰的范围中,通过"被造的公正"而看到上帝的恩惠。但是一旦人仅仅把权利看作是上帝因为人的信仰而给予人的,权利的内容即人应当与同胞相契合就失去了它的意义。靠恩惠而给予人就遮蔽了人应通过自己的行为来实现。除去指令因素,公正的观念缺少犹太教所构想的激情。由此它保留了对单纯公众道德或单纯法律公平的限制,这常常导致与已有的权威相妥协。很容易被"附以条件"且得到满足的善意与博爱,被设立为人与人之间关系的准则。一旦公正允许自己以博爱面目出现,人权的理念便隐向幕后。那令人激动、励人奋进的原则,那建立于上帝命令之上的犹太公正理念,在很长的时期内,甚至在"启蒙"时期,也不得不借助混合了公平和博爱因素的忍让观念的有限形式为自己开辟路径。只是后来,它才能够保证对同胞的权利的内在认识达到明晰与确定。在这种内在认识中,存在着塑造生活的创造性因素:神圣的不满情绪,人类社会的驱动力量。

在犹太教里,通过检验以确定形态表现出来的有关人类权利的那些观念,我们能够测试出这些观念的创造力。我们首先在关于对待寄居的和异族人的责任的宗教教义中看到这一点。在所有用确定的律法阐明对穷苦人的责任的事例——这些事例在《圣经》和《塔木德》中极其丰富——中,寄居的被明确包含在里面,并与利未人、孤儿和寡妇相同看待。"在你城里无份无业的利未人,和你城里寄居的,并孤儿寡妇,都可以来,吃得饱足。这样,耶和华你的神必在你手里所办的一切事上,赐福与你。"(《申命记》14:29。《利未记》25:35)"守节的时候,你和你的儿女、仆婢,并住在你城里的利未人,以及寄居的与孤儿寡妇,都要欢乐。"(《申命记》16:14)"节日也属于陌生人、寡妇和孤儿。"这些不断重复的话语赋予格言——"上帝与你同在"——更宽泛的论域。"不管是寄居的、是本地人,同归一例。我是耶和华你们的神。"(《利未记》24:22)——这是警告一切不公正的总结性表述,同时也发出了意图保护寄居的人的警告,因为对仅仅要求人的权利的寄居之人的不公正就是对整个人类的不公正。"上帝怜爱寄居的"(《申命记》10:18)——在这些话中表明了那些人需要借助上帝的名义加以保护。有关他们的成文的责任法规因此被搜集在戒律中。"爱寄居的如爱你自己。"(《利未记》19:34)在这里,词语"如你自己"意味着"你我无别"。为了赋予该词语"如你自己"最强有力的价值内涵,寄居的与犹太人相互映照关联。"你要爱他如己,因为你们在埃及地也作过寄居的。我是耶和华你们的神。"(《利未记》19:34。《民数记》15:16。《出埃及记》22:20。《申命记》24:17)在《圣经》中,单词"寄居的"有特殊的含义,因为人不免一死,被称作过客(pilgrim)、地上的寄居者。上帝说:"地不可永卖,因为地是我的,你们在我面前是客旅、是寄居的。"(《利未记》25:23)而人在祈祷中回答:"我在你面前是客旅,是寄居的,像我列祖一般。"(《诗篇》39:12)古代的《塔木德》经文对这些说法进行了解义,宣称:"'于我来说你都是寄居的',也就是说,不要这样行为,好像你是那唯一把握大局的人。"

人对人的无条件的责任在人对寄居者的责任的概念中获得了最清楚的理解,因为在对待寄居者的态度中,人性概念找到了最清楚的表达。从它创造了"诺亚的后代"(Noahides)这个政治概念的事实可以证明这一理解有多么确实可靠。"诺亚的后代"从法律角度固定了道德律令和伦理平等相对于一切种族及宗派限制的独立性。一个诺亚的后代,或者诺亚(Noah)的儿子,就是国家的一个居民,不管他的信仰或国籍,他须履行一神论、人性和公民身份所要求的最基本的义务。每一个诺亚的后代,照此习俗(Ordinance),被给予的不只是信仰自由,而且还是认同;他有着同犹太居民一样的法律地位,因为他是"我们的寄居者"。从一切政治和教会的狭隘性中提升出权利概念,放在一个纯人类的基础之上。后来17世纪的学者如雨果·格鲁特[①]等人,将《塔木德》中的寄居者概念引入他们的体系,并钦佩地认为,自然法的一个基本概念是由此而被确立的。

对于不同信仰和种族的人们的认同也创立了一种现实的宗教思想,这一点已经显示出与犹太教宇宙神论所造成的特征的相互关联。由这种认同生成了对于寄居者及其灵魂的深切关注。一句看起来像是个信条的著名的犹太格言谈到关于非犹太的宗教信仰,

---

[①] Hugo de Groot,即雨果·格劳修斯(Hugo Glausius)和约翰·塞尔登(John Selden)。——译者

"所有民族中的虔诚都会在来世分得一席之地"。虔诚于是被看作独立于宗教门派之外。不仅寄居者的权利受到尊重,他的道德与宗教价值也得到认同,因为虔诚之路向每一个人敞开。对此世及来世起着决定性作用的是人类的特质。在永恒的生命中并没有"寄居者"特殊的位置,而只有虔诚的位置。

证明犹太教有关人的权利概念具有意义深远的重要性的第二个方面表现在古代犹太人对待奴隶的态度上。对犹太人的奴隶来说,第七年和逢大赦年①就是自己的解放年,这种做法使犹太奴隶与众不同。文明史上种种饱含悲惨的奴隶制度,与犹太教不相干。这来自它将劳动作为宗教的和道德的献祭这个一般的生命观念:人是受上帝的指派而劳作的。对劳动的这样一种尊重是传统的古代习俗所没有的;希腊人认为劳动对于自由人是卑贱和无价值的,当亚里士多德为奴隶制作辩护,提出奴隶制是绝对必要的,因为奴隶制使公民能从卑下的劳作中解脱出来,从而有充足的空闲来塑就真正的生活时,他完整地表达了希腊人的观点。但犹太教教导的是对劳动的赞美和古代拉比们最著名的表述:"热爱劳动,憎恨养尊处优",与希腊人的观点明显对立。哪里认识到劳动的尊贵,"乐以双手劳作"(《诗篇》128:2)的人就会被认为是幸福的,哪里的奴隶制的祸根就会被铲除。对犹太教来说,劳动与人不可分离。《诗篇》作者用这样的句子——"人出去做工,劳碌直到晚上"(《诗篇》104:23)——描述了人在创造中的地位。严格说来,在希伯来语言中甚至没有一个特别的词指称奴隶。

---

① jubilee,犹太教大赦年,原 100 年举行一次,现在每 25 年举行一次。——译者

表述奴隶的词包括了进行劳动和服务的每一个人,甚至包括那"全心全意"侍奉上帝的人。也许应该指出的是,摩西五经[1]将"你、你的儿女、仆婢"(《出埃及记》20:10)并列,就提出了劳动者团体这个伟大的理念。

然而,也正是在对人的信仰中,奴隶的存在(cause)找到了自己最坚实的根基。我们共有一父的原则明确地展延到他:"我的仆婢与我争辩的时候,我若藐视不听他们的情节;神兴起,我怎样行呢?他查问,我怎样回答呢?造我在腹中的,不也是造他吗?将他与我抟在腹中的岂不是一位吗?"(《约伯记》31:13—15)通过论及他作为一个人的权利,《圣经》描述了每一个人,包括奴隶在上帝面前的情形。既然上帝面前人人平等,主也不会将奴隶除外;既然不允许人嘲笑别人和落后民族为"野蛮人""天生的奴隶"或"奴隶民族"这样的希腊语词就无用武之地。对犹太人来说,对仆人的奴役必然表现出对其在上帝引领下逃离埃及人奴役的往昔经历的否定。正是"寄居者"使犹太人回想起"你们曾是埃及地上的寄居者",也正是"奴隶"激起他"记念你在埃及地做过奴仆"(《出埃及记》22:20以下。《申命记》5:15以下)。他们父辈的命运和尊严要求犹太人必须把奴隶当人看。

在以下事实中,针对奴隶地位的法律概念得到充分体现。在古希腊罗马社会,更不用说在暴君专制的古代东方国家,奴隶被当作一件东西,他是一个法律客体而不是一个法律主体。在法典中,他只被在论述财产权法的有关章节中所涉及。但在犹太律法中,

---

[1] Pentateuch,《旧约》开首之五卷书。——译者

奴隶是一个被赋予权利的人，在他的主人面前有着明确的法律权利。主人也由此并不被认为是奴隶的所有者。他对其没有完全不受限制的处置权，而仅仅有一种有限制有条件的处分权，农奴制由此不是作为总的法律制度的基本关系，而仅仅是作为临时的服务形式建立起来的。这样，奴隶制的原则就被摧毁了。

　　法律对奴隶主人对奴隶所加伤害的限制，最清楚地显示出犹太教给予奴隶法律人格的程度。"人若打坏了他奴仆或是婢女的一只眼，就要因他的眼放他去得以自由。若打掉了他奴仆或是婢女的一颗牙，就要因他的牙放他去得以自由。"（《出埃及记》21：26以下）基于所谓的"同态复仇法"（Jus talionis），那种古以色列法律中最基本的报复性法律形式，其法规严格规定了为那些身体等遭受伤害的人给予一定的金钱赔偿的义务。古老的法律格言说道：以伤还伤，以眼还眼，以牙还牙。"以牙还牙"的这一法的原则基本表述了人人平等的观念，它基于如下话语："不管是寄居的，是本地人，同归一例，我是耶和华，你们的神。"（《利未记》24：22）正如后来一位欧洲法律教师所解释的："审判让人们始终记着要保持贵贱平等，人们记着要像珍重贵族的牙齿一样珍重农民的牙齿，尤其是农民不得不去咬干面包，而贵族老爷还有面包卷吃。"只是对一种人——奴隶，法律才破例给以特惠。因为法律宣布如果主人给予他哪怕是最轻的伤害，奴隶们立刻获得自由。所有这些对于主人是"以牙还牙"，而奴隶则得到更高的赔偿，一颗牙齿就能换来自由。因为他对于法律保护的需要是最明显的，因此得到特别关照。正如犹太教对于寄居者的态度表达了人作为人类一员的最清楚的概念，犹太教对奴隶的态度则表达了每一个体法律人格的最清楚的概念。

奴隶的平等在犹太教的宗教实践及其法律条文中同样得到认同。如在《圣经》中经常提到的，安息日作为休息和消遣的一天就是为着奴隶的缘故而设立的。"但第七日是向耶和华你的神当守的安息日。这一日你和你的儿女、仆婢、牛、驴、牲畜，并在你城里寄居的客旅，无论何工都不可做，使你的仆婢可以和你一样安息。你也要记念你在埃及地做过奴仆，耶和华你的神用大能的手和伸出来的膀臂，将你从那里领出来。因此，耶和华你的神吩咐你守安息日。"（《出埃及记》20：10以下；23：12。《申命记》5：14）不是主人，而是上帝准予奴隶在这一天休息。每周安息日为着人的权利而存在。同样，欢乐（rejoicing）节奴隶也可以欢庆："守节的时候，你和你的儿女，仆婢……都要欢乐。"（《申命记》16：14）罗马人确实也偶尔为他们的奴隶们举办节日，但这在压抑与痛苦的一年中被准予的两三天的休息与因为奴隶具有不可侵犯的宗教权利而设立的安息日根本上不可同日而语。安息日，一年中最神圣的制度，是"上帝与他的以色列孩子间的标记"，没有什么可以与之类比。

在希腊和罗马文学中，可以发现许多为奴隶利益着想的亲切的、发自内心的表达。受到斯多葛派影响的博爱情感在人类最优秀的人群中植根生发，产生了对奴隶的仁慈态度。但是，除了这些思想也常常局限于书本之中且为一时流行时尚这个事实外，重要的是这些思想也只存在于小小的哲学圈子里面。它们并没有像犹太教中那样：成为全体人的"托拉"。这就是为什么希腊和罗马文学中这些仁慈的表达能够与被寄生者施于那些可怜的奴隶的恐怖与暴行共存,这些可怜的奴隶,用朱文诺尔[①]的话来说,他们"不是真正的人"。以色列《圣经》关于奴隶的教导,作为"托拉",已为全体人所共有。事实上《圣经》的戒律真正塑造了犹太教的生活,这里我们可以看出一个指导生活的宗教之特定的博爱与一个纵使是开明了的哲学之抽象的博爱主义之间的不同。

进一步揭示关于仆人和奴隶阶层的特别考虑,就足以明了一些重要的《塔木德》律法,并且,更重要的,能够明了那个时代日常生活的许多情形。它们表明,在这种思维下,奴隶被闲置不用、被降级使用甚至只是被用于不重要的工作,都被看作是耻辱。拉比约西(Jose)称赞诚实的奴隶是"以自己的劳动为生的善良忠贞的人"。这句话的真正意义表明,在犹太人中并不存在奴隶制。

证明犹太人理解了人权的第三个证据是《圣经》的社会立法思想。从 Zedakah,或公正(Justice)出发,所有社会立法所根据的基本理念是,国土之内所有的人都被伦理地联系在一起。所有的人都对团体中每一个体的需要肩荷责任。生活在我们中间的每一个人都不仅只是生理地生活在我们身边,而是,就像经常且意味深长地所说的那样,他"与我们同在",与我们伦理地联系在一起并且与我们人性地相互纠缠在一起。

一个国家至高无上的任务是其对人与社会的责任。支撑我们和我们的同胞们的共同基础是我们对于他的基本责任(《利未记》26:34 以下)。共同生活必须包含一种道德契约,它给所有人类群体的个人和共同生活以真实意义。只有在这个基础上,国家才

---

① Juvenal(60?—140),罗马讽刺诗人。——译者

被承认为上帝面前的道德存在。因为真正的国家是公正的国家、真正的神权政治、上帝之城（the Civitas dei），其中任何人，不论他的父亲是谁，都能够且必将在其中拥有一席之地。这块土地上的无论哪一个人都要跟其他人一起生活，其他人也同样跟他一起生活。

这样就产生了完美而真实的社会概念，在它里面，每一个人都是一个道德实体，每一个人都被看作是一个人类团体的一分子。不仅政治或经济的利益，而且人类的使命及其成就都是将一国国民联系在一起的基本纽带。他们不仅仅是一个公民的或阶层的或行业的团体，他们是一个人类的团体。因而所有的责任也就都与人相联系，寄居者当然也包含于其中。生活在我们中间的任何一个人对我们都可以主张权利；当他需要我们时，我们就要在他身边；他若贫苦，我们就要接济他。从这种共同责任中产生了人类社团和国家。历史上第一次，社会意识由此被唤醒并被转化为行动。

社会要求是犹太教的一个基本特征。作为信仰我们同胞的原则的证明，在《箴言》中被以这样的话加以表述：我们为穷苦人做善事，本就应"施与他，不可推辞"（《箴言》3：27），否则就是未向应得的人行善。在"不可因他是贫穷就抢夺他的物"（《箴言》22：22）这句话中，《箴言》将剥夺一个人作为我们同胞而生活这样一种由上帝所赋予权利的行为看作是抢夺。即使一个人不为自己要求什么，但如果他不为别人做些什么，他也犯下了违反人权和尊严的罪过。一句古老的《塔木德》判词用这样的话宣判一个人："说'我的是我的，你的是你的'的，是罪恶之地的特性。"这里就明确表述，一个人不对他的邻人做什么坏事，不偷不骗不伤害他，仍还不是一个正直的人。这样一个人站在上帝面前跟罪恶之地的人一样，要为他们的罪受罚。"看哪，你妹妹所多玛的罪孽是这样：她和她的众女都心骄气傲，粮食饱足，大享安逸，并没有扶助困苦和穷乏人的手。"（《以西结书》16：49）人如果不尽责于他的同胞，他就不是正直的人。

犹太教思想的这一倾向最初在一系列明确地为贫弱者争取公正的社会律法中表现出来。它们以先知们诅咒罪恶的布道为基础，直接针对为富不仁者所施的压迫和凌辱："祸哉！那些以房接房、以地连地，以致不留余地的，只顾自己独居境内。"（《以赛亚书》5：8）《圣经》律法从这种精神中汲取力量。这些律法旨在防止形成一个赤贫阶层体制，因为正如古以色列文明不是建立在奴隶制上一样，它也不是建立在无产者之上。即使一个人纯粹因需要而被迫卖掉祖上的遗产，他也没有永远失去它。"自由年"，即大赦年，被建立起来以便对于最重要的财产实行一种平等的再分配。考虑到财产和土地的分配，一种确实新鲜的开端——似乎是the Teshuch——诞生了，通过这种方式，社会的紧张矛盾得以缓解。

而穷人永远不会被遗忘。从他属于一个人类团体这一事实来看，没有人真正认为他自己贫穷。犹太教强调财产的作用是通过它来感受到上帝的赐福。律法提到土地产出财物作为献祭。土地及其全部果实的真正主人是上帝，因此穷人也有拥有资格。穷人是上帝的卫兵，"他的子民"，收获理所当然有他们的一份。这一社会要求也同样适用于所有其他占有物。一个人陷入困境就有义务贷款给他救急，如果他无力偿还就应该免掉他所有的债务。应该做穷人的朋友，为他们提供一切所需。他们应该分享我们所有的快乐,得到真正的快乐。每当定下一个欢庆的日子,它也总是要为着穷人。

由于与人类团体的理念相矛盾,贫穷遭到严苛的社会指责。面对所遭受的贫穷,人应当做一个创造者,一个永不停止侍奉上帝的创造者,这正是犹太教的一条戒律。人有道德上的责任去与困难做斗争,并且必须和不得不接受自己的苦难一样,不把接受别人的苦难当作一种不可避免的命运。他绝不能默认苦难,好像它是一个注定的事实。而不应像传说中的佛一样,不去探询贫穷、疾病和死亡,而把这当作他必然的命运。我们邻居遭受的每一个苦难,都要成为我们自己的事,成为我们的道德自由的一个检验和证明。所以犹太教在社会领域与在其他所有领域一样反对宿命论。当我们面对贫穷时,我们遭遇的不只是命运的巧言,还有强加于我们的明确的责任要求。在这一戒律最特别的意义上,贫穷者就是我们的同胞。贫穷者在地上没有容身之处但却在上帝面前有自己的位置。由于他,人性毫无遮掩地展现给我们;人们可以说,人性呼唤着人情。这就是为什么在犹太教的语言里"贫穷"一词有一种宗教注解的原因。耐人寻味的是,在希伯来语中没有"乞丐"这个词。《圣经》以一种虔诚与崇敬的态度讲出"贫穷"这个词,似乎有种神圣的畏惧,它引起我们心中一种谦卑的情感。以色列人常常回忆起自己,回忆自己遭受的压迫。穷人的苦难也是以色列人的苦难,穷人的尊贵也是以色列人的尊贵,穷人的慰藉也是以色列人的慰藉。"困苦穷乏人寻求水却没有,他们因口渴,舌头干燥。我耶和华必应允他们,我以色列的神必不离弃他们。"(《以赛亚书》41:17)"上帝已经安慰他的百姓,也要怜恤他困苦之民。"

（《以赛亚书》49：13）在《圣经》的这些表述中，"穷乏之人"一词的社会要素中，也含有它的救世主的意思。

这些理念在犹太教历史上并没有僵化不变。犹太教并不满足于对古代律法所流传下来的这些理念的一知半解，它总是在不断寻求公正对待穷人的新的条规。它总是强调所给予他们的不是施舍，而是他们的权利。通过承认穷人的权利，上帝的权利也得到了承认。因为对一个沦落的人做善事只不过是向上帝偿还欠债。因此有了"先祖遗训"（Sayings of Fathers）中的格言："将上帝的所有给予上帝，因为你和你的一切都为上帝所有。"先知们在对穷人的奉献中看到了对上帝的真正奉献："我所拣选的禁食，不是要松开凶恶的绳，解下轭上的索，使被欺压的得自由，折断一切的轭吗？不是要把你的饼分给饥饿的人，将漂流的穷人接到你家中，见赤身的给他衣服遮体，顾恤自己的骨肉而不掩藏吗？"（《以赛亚书》58：6以下）"他为困苦和穷乏人伸冤……认识我不在乎此吗？这是耶和华说的。"（《耶利米书》22：16）

后来必然要做的是添加辅助性的事例，因为它们都被纳入一个句子并入《米西那》（Mishnah）中："若遇见被杀的人倒在田野，不知道是谁杀的，那么，就像《托拉》中所申述的那样，那城的长老就是离被杀的人最近的，他们就祷告说：'我们的手未曾流这人的血，我们的眼也未曾看见这事。'（《申命记》21：7）难道这个城的长老会因这次流血而被控诉？但我们的手未曾流这人的血这句话，表明这个人不在我们控制之下，我们没在饥饿情况下送走他。我们的眼也未曾看见这事，意味着他不在我们的视野之内，我们并没把他孤独地留下。"在《塔木德》这些句子中，我们了解到谁不对同胞关心和友好，谁的手就好像流了同胞的血，他的眼就好像看见同胞被杀。

即使这些律法的条款不适合于后来时代变化了的要求和新的社会经济体制，它们寻求以社会情感渗入公众生活的功绩也不容贬低。在这些律法中，人类伟大的社会使命第一次被认识到。今天我们又一次走近它们，因为现代思想的发展显然根植于那些古老律条中表达出来的社会道德观念。这在宗教"实践性"的要求中表现得特别明显。这一要求将人们引导到为《圣经》的社会立法所开辟而从未被犹太教所离弃的道路。这是公正之路、正义之路。这条正义之路开始于人的权利观念，在我们对人的权利，尤其是上述对奴仆、对寄居者及穷人的权利的承认中得到完成和实现。

在几个世纪中，社会思想的发展沿袭了两条路线。一条路线开始于柏拉图，这位精深思想者中的伟大先知和艺术家。柏拉图把律法看作是控制着所有生活的永恒的、无上的力量，它创造了社会的秩序，迫使人们接受秩序以教育人们，造就人们的幸福。这一观点造成对国家无上权威的信仰。专制国家被赋予绝对的权力，它可以塑造人，塑造他们的习惯和道德，成为完美的保证并勾画出所期望的生活。当这种国家被建立起来，即上帝之城，上帝在地上的统治也就建立起来了。一切都建立在国家的权力和强制之上。没有给人留下保持个体性、个人独立追求及个人爱好的余地。人是被强迫着明白道理和感受幸福的——这是一个为所有统治集团——政治的或教士的——乐于散布的原则。这种观念最后必将导致独裁专政，或者是哲学家们的专政，就像柏拉图和孔德（Comte）所极力主张的那样，或者是工人阶级的专政，就像最近一个时期所强烈要求的那样，或者是 coge intrare（强迫他们进入）古老教堂，或者是新教和天主教国家建立的 the cuius regio，eius religio（国家的统治，即其宗教的统治）。在霍布斯的夸张描述中，国家最终变成了一个利维坦（leviathan），一个吞噬掉一切的怪物。虽然有一种理想存在于期望将人整合到一个大的整体这种思想倾向的背后，但它还是包含着一种关于个体的严重的悲观主义情绪。因为它断定人从出生到死亡都有被强制的需要，社会的人只能存在于一个具有无上权威的政府的强制之中。

另一条路线始于《圣经》，一般来说它将"社会"一词放在首位。于是一切都依据于对人的信仰，依据对他的自由和创造冲动的崇敬。于是就深信，抛开所有的不平等，每一个人都具有行善的能力。于是就有了对人的乐观主义，一种从人那里期望和要求一切的宗教的和社会的信任。迫切需要的不是有着完善法律的完善政府，而是可以运用自己的能力去创造善的人。同样，在社会领域内，人是最有力的和真正的现实，法律由它而具有现实性。不是通过新的国家生产出新的人，反倒是通过新的人才形成一个新的社会。如果仅仅依靠理想的律法，一个理想的国家是不可能建立起来的。只有当人们在彼此之间履行上帝的戒律时，神圣才出现于社会之中。"完善国家"的理念在针对所有人的道德律令中是这样表达的："你应当给我一个祭司的王国和一个圣洁的民族。"比国家用以树立必要的限制和设立必须的要求的法律更加伟大的是《托拉》——上帝用以感召每一个人的戒律。人的社会只能由人的行动来创造。那么在这里，社会性因素基于人类的权利和每一个人对其他人的必然的责任。"社会"一词不是在国家中而是在人的兄弟关系中发现其意义，它暗示着尊重人的力量远过于尊重法律的力量。国家的权威被承认的原因在于它是一个人类的国家，而不在于它是一个法律的国家。因此，国家的社会特性是某种无限的东西，一个永恒的课题，一个永不能完成的任务。

柏拉图的"理想国"声称是一个完美的结构，一个将自身目的包含于自身的基元。像所有理论那样，它是极端的和专横的。但是，按犹太人对社团的要求，这个社团是不完整的，因为其中并没有完整的人；确切地说，它要求必须不断更新。可见这种社会思想暗示了救世主理想。未来在成为现实之前，总是以告诫的形式出现——永无止境的任务被一代又一代地履行着，人们通过它与其同胞相联系，而上帝则在他们之间的友善关系中显现自身。

但是，不仅正义所要求的是有限行为，而且仅由仁慈或同情作为一种替代，对于满足信仰我们的同胞的理想也是不充分的。因为我们的同胞所要求的不单单是他的日常生活需要的满足，他还有他个人的存在，他最深处的秘密。《圣经》中最好的一句话就是：他站在我们面前，为着我们能够"明了他的心"。无论我们为他做什么，我们必须为他的心而做，从我们自身的内心深处去做。也许，他肉体存在的需求不需要我们的帮助，我们的责任也与他的灵魂有关。这就是以色列宗教所说的对邻人之爱的意义所在："你当爱邻如己。"（《利未记》19：18）"你当爱寄居者如己。"（《利未记》23：9）在这一概念中，"公正"得以实现。借助它，我们为了我们邻人利益的行为就由那种与我们的责任相一致的外在行为转换成一种人格行为。这不仅是一种从手到手的行为，而且是一种从心到心的行为。责任为热情及内在价值所充盈。《塔木德》

说:"公正里面爱越多,公正就越可贵。"甚至在不需要责任的地方,仍需要有爱。我们必须对那些没有我们的帮助也能够做或必须做的人显示出我们的爱心。《塔木德》中这样描写人类之爱所加之于公正的东西:"善行只能给予活人,爱能给予活人和死者;善行只能给予穷人,爱能给予富人和穷人;善行只能靠我们财产的施舍,而爱的施予靠的是我们的财产和我们本身。"

这句话前面还有另外一句话:"善行和爱比《圣经》中其他所有的戒律都重要。"在《塔木德》文献中,对这两件美德的强调远重于其他一切,而且更特别强调对邻人之爱。"爱是《托拉》的始与终。""拒绝兄弟之爱的人如偶像崇拜者,似拒绝侍奉上帝的人。""《托拉》这样说:要让你们自己在天国,相互生活在对上帝的敬畏里,相互关照在爱之中。""这是上帝的选民的三重神迹:他仁慈、高洁并且充满爱。"

把一个人放在我们邻人的地位,去理解他的希冀和渴望,去领会他内心的需求是一切邻人之爱的先决条件,是我们对他的灵魂进行认识的结果。邻人之爱最深层的精粹因此包含在被希勒尔称作律法本质的原则中,并由它而衍生出其他精粹:"己所不欲,勿施于人。"由于《圣经》古老的阿拉姆语版本,约拿单的《塔古姆》的整理,上述话语被翻译成关于邻人之爱的戒律。这是关于我们的同胞的极其重要的理解,它保证了邻人之爱。

当希勒尔用否定形式表达他的准则时,他找到了一个好借口。因为人的所有的爱开始是决意不去伤害任何人,它本身遂采用肯定式。如果别的美德不像爱我们的邻人这种美德那样,如此经常地变得空洞无物,那是因为我们极其容易忘掉爱应该不去做什么。

在伦理领域内它是否定的,有最严格的限制、最明确的要求,从我们不能做什么到我们学会我们应该做什么。每一条通向善行的进路都是如此:通过离弃邪恶或转而回击邪恶,然后我们踏上路途。所有向往崇高的爱都始于对卑鄙的厌恶;所有向往高贵的努力都始于对庸俗的抵制。不做错事就是向做好事迈出的第一步。看出什么不是上帝的意愿总是更为容易些,清楚地认识到什么不纯洁、不道德和不公正也不成问题。"远离恶便是聪明。"(《约伯记》28∶28)因此《圣经》中不断出现的"你不可"给人以深刻的印象。缺少了戒律,一切就都虚脱成含糊不清的热忱或流于空谈。去爱某人的邻人的戒律因此被加上这条禁令:"你不可报仇,也不可埋怨你本国的子民,却要爱人如己。"(《利未记》19∶18)按照古老的犹太观念,如果我们仅仅因为某个人不再为我们做好事而就不再为他做好事,这就已经是报复了。如果善行伴着自以为是的言词,就会被认为是一种恶意。在此禁令之前还有另一个禁令:"你不可心里恨你的弟兄。"(《利未记》19∶18)因为按照古老的解释,一种不友善的情感就等于是一种仇恨。

以上这些戒律把对邻人的爱明确地延伸到敌人。因为公正的义务是绝对的,包括我们的敌人,当他需要我们的帮助时,我们应当去帮助他。对于敌人的这一义务包含着一种极度的紧张。我的邻人是我的敌人:他是一个人因而与我相近,但他又跟我对立,从人的角度与我疏远,这样他就既远又近。我要把他看作我的同胞,而他却不想成为我的同胞;他因而与我同时既相联系又相分离。更有甚者,他是敌人这个事实也表明了这样一种最顽固的对立,它威胁要拆散人与其同胞之间的联系。我的敌人站在我的面前,作为一个人,我从内心最深处蔑视他,因为我面前的他充满了非人性和对上帝的恶意。"耶和华啊,恨恶你的,我岂不恨恶他们吗?"(《诗篇》139:21)但我仍然要承认恶人之中的人性,仍然要在上帝的敌人里面找寻圣洁。

这种紧张为公正的要求所克服。即使敌人危害戒律,因此不是同胞,我也绝不仿行他;我必须通过给予他人以公正,同样也给予我的敌人以公正来完美一生。因为责任是绝对的和无条件的,我的敌人,不管他怎样把他与我分离,他仍然与我一起存在于人与同胞的统一体中。严格说来,我们是在与他的关系中实现人性戒律的全部力量。如一条古老律法所言,那就是为什么对于他的责任比对朋友的责任更重要。以恶还恶就意味着拒绝给予我们的戒律,就意味着公正不过是说明我们所施刑罚是一贯正确的一种假定。"我岂能代替神呢?"(《创世记》50:19)"你不要说,我要以恶报恶。要等候耶和华,他必拯救你。"(《箴言》20:21)《塔木德》中有一个比喻,说:"一个人向敌人报仇,或者心怀怨恨,那就像一个人拿刀子砍了一只手,现在为报复又拿起刀子戳向另一只手。"

这些观念都以否定语"你不可"开头是很有道理的,"你不可报复,你不可以牙还牙"。因为只有通过否定才能达到肯定。不可对敌人做恶事——这就是开始。从明确的否定引出明确的肯定行为。只有在这个基础上,对敌人的爱才不至流于空谈。

爱意味着首先不要去恨。随着行动,感情被唤醒,并且通过行动,感情得到增进。从牢固和明确的禁令产生出积极的情感。精神和情感就渗入到对待敌人的正义行动之中。犹太教总是警告不要有不友爱和仇恨的情感,这是一个具体的要求而不仅仅是一个夸大了的情感。"你仇敌跌倒,你不要欢喜;他倾倒,你心不要快乐。"(《箴言》24:17)《塔木德》把仇恨说成是"无根据的",因此我们联想到别人的仇恨没有根据,为什么我们要恨呢?《塔木德》还讲道:"怀有仇恨的人与那些杀人的人为伍。"对于敌人的敌意一旦平息,反对他的恶的斗争就变成了为善的努力。对那些不敬上帝的人的反感就同对人的爱相联系,同祈祷者的爱相联系,恶将消失,而照此行事的将得以保存。依据这一点,拉比迈尔(Meir)的妻子贝拉丽亚(Beraria)按照《塔木德》这样注解《诗篇》中的诗句:"愿罪恶从地上消失,作恶之人因而也将不再有。"

通过以上段落的论述,将产生戒律是无止境的这一想法。戒律永远不能被完全实现,它总是包含一个新的要求并且不断地强调超越它自身。我们对于我们邻人的义务也同样是无止境的。不论我们如何指责他,我们仍须为他付出更多。我们的爱的义务总是胜于他的不完美。因而《塔木德》说:"我们必须走在上帝之路上;正如上帝是仁慈和宽厚的,我们也必须仁慈和宽厚。"同情应当为我们显示通向我们同胞之路并且应当成为我们评判的标准。关于人性的最完美的知识是由怜悯取得的,关于我们的邻人的最完美的真理是由仁慈教导的。《塔木德》谈道:"如果你想践履用正义去评判你的邻人的戒律,那就从最有利的方面评判每个人。"这就是公义,我们给予他且从中生发出对他的爱的正义。这样我们就能避免伪善并能认识到我们的短处。就不会发生《塔木德》的讽喻句里所说的情形:"当法官说:'挑出你眼里的刺。'得到的回答是:'从你眼中取走横梁。'被审问的人如此诘难法官。"只有上帝是热心肠,只有他仁慈、宽厚,能长期忍受苦难。而他为我们设定的目标是人们之间的回报、和谐与和睦。

这里的和谐也是受限于不完美之人的有限性与戒律的无限性之间的和谐。当我们的敌人变成我们的同胞,当他回归到他自身,回归到他生命之源和生命之路时,这种和谐就出现了。而我们因此就能找到他,他也能找到我们。究竟谁能够引领他认识到能够证实爱的道德力量的关节点呢?《塔木德》说:"谁能从敌人中争得一个朋友,他就是一个英雄。"因为由此实现了对同胞之爱的渴求。"人所行的,若蒙耶和华喜悦,耶和华也使他的仇敌与他和好。"(《箴言》16:7)按照《圣经》中的这句话,《塔木德》大师、拉比犹大(Rabbi Judah)祈祷说:"啊,那些罪人也许能变得完美,使得他们不再去做坏人。"拉比以利撒(Eleazar)祈祷说:"请求您,主啊,我的上帝,我先祖的上帝,任何人都不要再对我们心生敌意,我们也不要对任何人心生敌意。"在这种愿望里,所有的敌意都已经消亡,通向和平之路展现在我们面前。这里和平也解除了那些寻找自己的同胞而未能遂愿的人的孤独。任何发现和依靠他的同胞的人在人群中就不再孤单,相反会同他人和睦相处。相信我们的同胞这样就变成相信和谐,相信有希望的未来,并因此造成一种救世主的征兆。

所有的犹太宗教文学都充满了《塔木德》宣扬的精神:"对于那些受人压迫而不压迫人的,那些被辱骂而不还以辱骂的,那些只因爱而行为,并乐于承受自身苦难的,《圣经》说,爱主的他们就像正值辉煌的太阳。"犹太史本身对这一精神作了最动人的阐明。虽然犹太教经历过难以言说的苦难,看到过它的信众遭受极度痛苦的折磨，但它决未湮灭对人的爱、对敌人的爱。恰恰在最令人恐怖的时期，犹太教最强有力地表明了它对人的爱。在受迫害最剧烈的时期，犹太伦理学著作流行，而它们的作者确信除了自己的宗教同胞绝不会有人去读这些书。所有这些著作重复着一种声音：爱你的邻人并要对你的敌人仁慈。

智者拿单（Nathan the Wise），他的妻子和七个儿子在同一天被屠杀，即使如此，他的心也没有变冷，这不仅仅是一个充满诗意的虚构，他与犹太历史上许多真实人物相类似。十字军杀死了沃尔姆斯的以利撒·本·犹大（Eleazar ben Judah of Worms）的妻子和孩子，他也受伤差点儿死掉。晚年他记述自己的经历时，他仍然没写一句仇视敌人的话。他坚信即使这样遭受邪恶也比去行邪恶要好。人们必须通读这些无与伦比的中古著作以估价犹太教的教义，一如它在爱、仁慈和道德感情的敏感细微中证明自身。

对爱的纯正性的最好的检验就是对敌人的爱；通过它，爱的纯正和真诚得到最彻底的展现。爱比公正更容易变得不真诚。爱容易在空洞的感情主义或伪善中迷失自己（公正则面临着苛刻和冷酷等另类危险），而且爱一旦被这样扭曲就会失去灵魂。但因为灵魂要在爱中显现自身，真诚就至关重要。因而就有了犹太教对于情感的真实和纯正的要求，有了它对于明察秋毫的评判的意味深长的强调，有了它通过对甚至最微不足道的虚情假意的拒斥而体现出的对于小节的专注。按照《塔木德》的律法，谁未体味到善良就自称善良，或者谁只是从知识角度对善良作出一种表面的谦恭但并未接受它，谁就"偷走了人们的见解"，就比"任何人"都像是一个小偷。与之相仿，《塔木德》宣称激起别人的虚假希望而没有打算去实现它们的人是"取得了不正当的利益"。在感情和言语之间的任何不一致都被看作是对我们的邻人有权要求于我们的诚实的一种侵犯。这里我们看出犹太教道德标准的严肃性,以及它对真理有一种社会品质的坚持。不仅上帝要求它,我们的灵魂要求它,我们的同胞也有权利要求它,因为作为一种人类义务我们应当为他们做到。

对真实、无私的爱的戒律甚至扩大到了动物,在这里它是非常无私且必定没有了伪善与希图回报的成分。人对他统御的动物仁慈,仅仅由于仁慈本身之故。作为人类文明中前所未有的举动,《圣经》将动物置于为人而设的律法的保护之下(《出埃及记》23:4。《申命记》22:4,6;25:4)。甚至出于某种需要,动物也应该得到帮助;为人所设的安息日(Sabbath),也是动物休息的时日。劳动共同体的思想也被扩大到包括动物在内。如同对于人,首先是正义然后加上爱,因此《圣经》以动人而柔和的句子要求对动物施以爱。我们要践行对动物的爱就像是对上帝尽义务。《圣经》中为赞美上帝而谈论创造的地方,经常提到动物作为范本来赞美上帝。"他赐食给走兽和啼叫的小乌鸦。"(《诗篇》147:7,9)"他使草生长,给六畜吃,使菜蔬发长,供给人用,使人从地里能得食物。"(《诗篇》104:14)"耶和华啊,人民、牲畜你都救护。"(《诗篇》36:6)犹太教教人用一种更远胜于同情的爱去对待动物。当《圣经》说道"你的牲畜",它使用这个物主代词不只是把它看作是一个表示所有权的词,而认为它表达了一种人的关系,与说"你的穷人,你的仆人,你的邻人"意义相同。按照《塔木德》的传说,对动物的忽视或者残忍是一种应受上帝惩罚的罪恶。

一个正直或本分的人的特性之一，如犹太教所描述的，是他"顾惜他的牲畜的命"（《诗篇》12：10）。

既不夸张也不虚伪的真诚并不是关于邻人之爱的戒律的唯一要求。爱我们的邻人也要求一种确定而实在的真理：即当我们的邻人走入歧途，我们将引领他回到正路；当他意欲犯罪时，我们制止他、教导他、劝告他。仁慈、怜悯和宽恕还远远不够。"你总要指摘你的邻居。"（《利未记》19：17）"爱人们，并把他们领入'托拉'。"正因为它是一条真理性的普遍戒律，我们必须公开地维护它，因此当我们的邻人背离了正路时，我们必须为了他本人而敢于反对他。我们必须保持我们应为其他人做善事的道德勇气。信仰我们的同胞走向和谐，但其途径不只是仁慈，同样重要的是表明绝对道德指令的真诚。如果没有在公正和威严的上帝面前我们让我们的邻人呈现他自身这样一个因由，任何和谐都是不可能的。原谅罪恶之人是我们的责任，斥责他的罪孽、感化他的良心以将其引领回戒律之下同样是我们的责任。为坚持真理甚至使殉教要求——它由爱我们的同胞的灵魂产生——成为必要。但只有基于邻人之爱，我们才有权利去劝告、训斥和谴责；而出于私心或伪善则不成。我们必须"为了上帝"而去做这件事。这就是《塔木德》为这一戒律加上不许羞辱任何人的警告的缘由："羞辱其邻人的，或让人流血的，他必流血（he sends the blood from his cheeks, he too has shed blood）。"斥责必须服从为我们的邻人做善事这一戒律及其要求。

那么，在爱的指令中就包含了我们对我们同胞的灵魂的责任。"你总要指摘你的邻居，免得因他而担罪。"（《利未记》19：

17）如果一个人犯了罪，那么——用以西结（Ezekiel）的话说——"你若不警诫他，也不劝诫他，使他离开恶行，拯救他的性命，这恶人必死在罪孽之中，我却要向你讨他丧命的罪"（《以西结书》3：18）。或如《塔木德》所说："据说在《圣经》中，他们彼此撞跌"（《利未记》26：37）——意味着：他们将犯下罪孽，一个因另一个的罪，因为他们的罪本可以由相互之间的警诫而避免，但却没有这样做；因为他们都是保人，一个保一个。以至于关于罪孽的思想也因此获得了一个社会基础：我与其他人因他罪成我罪和他错我分担这一事实而成为道德的统一体。我们关心我们的同胞以便共同生活的社会指令就变成了我们与他同行于生命之路并帮助他"皈依"的指令。恰如人必须创造自己的自由，他也必须为自己的同胞创造自由。

这样，人类共同体的观念获得了完满的内涵。我们共同生活在社会之中，相互警诫以防罪孽，相互引领以趋于善。我们应当形成一个和谐的共同体，"皈依"的共同体。在上帝的眼中，一个共同体只有当它寻求善的实现时才有权利存在。哪怕共同体中只有很少的人献身于善，它也保有这种权利。从《圣经》中我们知道Sodom（罪恶之地）因十位正直的人而得到饶恕。一段《塔木德》格言说得非常明白："上帝宣布：人群中有好人也有坏人，把他们打成一捆，一个要救赎另一个。而且如果是这样，我的名就通过他们而得荣耀。于是先知阿摩司（Amos）这样谈上帝：'那在天上建造楼阁，在地上安定穹苍，命海水浇在地上的，耶和华是他的名。'（《阿摩司书》9：6）意思是：人们在地上设定契约，他在天上就得了荣耀。"人因此通过与同胞的关系来尊崇上帝之名。

犹太教认为人类社会是一个道德统一体，其中所有个体相互平等。个人的罪孽被归于整个社会，社会为构成它的所有人负责。在上帝面前，社会不仅要对饿死或冻死它的一个成员负责，也要对个体灵魂的冷漠或良心泯灭负责。犹太人的教育观念是：用古代的隐喻说，就是一种"培育"（building up）。"一个人讲授《托拉》给他邻人的儿子，如此这般就塑造了他。"共同体应是一种工具，它促使生命得以实现，教导人类以使有限彰显永恒，上帝之国行于尘世。只有在这样一个共同体中，正义与爱才能得以实现。基于同样的理由，这样一个共同体决无终结之日，而会不断成长。一首圣诗赞美道，上帝"喜入其地"——当"慈爱与诚实彼此相遇，公义和平安彼此相亲"（《诗篇》85：11）。

这样，信仰我们的同胞就作为上帝所加于我们的一个任务摆在我们面前。在同等意义上，充满神秘感的生命勃发，戒律呈现；永恒的上帝将两者给予了我们，它们交互其中，生命与戒律相互包含，共同面对人类。离开一方另一方就不能存在：不存在没有确定戒律的生命，而每一戒律都是为了生命。在实现善的过程中，人实现了他充满神秘感的生命。

但是，只有在尘世间，在我们践行善的舞台上，以及在我们的同胞生活的领域中，这一实现才是可能的。没有这个世界和为它而设的有效律令，也就没有犹太教的宗教信仰。对于离群索居的隐士而言，这世界并不存在，犹太教就见不到宗教的实现。他或者退隐到信仰的静寂中并沉迷其间，或者因对现世的悲观主义而退避到对来世的冥想中——它们哪一种都不能实现。犹太教当然清楚上帝与现世之间的不同，无限与有限，绝对与相对之间的对立。但恰恰是从这种不同中，涌现出了人的任务，从中产生了所欲和所意欲之间、是与应是之间的永恒冲突。这种对立只能通过人的行动来克服，人来到世上引领有限趋向侍奉上帝，由此神性通过人来展现自身。所有这些作为都是基于我们同胞的利益，因此都在侍奉上帝的范围之内。上帝的王国通过为我们的邻人行善而得以建立。

从上帝所赐予的必然性中，从自先知而来的信仰的确信中，产生出与不断背叛上帝之路的行为作斗争的力量。在这种必然性中，理想明晰，固守着对正义与爱的渴求，不再仅仅是人想象自己侍奉上帝的梦幻，可望而不可即。人领会到他被派遣来到这个世界，不是像神秘主义者欣赏自己的梦境那样去"欣赏上帝"；他就会听从上帝对他的召唤，沿着永恒之路前行。正义与爱是布道的语言，指出所加于我们的道路以使我们能够"跟从上帝"。上帝赐予我们的其中一条道路就通向我们的同胞的。从我们对上帝的敬畏产生出我们对我们邻人的尊敬；我们尊重他，就是尊重上帝；我们服务于他，就是服务于上帝。我们所有的想念和祈求里都包括他，因为他是我们的兄弟、上帝的孩子，我们在我们永恒的起源中被连接在一起并被要求沿着这条道路继续前行。

福音书把邻人之爱简单地从《旧约》中搬来这个事实，对于拒绝在《托拉》中经常被用来罗列邻人之爱表述的企图以及拒绝由后来的先知所表述的基督教的邻人之爱，已经十分充分。拯救与天赐之福有赖于正确的信仰因而完全建立在教条与教义基础上这个事实，表明爱在《新约》中是如何被局限束缚的，有关这一点无需详尽阐述。这意味着拯救与天赐之福为那部分被认作情同手足的人们、"无信仰的人们"所拒绝。在同等意义上，表现宗教人性及对同胞内在地认可的拯救概念得到了最确切的表达。但是，在基督教那里，起支配作用的却是体验上帝恩典的神秘性并因此获救。这样，作为个体之人的"我"就独自位居宗教的中心，与同胞相分离。

还可以把佛教对人类的爱与犹太教对人类的爱加以比较。佛教关于爱的学说情深意长，主张对一切生灵行仁爱、发慈悲，然而就其内核来说，这是那种多愁善感、忧郁悲切的感情。与犹太教的教诲不同，这种感情缺少对同胞的尊敬，也不重视具有积极意义的正义，因而缺少对道德任务的明确要求。它还缺少为犹太教所强调的社会的与救世的因素，缺少强制的力量和驱动力，缺少具有重大意义的"你应当"。佛教的德性绝不能超越单纯的感情范围。这就为它上了被动与消极的烙印。没有对责任的确定要求，炽热的情感就只能表现为伦理方面的懒惰或懒散：在我们内心中充满了对邻人的满腔热情而在行动上却与他们形同路人。这就是佛教被叫作懒散的宗教的缘由。这或许是一个莽撞的判断，但从某方面看却是真实的：具有全部理念论优点的佛教是一种放弃积极进取的情感性宗教。对佛教来说，就像基督教那样，拯救就是一切，"我"的问题就是生活的唯一问题。

有时希腊思想，特别是斯多葛派常常被援引，用以贬低犹太教的历史意义。希腊哲学家关于人性的高尚观念以及恢宏的观点激励着人们。然而，必须清楚的是，这不过是哲学家们称颂的哲学，一件说明他们软弱性的事实。哲学家们呼吸着学院里那稀薄的空气，分享着那惨淡的智慧。虽然他们成功地吸引了许多俊才能士，并影响了许多有名望的罗马律法大师——乌尔比安（Ulpian）、朱利耶斯·保罗斯（Julius Paulus）、弗洛伦提努斯（Florentinus）——他们并不能够对人们的生活与道德产生持续性影响。就戒律一词的严格意义说，他们的教导中没有任何东西可以被理解为戒律。他们也不能够成功地教育人民或社会，因为现实生活与他们所提倡的德性相去甚远。总而言之，他们缺少那种在反抗当时的先知斗争中、在对未来的救世希冀中达成自我确证的道德激情与热忱。尽管他们仁心慈面，但他们并不信仰"来世"。他们的忠告就是顺从。他们缺少那些充满指令与承诺的话语："我是主你们的神。"虽然他们的观念也征服了一些人，但那些人并没有把它们当作信仰。

信仰同胞根源于宗教，并不仅仅出自仁慈，它表达了人对上帝的虔诚与敬畏。爱我们的邻人不是偶然的举动，它就是我们生活的内容，是"善的及上帝要求的"生活的戒律。对倾听到上帝之言的同胞来说，它是常在常新的决断。这就是它能够融合所有思想与情感并绵延古今的原因。甚至犹太教的敌人也始终承认，犹太教对同胞的爱既不是空洞的说教也不是单纯的情感，对同胞之爱来说，积极的同情心——即塔西陀[①]所说的 the prompta Misericordia——是生活的指导性规则。

迈蒙尼德把正义，即公义，看作是自我完善的美德。一个人要生活得完满，就要通过行动证明自己的价值，这意味着公正正直，意味着找到通向同胞的路。在这种意义上，the Zaddik，公义的人为犹太教所颂扬。由于这些人，生活变得真实起来。阿拉姆语版本

---

① Tacitus（55？—117？），罗马历史学家。——译者

的《圣经》就是在这种意义上把《箴言》（10：25）篇的一个句子翻译为"公义的人托起全地"。或如拉比约哈南（Yohanan）所说："世上倘存一个公义的人，这世界必有理由存在。"正是这个公义的人真正创造了人类生活。应当拥有的完满生活无穷尽之日，生活的责任永无终止，生活的目标遥遥在望。通向同胞的路就是谦卑的路，因为谦卑就是无限性的意识，而人就处身其中；通向同胞的路也是尊敬的路，因为这就是德性的实现，德性属于升华并进入无限境界的人。正像我们的生活在信仰我们自己中得到净化，获得道德力量，并反过来在永恒中找到起源那样，我们对我们同胞的信仰也使得我们的生活获得了自由，并因此得以自我更新。神秘奥义有自己的戒律，而戒律则有自己的神秘奥义。

3. 信仰人类

在将人类比于上帝，将善看作是最高实在的信仰中，跃动着善亦将被实现的必然性。上帝所播种于人并因此要求于人的，最终必能克服所有障碍与阻力而展现自身。创造佑护着未来。质疑终点意味着怀疑开端，质疑目标意味着怀疑路径。上帝的戒律包括来日，即"主的时日"（the day of the Lord）——提供最后的答案。如果不是这样，那就不是上帝的戒律。一则古老的格言声称在上帝的意念中开端已包含了终结——"思想中先想到的，行动中最后落实"（In work the last, in thought the first）。是神使结局从属于开端，未来从属于起源。对于相信善并承认善是人的生命中形成神性因素的人，善是作为人类永恒实存的条件而存在的。在对上帝的信仰中,在对上帝的尊重中,存在着对未来的信心。所有道德和宗教的意志力因而在本质上是一种敬畏和信仰的行为,一种对于将来的深信。谁据有戒律,谁就得到允诺。

关于未来的观念也是一种特别的犹太观念。在创造性因素和神的戒律中,证实了灵魂的纯正及其行动的决心,人们也认识到了未来的意义。未来不仅仅意味着那种神话预言似的由命运导致的偶然结局,未来更是一种实现和一种完成,是我们的道路所指向的目的地,是人所创造的充满希冀的目标来临的日子。这个观念不会从单纯的依赖情感中产生,而是全部犹太式虔敬所独具的那种紧张心理的产物。这种紧张带着自身全部的悲剧性,存在于亲近与遥远之间,存在于从每个人的生命旅程开始的亲近与超越每个人生命的终极目标的遥远之间,存在于对每一个体的要求与个体所力不能及的完美之间。它是行动与渴望之间的紧张,是始终想要成为未来的现在与始终应当作为现在的未来之间的紧张,是由当下(现在)去塑造统一性和完整性而造成的那种紧张。从先知的时代起,犹太教就把使命意识与自觉的期盼看作是自身体验中必不可少的一个部分。用希望一词来描述犹太教所觉省到的东西是远远不够的,正确地说它是一种期盼,是相信自己的作为及遵行的道路来自上帝旨意的人的一种确信。受上帝指派来到这个世界及对未来王国充满期盼,二者一起构成犹太式虔诚的本质。这二者以及由它们合成的统一体之间的紧张就成为犹太人期盼未来的救世要素。

在这种救世主要素中,戒律实现着自己的意图。戒律是无限的:一种可以被终结的任务并不是真正的任务。这种为人设定的、不可测度的戒律是人的天职,然而戒律又离弃人,因为人受生命短促的局限不能完成戒律。人在此生可以完成为自己设定的关于日常琐事的任务,而上帝给他设定的任务超出了他的尘世生命。人生日短,但人类恒久。即使个体的人不能够到达道路的终点或完成上帝为他设定的任务,但他仍然是那个延续到他并从他继续延续下去的连续体的一个部分。对人类来说,存在的方式及其戒律,超越了个体的死亡限制。尽管个体不能做到这一点,但人类本身有希望达成善的完全实现。人类将完成人的使命。戒律——甚至重新嘱托于人,并时常造就新的戒律——都能够在人类中得到实现。我们对自己的信仰在我们对于人类的信仰中臻于极致,如《塔木德》所说,先知语言的全部力量,是直指人类的。没有关于未来的必然性就不会有戒律,今天在明天获得意义。

这样,人类的观念就获得了一种更全面的内容。人类因此而与全部时间相吻合,正像人类遍布全地一样。这样,就表明了人类不仅仅是各民族的统一体,每一民族都是人类全体的一个部分,而且还表明了人类是不同时代的统一体,而每个时代都是历史的一个部分,是向着最终目标前进道路上的一个阶段。民族的统一体和时代的统一体——两者一起构成了人的世界。一个世纪接着一个世纪,一个世纪产生一个世纪,它们全都从伟大的开端——创世开始,并趋向伟大的完成——未来。于是,生命不再单纯是事件的连续,不再单纯是存在的自然和现实的链条,正像它不是单纯的宿命那样。生命不单纯是现在,生命有了意义,它是上帝世界的一部分,而上帝造就了人的世界。"一代代人来了,一代代人走了",但存在着保证"代代相传"的东西。"代代相传"这句格言是一种使命和一种诺言,表达着要求、安慰与激励,还有保证。单个人或单个民族的存在就既是有限的又是无限的:就时间而言它是有限的,而就它趋向未来而言它又是无限的。通过将人类的无限融入个体的有限,前行在这条道路上,每一步都找到了自己的意义。每一个体的存在因此能够超越自身而进入时代,成为全部人类存在整体中的一个部分,戒律在这个存在整体中仍居支配地位。每当戒律对于自己有所认识,它都会认识到比它自身更伟大的东西。正如个体通过认识他在无限中的位置而获得谦卑的感觉一样,他也通过认识他在无限中的位置而获得对自身的尊重。

在这里,精神(soul)这种历史统一的因素被发现了;上帝向人类显现自身,人类也向上帝展现自己;上帝给予人类这个世界,人类为上帝调制他的世界。这个历史的统一体将体验与人生、被造与创造、谦卑与尊重的统一包含于一身。在这个统一体中,犹太教的救世及一神教的特征变得明了起来,因为精神在这里使自身超越了谦卑——它只知道自我的日常生活——的缺乏,也超越了尊重——它只知道日常生活的自我——的缺乏。因此精神能够穿透隐秘,聆听到戒律。

为此,犹太教特别教导人们听从戒律。犹太教总是宣讲道德要求的无条件本性。它从不接受那种宿命的、断言对于不同的个人和民族具有不同对错标准的、模棱两可的德性。它拒斥戒律上的二元论,这种二元论为伦理学和政治学建立不同的标准,为国家提供貌似公允的理由,从而证明自己的公正应该与国家中个体成员所要求的公正不一致。总而言之,犹太教拒斥二元论,这种二元论认为所有道德的对与错最终都只不过是假设,而所有的道德都只不过是对权力的颂扬。

只有通过救世观念，伦理学才能成为历史的伦理学，戒律才能成为所有民族的戒律。因此，民族的道德就不是一种回避或逃脱于圣训的某种东西。如果对于一个只是为了扩大其权力范围而利用它的每一个权力对象的政府，宗教保护或维持着容忍和意味深长的沉默，这种默许就是源自对救世主思想的一种抛弃。这种宗教用妥协代替了绝对命运，用一种多样的道德代替了一种统一的道德。因为道德的意志与真诚的力量只有通过救世主思想才能进入历史的生命之中。历史只有从救世主的思想中才能获得驾驭道德的力量，才能获得对正义的巨大欲求，并由此产生正义在未来实现的必然。

所以，历史的目标就是善的完成。对个体来说，完美在来世，来世升起在暗淡的死亡之滨，召唤着他；对人类来讲，完美就在今世，到达之路就是历史之路。这样来世进入今世，同时永生降临人间以展现自身并成为未来。在犹太教的思想和语言里面，未来很快被设想为这样两重含意：彼世的未来和此世的未来。善的完成既是超越的又是内在的，它延展到永恒的世界和历史的世界之中。体验到这种两极性，感受两极性，蔚然使之成为一个整体，就成为犹太教的特征。那仍然是因为神秘在自身中负载着戒律，戒律根植于神秘，是因为人居于神之中，神需要人，它是给予者与控制者的统一。"全善的时日"深隐不露，只在永恒中展现自身，当然它也存在于今世尘俗的任务中。尽善尽美的生命需要人类的选定，未来的王国是神的王国和人的王国，是神所赐予的，为人所欲求。

这里再次出现了犹太教中包罗万象的观念——赎罪观念。对未来的企盼包含了对自由时光、和解之日及其静谧祥和的梦想。从根本上讲，未来与和解是同一个意思；新之必然性和遥远之临近。全部和解包含着通向未来之路，因为进步就是全部回报。人类有着不断自我更新、不断再生、打破阻碍，甚至再次转向赎罪与和解的能力。对于历史之路，不管其错误的所有歧路旁径，善始终保持着人类的任务。如一句古老格言讲到的："一个罪孽或许能湮没每个戒律，但它无法湮没整个《托拉》"——"明灯"长存，人类在它的光芒中找到未来。《塔木德》提到另一句格言："赎罪之日是永无终结。"当历史到达皈依之日，一个历史的新纪元开始了。然后历史宣布与上帝的一个新契约，生命在历史中证明自身并实现自身。

人的未来是有限和无限的和解、存在和戒律的和解、天赐和目标的和解，以及所是和所将是的和解。和解之日是永恒在人类中得以展现之日，和平降临人世之日——可以说，是超越与内在的和解。于是目标与起源也浑然一体。目标是皈依，回归源头，我们自身内那种纯粹和创造性的源头。看到人的内在的纯粹和自由，就能看到未来。我们内在的善保证我们看到未来将予以人类的东西。

于是开端与目标之间就有了伟大的联系，这种联系不是产生于国家的权力而纯粹由人造就。这里我们发现，包含着人的一切的生命，担当着世世代代的历史和每个世代的历史，也担当着世世代代的未来和每个世代的未来。没有哪个历史事件是孤立的偶然事件或仅仅是命运链条中的一个环节；相反，它在整个人类历史过程中被赋予一种意义和一种价值。这样，命运的神话观念——它只知道有命运而不了解其起因，只知道依赖命运而不知道其作用方式，把命运视作命中注定而不知道命运实际是一种目标——就被消解掉了。同样消解掉的还有世代的历史孤立意识，它认为他们每世代的完结就意味着终结。相反，每一世代成为代代连续的必不可少的组成部分，并因此成为历史的伟大意义的一部分。世代间的分离成为时代通过延续人与上帝之间的契约而表现出来的约定。"代代相传"这句话包含着一个指令，传递着和平。历史给个体存在的压抑问题提供了答案，因为它使那些超出任何一个世代范围的任务的实现成为可能。超越一切使时代相互隔离的屏障得以消除，实现了统一，因而生命超越了所有的世代。未实现的总能有望实现，有限的时光总能通达来日，并由此寻觅到安慰。在这里，安慰一词变成了未来的别名。

与这种安慰并存的是戒律和信任，要求和允诺——对自由的允诺。在犹太教中，对未来的信仰不能脱离为它劳作的愿望而存在。未来作为被任务所保证的必然立于我们之前，任务作为被未来所保证的必然性面对着我们。任务是为着未来的任务，而未来是任务的未来。遥远的被允诺的目标和眼前被要求的道路相互展示，相互保证。于是正义与爱最终也成为一体：赐予之上帝即是指令之上帝。乐观主义因此不是由神的仁慈已经赐予人类的一种救世的布道，而是人类在自我拯救的前提下给予生命的信物。伴随这种乐观主义的是一种悲观主义立场：因着对未来的一种确信而产生的抗议、一种对时代的蔑视及一种对当前的嘲弄。这里还有一种救世主式的讥讽、一种对于人世的蔑视——而且只有具有这种悲观主义的人，进行这种嘲笑、这种抗议、这种讥讽的人才是真正伟大的乐观主义者，才能牢牢抓住未来，引领世界迈步向着未来前进。那些既对未来抱着坚定的乐观主义，又对当前抱着深深悲观主义的人才是群众的圣灵、人类的精英。

  人类命中注定就这样逐渐认识到自身的善。它的生命的真正要旨是实现其存在的意义：让崇高和神圣进入自己的生命。与善的思想相关联的是世界历史的一种伦理进步观念，人类必须认识到这种观念不总是作为事实而一直是作为代代相传的戒律。这种观念也得到了先知系统的阐述，先知们认识到人类的统一并且创造出人类观念。在这个过程中他们发现了普遍的历史的问题，他们清楚地领会了人类中持续的、复活的观念，引领各民族通向自身目标的道路观念。他们所处的动荡年代使他们不禁要问：什么是不变的？其他人只听到了命运沉闷的单音调，他们却感受到了永恒的启示！历史不是一种命运，而是一种展现和一种创造。他们不仅仅描述所发生的，他们还要宣讲他们的理解。他们的目的不是记述民族大事，而是以人类所注定的道路作参照，衡量所有的行为动向。每一天所展示给他们的不只是是什么和产生了什么，而首先是事情意味着什么。他们的宗教因此使他们的历史眼光视野开阔，富有洞察力。

  这两种观念——人类和世界历史——被紧密地联系起来。因为如果只有人类，如果人的统一是根本的和原初的，那么只有生命可以被认作是历史的，也只有在生命中，人类和世界历史的统一才能被实现。一个民族真正的成就是它能够成为人类生命中基本的部分。一个民族在历史中的特性和价值即它对人类历史的贡献。

没有人类的历史就不会有人类。但人类的这种统一完全基于人类之中的神性。不管人们属于哪一个民族或种族，所有的人仿照上帝的形象，并被上帝所创造，因此人类自己也能创造。他们只是纯粹因人而被分开，他们又因神性而被联系在一起。人类真正的、现实的、有意义的存在因而是这种事物的经验：它是被赐予的和应是的，它联合一切，一切都能在它那里发现自身。世界的真正历史是善的历史。当这一点被普遍认可，它即得到完全的实现。因此人类的统一成为地上所有民族的一种伦理要求。民族自身被责成去创造这种统一。

即使我们的道路和目标有其必然性，我们有限的人也不可能经历迂回曲折的全部发展过程。那是神性智慧的特权，"众民当从新得力"（《以赛亚书》41：1）。并非人类生命的有限方面，而是它的神性内涵创造着历史。因为上帝的精神在历史中展现自身，只有那使精神和戒律得到实现的才能生存和延续。人的谋划和意图都不能创造永恒，因为如果他们反对上帝，他们所有的思想、努力和奋斗就都是徒劳的。"耶和华使列国的筹算归于无有，使众民的思念无有功效。"（《诗篇》33：10）

各民族树立起来的权力大厦有什么用处呢？上帝让它们显现，让它们消亡，它们只在那里等待着被征服。所有那些"地上的亲王和法官们"都是些什么呢？"他们是刚才栽上，刚才种上，根也刚才扎在地里；他一吹在其上，便都枯干，旋风将他们吹去，像碎秸一样。"（《以赛亚书》40：24）大家都明白，都知道地上所有那些骄傲自大和夸夸其谈的当权者是滑稽可笑的，除了让人可怜之外什么都不是。与那些真正的明白人的冷嘲一起，先知们轻视一个自以为是的世界的挤攘和喧嚣。"众民所劳碌的必致虚空,列国所劳碌的被火焚烧,他们都必困乏。"(《耶利米书》51:58)而且在他们关于上帝的格言中,克服了疑惑的冷嘲,上升到永恒。"那坐在天上的必发笑;主必嗤笑他们。那时,他要在怒中责备他们,在烈怒中惊吓他们。"(《诗篇》2:4以下)这就是所有世俗努力的结果。

单纯世俗的权力的建立只为了有一天崩溃坍塌,从它存在的那天起,导致它垮塌的缝隙就已经裂开,这是先知们从世界历史的体验中引出的一条一再被重复的结论。为单纯的权力而奋斗最终寻得的是自我毁灭。不真实的、非伦理的和反对上帝的纯粹权力是一种愚蠢;用康德的语言表达先知们的思想就是,恶"本性就拥有击败和摧毁自己的特质"。历史是权力的废墟,为权力的胜利而劳作就是为毁灭而劳作。

先知们对争权夺势所给予的不只是他们辛辣的嘲讽,还饱含着他们的怜悯——他们的"愿"中祈求与威吓并举。"为本家积蓄不义之财、在高处搭窝、指望免灾的有祸了。"(《哈巴谷书》2:19)"以人血建城、以罪孽立邑的有祸了!"(《哈巴谷书》2:12)对先知们来说,相信现世的权力是无宗教信仰的实质,反对它的斗争就是为认识上帝而与异教作斗争。对先知来说,每种权力结构就好比一个偶像。相对于权力,先知们提出了绝对公正的概念。所有的权力都是一时的权力,因此为它而努力将徒劳无功;但公正是永远的公正,它是通向未来之路。不是强权即公正,相反公正即是强权。《塔木德》用一句话阐释了诗篇中的一句诗:"上帝的威权即是他爱公正。"它断言:"在人类的奋争中威权与公正相互矛盾",掌权者践踏公正。只有在上帝那里威权才是公正。因此《诗篇》接下去说:"啊!上帝,你建立起公正,你对雅各进行审判,执行正义。"这是唯一的强力、神的威权,它将永存。

尽管很多人可能认为是他们主导着历史进程,但实际上历史仍是由上帝所决定的。历史是神的意图与戒律——上帝与人之间契约的设定——的彰显。只有那些实现上帝的意图和戒律,将上帝与人之间的契约付诸现实,才是真实的。所有民族都为这个历史服役。上帝将善与恶、生与死摆在他们面前说:"你要选择。"没有人能被解除或被豁免这个选择——因为那是历史的审判。人人都面对这样的选择:走向生命之路或走向邪恶之途。

正义的力量支配着各民族,决定着他们的历史。那就是耶利米(Jeremiah)聆听到的:"我今日立你在列邦列国之上,为要施行拔出、拆毁、毁坏、倾覆,又要建立、栽植。"(《耶利米书》1:10)不管他们可能是多么自信,也不管他们可能对他们的功绩多么自夸,各民族永不能避免这样的结果;它们只是上帝的工具。如果它们决定支持善并选择上帝的意愿,它们就因此成为上帝的工具。一切都属于上帝,所有人都会成为上帝的子民,被他挑选而获拯救。"我岂不是领以色列人出埃及地?领非利士人出迦斐托?领亚兰人出吉珥吗?"(《阿摩司书》9:7)"因为万军之耶和华赐福给他们,说:'埃及我的百姓,亚述我手的工作,以色列我的产业,都有福了。'"(《以赛亚书》19:25)这是弱小者的安慰:他们不会害怕或绝望。邪恶的势力,尽管可能看起来强大,也不能压垮他们。因为当时日来临,"非人手凿出来的石头从山而出"(《但以理书》2:45)去摧毁恶势力。"耶和华必审判地极的人。"(《撒母耳记

上》2：10）

　　这种信仰不是来自对过去的科学的认识，也不是来自对历史的洞察。确切地说，它是一种对善的实现的深信，即对实现的那种预见，那种透彻通明的信念。认识到人类的生命，就像个体人的生命那样，有其意义和使命，就创设出世界历史观念。无论何时何地道德都占据最高支配地位；正义统治全地，在它的规则面前人人平等。历史的统一借助伦理的统一得以实现。特别是一神论，由于它对唯一的、正义的上帝的承认，使得世界历史观念成为可能。唯一的以别物为前提条件：没有世界历史就不可能有一神论。这样，世界历史就成为一个宗教问题。

　　因而，先知们不是从世界历史或从对自然的冥想中获得对上帝的理解。相反，他们的世界概念只有通过他们对神性的理解才变得清晰。他们得以洞察世界中神性的秩序和在一切事物中显示自身的正义的法则。对他们来说，世界历史的伟大图景是上帝荣耀的作品。重大事件和革命犹如上帝对各民族发出的启示。从各民族视野看，地上发生的一切都服务于体现荣耀的上帝，即"圣洁主的名"这一至上的神圣意志。

　　在以色列人的体验中，生命本身很早就唤起了这种宗教的历史感。以色列作为一个民族的存在开始于它自埃及的解救。这是一个开创性的历史行动，同时也是一个宗教行动，它促成了对于解放和拯救的真正的宗教感和历史感。因此人民的解放者是以色列最早和最伟大的先知，同时以色列最早的体验是上帝对历史的支配。所有信仰及律法的表白都指向那个事实："我是耶和华你的神，曾将你从埃及地为奴之家领出来。"（《出埃及记》20：2）

这种对历史最深层意义的理解,在犹太人为保存个性而进行的数个世纪斗争中得以深化。以色列人从来没能从其政治历史中获得任何有价值的东西,这种历史屡被先知们所否定。这个世界以物品和财富来评判价值,列身这个世界众多国家之中,以色列被认作是贫穷和卑微的。以色列的自信仅仅来自它相信有让其他价值处于优势地位的历史,这种历史让生命的尺度与别的真理相关联:"万军之耶和华说:不是倚靠势力,不是倚靠才能,乃是倚靠我的灵方能成事。"(《撒迦利亚书》4:6)面对敌人的压倒性力量,以色列唯一的依靠就在于那将要到来的时日的感召力,就在于未来必归于善以及上帝必解救每一个民族摆脱奴役的必然性中。以色列作为一个民族起源的历程预示了善的胜利的结局。而且,当人们目睹了各种帝国的兴盛与衰落,会为之激动不已。宗教思想楔入人心是由于这样一种识见,即存在的保障不在于世俗权势的富有,而在于某种更真实持久的东西。

存在有且只有一个真正的基础:正义和道德。这是先知们的基本理念。一个人如果没有了确然的德性标准,他就不可能生存,而只要一个民族不能满足最重要的道德要求,它就必然灭亡。如果停留于邪恶和犯罪,再大的强权也必然消失。当犹太人违背自己的责任时,先知们必然对其进行批判。先知们认为,所有民族都站在正义的上帝面前接受上帝的审判。"他按公义审判世界,按公正审判万民。"(《诗篇》98:9)世界的力量就是德性,世界的法律就是正义。这一法律必然使所有那些将自身建立于伤风败俗、邪恶和骄傲自大之上的民族无一例外地崩溃坍塌。唯有善能持久,这是历史的神正论(theodicy)。

每一个民族因而必然向上帝证明它值得存在。然而如果唯有正义这一个标准,我们中能够经受审判的毕竟是少数。但是正义的上帝也是仁慈的上帝,他是"万能的因而也是万忍的"。他"有恩典,有怜悯,不轻易发怒,有丰盛的慈爱,并且后悔不降所说的灾"(《约珥书》2：13)。他允诺时间的回归——由于他是永恒的,他允诺的时间也很漫长。上帝一再申明："你们世人要归回。"(《诗篇》90：3)只有在赎罪观念这个前提基础之上,世界历史的概念才成为可能。被允诺的救世就是未来,即使一代又一代偏离通向它的道路,这道路仍继续存在并且永不对任何人闭封。正如上帝对人的要求永不会停息,他对人的允诺也永不会收回。终极目标是人的生命,未来是善的未来。

然而,上帝要求于人的严厉丝毫没有减少。人类的行动,我们的行动,能缩短实现的时间。一旦所有的民族都为他们自己赢得存在的权利,不再欠着神的宽恕,那就掌握了实现的时间。上帝的戒律指示并保证着至善的目标。他劝人顺从的声音从未止息,这个声音总是召唤我们重新开始。上帝总会原谅和宽恕,因为我们能够而且必须在他面前洁净自身。

历史与救世只有通过人类的自由和责任才能完成自身。将要到来的时日,如若为上帝所允诺,只能由人类的努力来赢得。上帝与人的契约假定着人会真正履行他与上帝的约定。人可以得到上帝所给予的爱,如果他在对上帝的服务过程中全心地爱着上帝。只有懂得他是被上帝所指派的人才能期待上帝。

当实现了这些条件,那就将只有一种人类。当人们找到通向上帝之路,也就是上帝之路时,他们就发现了相互沟通的路。因为人类与上帝的和谐同时就是所有意识到平等与共同体的人的统一。认识到每种分隔都是虚伪的分隔，而每种连结都是人类的连结，认识到人人是兄弟，这是自身即为救赎之救赎的前提条件，它是一条路也是一个目标，所以它是人的上帝的认知。

用先知们的话说，当上帝"使万民用清洁的言语，好求告我耶和华的名，同心合意地侍奉我"（《西番雅书》3：9），来日也就到了。"那日耶和华必做全地的王！那日耶和华必为独一无二的，他的名也是独一无二的。"（《撒迦利亚书》14：9）而"万族"这句话预示着概念的实现。

同样，照先知们的说法，那时不会再有以强制或禁令消除邪恶的必要。"耶和华说，那些日子以后，我要与以色列家所立的约乃是这样：我要将我的律法放在他们里面，写在他们心上；我要做他们的神，他们要做我的子民。他们各人不再教导自己的邻舍和自己的弟兄说：'你该认识耶和华。'因为他们从最小的到至大的，都必认识我。我要赦免他们的罪孽，不再记念他们的罪恶。这是耶和华说的。"（《耶利米书》31：33以下）那时，正义和公理将在地上变成现实。所有的野性和残暴都将不见，所有的邪恶都将消失。盲目的争斗和流血的战争将不再蹂躏世间，相互的倾轧也不再会把人类扯得粉碎。"他们要将刀打成镰刀，这国不举刀攻击那国，他们也不再学习战事。"（《以赛亚书》2：4。《弥迦书》4：3）

在这首和平诗里，所有生命都被理想地归入一幅甜蜜图画之中。"豺狼必与绵羊羔同居，豹子与山羊羔同卧，少壮狮子与牛犊并肥畜同群；小孩子要牵引它们。牛必与熊同食，牛犊必与小熊同卧，狮子必吃草与牛一样。吃奶的孩子必玩耍在蝰蛇的洞口，断奶的婴儿必按手在毒蛇的穴上。在我圣山的遍处，这一切都不伤人、不害物，因为认识耶和华的知识要充满遍地，好像水充满洋海一般。"（《以赛亚书》11：6以下。《哈巴谷书》2：14）避恶求善就意味着认识到上帝，这种确信贯穿先知们布道的始终。

在那历史的英雄时期，领袖决定事件的进程，对未来的全部希望都要与一种支配的人格相关联。先知的思想尤其如此，它避开抽象的描述，代之以活生生的人的性格和行为来展示自己的远见。先知们很少谈论将来的时代，更多的是谈论将来的人。在他们看来，未来的完美理想表现在一种理想人格的出现。这是那种因上帝的恩典而成功赶赴审判日的人，是不渴求权力本身而对上帝满怀谦恭与畏惧并由此获得众人追随的人。这些期望实在而具体。为了描述自己寻觅的理想，先知们思忖他们实际了解的人。因为这些人自然地唤起他们最强烈的个人情感和希冀。照他们的设想，理想的人只能是群众中的虔诚者——即了解那唯一的上帝，以色列人的上帝的人，确确实实符合上帝意愿的人。

任何一种理想因为渴求对象的暧昧不清都有滑向虚幻缥缈的危险。这种危险是一种只放眼未来而不关注人们眼前责任的危险——即一种只描绘将来是什么而不能要求将来应是什么的危险。由于先知们把救世希望嵌入犹太人民及其历史的构架之中，因而他们规避了上述危险。戒律清楚地要求以色列人自己作出决定。摩西遗嘱中也表达了同样的思想："我今日所吩咐你的诫命，不是你难行的，也不是离你远的。不是在天上，使你说：'谁替我们上天取下来，使我们听见可以遵行呢？'也不是在海外，使你说：'谁替我们过海取了来，使我们听见可以遵行呢？'这话却离你甚近，就在你口中，在你心里，使你可以遵行。"（《申命记》30：11以下）人自自身开始，每条通向远方的路都自近处开始。

对先知们来说，以色列人的佑主有一个历史的、既定的并且是清晰的轮廓；他是上帝谦恭的护卫之子，他的历史洋溢着对一个民族和一种宗教的所有光辉灿烂的伟大记忆；他是大卫——一位符合上帝意愿的国王，被选定的弥赛亚之一——的子孙。大卫的子孙将未来的理想化入一个有血有肉的人的存在中，作为一个活生生的人，他能向人们展示将来会如何。就这个词的理想意义而言，他是弥赛亚。先知以赛亚（Isaiah）这样设想他："从耶西的本必发一条，从他根生的枝子必结果实。耶和华的灵必住在他身上，就是使他有智慧和聪明的灵、谋略和能力的灵、知识和敬畏耶和华的灵。他必以敬畏耶和华为乐，行审判不凭眼见，断是非也不凭耳闻；却要以公义审判贫穷人，以正直判断世上的谦卑人，以口中的杖击打世界，以嘴里的气杀戮恶人。公义必当他的腰带，信实必当他胁下的带子。"（《以赛亚书》11：1以下）

这种希望的指令成分后来进一步得到加强。这不再是对某个将要重建世界的人的希望，而是对将在人间建立的新世界的希望。因为对某个人的希望与犹太教主张一个人应当超越人性归于命运的道路相背反。某个人的概念因此就退隐其后而凸现某个时代，弥赛亚让位给"弥赛亚时代"和与之相伴生却表述更为明确的"上帝的王国"。这个词，出自对唯一上帝的信仰，指人预备在人间建立的上帝的王国。这个词因而成为未来的任务和允诺的同义词。它不是对未来的神秘预言，也不是宣告什么东西将从另外哪个世界传降到人间。更确切地说,它是从生命意义的最深处生发出来的一种要求和必然。上帝的王国将是上帝眼中的人的世界——一个"充满对上帝的敬畏"的存在,高出卑贱和尘污;一种虔敬的、遵行戒律的生命,这种生命生活在这个世界中,但与这个世界相区别,不隶属于这个世界。

对犹太教来说,上帝的王国不是凌驾于世界之上的王国,或是与世界相对的王国,甚至也不是一个与世界相并存的王国。上帝的王国是由人类的目标所给出的对于世界的回答:世界有限性与无限性的和谐一致。上帝的王国不是一个人们只能等待奇迹出现的未来,而是戒律的未来,它执着当前,要求一种由人肇始的开端与抉择。在其理念中,有着人是一种创造者的认识,这种认识与那种认为人被束缚受制于罪恶的命运而只能由一种奇迹来打破的概念相对立。如拉比们所言,对于犹太教来说,上帝之国是由人"自己来承担"的。人必须选择这个王国。这是虔敬的王国,人通过对上帝的道德侍奉,通过确信神圣意志不是外在于人或与人的生命相平行的东西,而是他生命的实现得以进入这个王国。通过永无止境的善行来认知上帝的人就前行在上帝王国的路程上。

如果上帝王国因此代表着未来的目标,它也可以说代表着整个团体。社会的和救世的理想合二为一,未来被看作是统一生命的一个整体。上帝王国将是把所有人都联合于其中的王国。天国理念,同国家理念一样,也是一个道德理念。这种统治权理念摆脱了唯物主义,摆脱了单纯权力、单纯占有的观念,也摆脱了强制和压迫观念。上帝王国不是建立在强权之上,而是建立在上帝的戒律之上,上帝王国是自由统治的天国,因为它是上帝统治的天国。

在全部救世的观念底下隐含着人的灵魂只能从属于一个上帝的思想。任何沉湎于世俗权力的人都拒斥上帝的王国。正因为如此,《旧约》故事讲道,在以色列人"同其他那些民族一样"的时日,"耶和华对撒母耳(Samuel)说……他们厌弃了我,不要我做他们的王"(《撒母耳记上》8:7)。正是因为上帝王国对立于纯粹的权力,对立于奴性的命令和屈从,所以上帝王国理念才对立于那种拒绝任何控制的无政府主义。只有侍奉上帝的人才生活在上帝王国中,没有对上帝的崇敬和畏惧就没有自由。这样,对上帝王国的向往就与尊崇上帝之名的戒律联系了起来。一句古老的祈求还有其他祈祷,变成了一种民众的祈愿——卡迪什(the Kaddish)——代表着上帝将他的天国变成人间天国的祈求,这个祈求就是:"尊崇他的名。"任何尊崇上帝之名的人都是为上帝的天国而劳作。就像《塔木德》同一时期的另一句祈祷所说的那样:"我们相信你,在全能上帝的天国里,我们能创造一个世界,所有的人子都选择你。"对上帝的所有希望都指向一个必须去实现的任务,而由此实现的每一个任务都向人展示通向上帝的道路。正如它是人所提出的对上帝的证明一样,它也是对来日的证明。

这样,"神秘"的,或如在此种联系中被称作"末世"的观念就与来日的超越紧密结合在一起,正如它们同来世的超越紧紧结合在一起一样。在受压迫的那些年代尤其如此,那时只有海市蜃楼(fata morgana)的美景(vision)给予力量,鼓励犹太人前行在生命铸成的沙漠中。在那些艰难时代里,用"塔木德"所不赞同的说法,人们热衷于"预言末日"。人们在构造某个奇异的未来世界时,会把他们的审判日和千禧年图景描绘得灿烂光明。在犹太神秘主义的广阔天地里,此类图景层出不穷。但这些从没能对犹太思想的发展趋向施加一种持续的影响,因为与它们常变的形式相比,犹太教具有一种宗教观念,这种宗教观念总能保证着对上帝王国真实本性有一种清晰的记忆。这一观念建立在如下的事实之上,那就是自从《旧约》时代以来,救世观念就与弘扬对上帝责任的两个节日紧紧联系在一起。新年和赎罪日,即将道德责任的戒律嵌入人心的敬畏日,新年和赎罪日也都是救世的节日。

只有这两个犹太节日与犹太历史上的特殊事件没有联系,只有这两个节日才关涉到普通人。正是普通人表现了作为人类的成员的人。在这些节日里,精神得以从个体的人转移到人类。新年这个面对上帝的清算日,预告了所有民族的审判日:人们一定要接受考验和审判;人们必须正直和真实地在上帝面前提出证据,证明他们没有白活在世上。另一个圣日,赎罪日,有着类似的启示:它也把自己的意蕴传给整个人类,它提出要求并要求人们对其承诺:安息期的安息日是人们努力争取的任务与目标。所有的道路都引向伟大的赎罪日,引向整个世界的和谐一致。这些节日总是把团体安置在救世思想的坚实基础上,安置在对唯一的上帝的信仰上,因为在对唯一的上帝的信仰中,所有时代都能找到自身的意义,而上帝的统治与上帝的爱,上帝的神圣与至仁,也能在世界历史中显示出来。

这种确信在那些古老祷词中得到了清楚明白的表达,这些祷词形成了敬畏日里神圣礼拜的核心。它们不包含深奥的教义或者什么奇思怪想,所有一切都建立在宗教必然性的坚实基础上;救世的期望采取了责任与万族高度和谐这样一种简单而又伟大的观念形式。社团在祷词中表达了这种希望:"啊,主,我们的上帝,将你的敬畏加于所有你的作品上,将你的恐惧加于所有你的创造上,以使所有你造的都惧怕你,所有生物都拜在你的面前,他们将团结一起全心全意去实现你的意愿。因为我们全都明了,啊主,我们的上帝,你就是统治者,力量在你的手中,威权也在你的手中,你的名高居你所创造的一切之上。"

这样犹太教就有了广阔的天地。因为它超出眼前的狭隘,将目光投向一种普遍的未来,由此也将目光投向了人类这个整体,从而得以避免了陷于历史评判的偏狭局限的危险。正是由于宗教如此有力地强调道德行为,所以能够防止上述的危险;因为长老们曾做过这样的祈祷:"感谢你,啊主,我们的上帝,是你把你的智慧给了生灵。"它甚至对古代异端思想也表示了敬意。犹太教确信自身的价值和未来,这给它以精神上的自由,从而承认基督教和伊斯兰教救世传教活动的重要世界历史意义,纵然基督教对待犹太人的行为很难被看作是救世行为。犹太教认识到:这两种教义也是在准备通向来日的道路。犹太教的宗教文献可以为这种公正评价提供证据。犹太教最杰出的两位中世纪思想家,犹大·哈列维(Judah Halevi)和迈蒙尼德在深信他们自己的宗教将取得最后胜利的同时,仍然强调基督教和伊斯兰教"在为弥赛亚时代做准备,做引领","他们的使命是为上帝王国的到来开辟道路",而且他们使《圣经》广为传播至全地。

正是因为这种宽容思想,犹太教才能更加自由地强调它自己的救世使命:"末后的日子,耶和华殿的山必坚立,超乎诸山,高举过于万岭,万民都要流归这山。必有许多国的民前往,说:'来吧！我们登耶和华的山，奔雅各神的殿；主必将他的道教训我们，我们也要行他的路。因为训海必出于锡安；耶和华的言语必出于耶路撒冷。'"(《以赛亚书》2:2以下）犹太人逐渐意识到，在它自身的拥有中正守护着一种世界的拥有，在它自身的命运中正体验着一种预期的命运。对它来说，犹太教的历史已成为世界的历史。犹太教在单纯事件的世界里形单影只；在历史的世界里，它与其他民族一起并居于其他民族的中心。没有犹太教，犹太教就不能理解人类；没有人类，犹太教就不能理解自身。这里，社会情感和社会需求扩展成对全人类的一种情感和需求，那就是救世主义。

古老的赎罪观念被重新唤醒。犹太教意识到那些懂得上帝的人必须为那些疏远上帝的人受罚和赎罪。罪恶之城因为它有着十个正直人而免受毁灭的《圣经》故事有着深刻的象征意义（《创世记》18:32），它揭示出犹太教的实质。由此古老的犹太智慧宣称："世界的存在只是因为还有虔诚在其中。"一位先知在这个观念中找到了关于犹太人的伟大解答，并宣称从中可以发现生命的真正意义：犹太人的苦难是为世界赎罪的苦难。这位先知把犹太人看作"主的奴仆"。在他的描绘下，上帝的这位奴仆"无佳形美容，我们看见他的时候，也无美貌使我们羡慕他。他被藐视，被人厌弃，多受痛苦，常经忧患。他被藐视，好像被人掩面不看的一样，我们也不尊重他。他诚然担当我们的忧患，背负我们的痛苦；我们却以为他受责罚，被神击打苦待了。哪知他为我们的过犯受害，为我们的罪孽压伤。因他受的刑罚，我们得平安；因他受的鞭伤，我们得医治。我们都如羊走迷，各人偏行己路，耶和华使我们众人的罪孽都归在他身上。……耶和华却定意将他压伤,使他受痛苦;耶和华以他为赎罪祭。他必看见后裔,并且延长年日,耶和华所喜悦的事必在他手中亨通。他必看见自己劳苦的功效,便心满意足。有许多人因认识我的义仆得称为义,并且他要担当他们的罪孽。所以,我要使他与位大的同份,与强盛的均分掳物;因为他将命倾倒,以至于死,他也被列在罪犯之中。他却担当多人的罪,又为罪犯代求"。

人类历史教导我们的真理是思想家和发现者总是服务于大多数人:创造性天才是为他人而创造的。他们也是上帝的仆人。为众人担当罪责,为众人赎罪。在人类中谋取位置就意味着自我负责和自我加压重负。持久的获取总是借助"公正的痛苦"来达成。无论何时大多数人得到满足,就总有倾向低层和少数人的情感。少数人的历史是一场喜剧,大多数人的历史是一场悲剧。当拥有个性意味着持久保持个性时,它也同时意味着为多数人的殉难。起初善并不诱人,但善以强力为自己开路,人也必须被强迫趋善。思想和戒律的历史总是那些自我牺牲的人的历史,那些承受忘恩负义的罪名和被驱逐之人的历史,那些为他人的灵魂而甘抛头颅之人的历史。痛苦也有救世的品质。

对于犹太教,所有这些从一开始就不只是象征或是诗情画意,而是生活的现实和历史的主题。犹太教为自己的个性而承受苦难。它自身的命运为它取得了一种救世的意义。犹太人认识到,为犹太教受苦意味着为理想而受苦。苦难由一个问题变成了一个答案,由命运变成了戒律和允诺。关于自身历史的知识成为给世界带来和谐的方式的知识,因而犹太教的领域变成了人类的领域。当前的痛苦与对未来财富的期盼被调和在一起,因为犹太人认识到,了解了主的奴仆,他们就能够真正了解自身。

这是救世的安慰,在今天的事实和未来的真实之间充满紧张。它还表达了另一种观念:"余剩民"①的预言观念。充满希望的古老诺言,预示犹太人未来会人口众多:"以色列的人数必如海沙,不可量,不可数。"(《何西阿书》1:10)但很快又有了一种知识,认为能够独自承受苦难而存活下来的总是少数人。这样,与人口众多的诺言相并存,"余剩民"概念也变得越来越牢固。历史会精挑细选,因为它要求决断,它要求在人类中作伟大的选择。但是,苦难有一种削弱作用,人们躲避它,特别是躲避上帝的仆人所遭受的那种苦难。普通人增多了,杰出的人很少。喜剧可以丰富多彩,悲剧却只有几种。哪里宣扬伟大的戒律和忍耐,智识四溢的哲学就能在哪里很快找到信徒。作为自己祖先的后人,人为责任与理念而生,但是许多人抛弃了这些与生俱来的责任。当庄严的呼唤传来时,只有少数人站稳立场,这些人就是余剩民。

在这种救世式术语里面仍有一种安慰。因为余剩民是历史的见证人:历史并非空洞无物。["余剩者必归回"(《以赛亚书》7:3;10:21以下)——当人们动摇和逃避的时候,以赛亚这样给他的孩子命名。]在抉择之时,也许只有少数人留下来,但就是他们能够坚持到来日的到来;在他们当中,就有那种创造未来的力量。"像栗树、橡树,虽被砍伐,树不子却仍存留,这圣洁的种类在国中也是如此。"(《以赛亚书》6:13)"圣洁的种类"仍存留,

---

① 《圣经》中表示以色列民中圣洁的种类。——译者

这一点在最后保留下来的繁如星云的犹太人的希望中得到了明证。

犹太人不得不经常提及那些意志不坚、背弃职守的人，提及那些把他们自己藏于人群中以保安全的人。同时犹太人也不得不谈到"雅各家所剩下的"。但是犹太人清楚地知道——因这种认知而使犹太人变得无所畏惧——真正的历史是余剩者的历史，它能够倾诉的是那些不崇拜偶像的人。"那时，剩在锡安、留在耶路撒冷的，就是一切住耶路撒冷、在生命册上记名的，必称为圣。"（《以赛亚书》4：3）"犹大家所逃脱余剩的，仍要往下扎根，向上结果。必有余剩的民从耶路撒冷而出；必有逃脱的人从锡安山而来。万军之耶和华的热心必成就这事。"（《以赛亚书》37：31以下）

在救世预言中并没有多愁善感。因为它是一个戒律的预言，它带来苦难，也带来安慰。这不只是在梦想未来，因为只是梦想未来的人不会为现在做任何事。犹太教对救世的号召要求一种新人，不管有多少人要被离弃——即使只有一小部分留存。这种新人总是认真对待自身，对目标坚定不移。在这种可谓是革命的和平理念中有一种推动的、强迫的因素。每种伟大的理念，每种对救世末日深思熟虑的概念，都意味着对立。一个戒律就等于一种抗议，因为它不只是用于缓和当下的需要，而是祈求来日、祈求人类。那些为人类而生的少数人与人类自身中既离弃又要求的大多数人相牾。因为在救世观念中有一种无条件与绝对的因素，它蕴涵着对懒惰与自满的攻击，蕴涵着对一贯正确观念的攻击。

每种成熟的文明都宣称自己是完善的，值得被全人类所接受。但救世理念始终与文明的自足性相对立，相对于文明的自足性而坚持否定的、彻底的革命观。救世主义是历史的一种发酵剂。一个耳熟能详、既对犹太教表示欣赏又表示反对的话语指出,犹太教在国家生活中起着一种"分解酶"的作用。全部救世说教就是这样一种宗教酶,扰乱着每一个自鸣得意的时代。这个开始于《旧约》时代的犹太教带着这种革命化倾向,带着这样一种追求,去选择新的道路并因此变得与众不同。这构成了它的生命和力量,因为它是基于对上帝王国而非世俗权势王国的奉献。这就是犹太教的救世品质。

对救世的确信是一种伦理财富,苦难与安慰、战斗的意志与和平的信念在其中和谐统一。赎罪的思想在此得以完成。人类由此获得巨大的信心:对将是之事的一种确信和相应地对确是之事的一种真实把握。这里我们又可看到犹太教与佛教的不同,佛教既不懂得对未来的希望,也不懂得上帝王国的目标。佛教对来日的态度是一味放弃。这是同样困扰着希腊人本主义哲学的那种匮乏,既缺乏激情与渴望,又缺乏为那些已将自身托付于一种使命的人们所具有的信仰与期盼。

犹太教的救世概念还可以跟基督教的救世概念作一对照。犹太教强调,上帝王国不是已经完成了的,而是将要完成的;不是上帝选民的一种宗教占有,而是所有人的道德任务。在犹太教中,人通过尊崇上帝、通过惩恶扬善来尊崇这个世界。上帝王国立于每个人面前,因而他能开始他的德行;上帝王国立于他的面前,因为它立于所有人面前。对犹太教来说,整个人类都被选中,上帝的契约与所有人订立。最后犹太教强调,人的信念是他相信上帝,因而相信人类,而不是他相信一个教条。

有了救世理念,伟大的统一性就融入德性之中。德性在此获得一神论的特征。哪里缺少或淡化了救世理念,哪里的宗教就最终为二元论所控制:因救赎的来临及善行的持续,信念的王国与德行的王国二分开来,上帝王国的完整统一,它的一神论特征,就被破坏了。上帝王国,或者"舍金纳"(the Shekhinah),即神圣的存在就从世上消失。这样,它的结构——国家和社团——就外在于完善的宗教,或滞后于完善的宗教,道德因素就不再是人证明神圣的因素,而最终成为除了制约世界的社会手段之外什么都不是的东西:道德只是约定俗成的、法定的和被设立的东西。道德弥漫于政治之中,而借助把信念与行为分离开,二元论就寻找到了向世上任何东西妥协与投降的理由并为之辩护。戒律的声音因此而停息。直到生命重唤起救世理念,戒律的呼声和完善的信念才又升起。然后重获人类中神圣的信念并随之确立对一神的信仰;救世的信念重新表明自己,号召人们"准备主的道路"。

只有在这种信仰中,人的历史才找到它的意义,人的生命的意义才找到它的历史。人类崇高的生命才找到了它的信仰和它的任务。上帝与全人类订立的契约经过世世代代而连接起来。每一世代从前一世代获取其应得,弘扬丰富,薪火传承,代代相续。因此,它就存在于个体生命中:我们把从父母处得来的又传递给我们的子孙。每一世代都为来日存在,每一世代都在塑造着上帝的王国,创造统一,将未来变成现实。这就是世界历史的意义。它彰显了对人类的信仰。无限与永恒进入了历史,一方面是神秘,一方面是戒律。"它将直至末日……"

第 三 篇

犹太教的维护

历史与任务

犹太教的全部预想和全部目标是致力于改变这个世界，或者更确切地说，是致力于教导这个世界。毋庸置疑，这个任务来自对上帝的信仰和对人的信仰。在以往的岁月，为保护犹太教的斗争一旦胜利，随之就是一段平静的时期，而对各民族的劝诫很快就开始。越过自己的家园，犹太人在居住地拓建自己的社区，继续着自己的劝诫和布道工作，因而在非犹太人中争取了信徒。这种劝诫不懂得妥协，时间记录了它的坚实进展和巨大成功。如果没有犹太教在异教徒土地上的耕作，基督教的传播将不可能。正当犹太教有望得到广为传播时，一场大灾难给了它致命的打击。犹太人的生活基础被两次失败的起义所带来的大震荡摧毁了。第一次是散居地犹太人反抗图拉真[①]的起义，第二次是圣地犹太人反抗哈德良[②]的起义。成千上万的人被屠杀，而镇压者却毫不留情。

[①] Trajan（53？—117），古罗马皇帝，他改革财政，加强集权统治，大兴土木，修建城市、港口、桥梁和道路，发动侵略战争，向东方扩张领土，直抵波斯湾。——译者

[②] Hadrian（76—138），罗马皇帝，对外采取谨守边境政策，对内加强集权统治，数次巡行帝国各地，在不列颠境内筑"哈德良长城"，镇压犹太人暴动，编纂罗马法典，奖励文艺。——译者

这种结果就有了至关重要的历史价值。犹太教保存下来的所有力量现在不得不全部用作自我保护,即使如此,也仍然因遭受迫害而备受限制,而公开接受犹太教意味着现实的苦难。因为犹太教自己的家园被踩躏而变为废墟,国破地丧,不堪思量。休养生息的沃土不得不让给那占据着有利政治情势、忙于扩张的基督徒。另外,还存在着阻止犹太人皈依犹太教的其他因素。罗马人以残暴来维持胜利的做法引起对他们的世界——帝国和异教的世界——的强烈反感,这种严重对峙使得犹太人离弃了罗马人的世界。民族的苦难导致民族的反抗,产生对一切外来东西的严厉责难。曾经成功地传布犹太教的犹太古希腊文学立刻被遗弃。希腊语在犹太人城市里销声匿迹。应该感激并充分承认教会的功劳,正是它,在接管宗教财富(它自身就依托于这些财富)之后,保护了那些文学宝藏。

后来,当过去记忆的剧痛消失、伤口逐渐愈合时,基督教新的世界权力同时强化了它对罗马遗产的传承。充满了权力欲和占有欲的教会,只在犹太教那里碰上了绊脚石。教会视异教远低于自己,认为异教只搞欺骗和迷信,但是不管教会愿不愿意,也不管教会作何保留,它都必须承认,犹太教有着某种价值。教会必须承认为犹太人所珍视的上帝之言是一种真正的启示。当教会谈到赐予教会的新恩赐时,教会同时也必须谈到恩赐给犹太人的旧教诲;教会所宣讲的允诺、允诺的践履,曾经为犹太教所宣讲。不管教会是多么地不情愿,教会也必须承认它就是那些仍然活跃着的传统的继承者。而那些仍然活跃着的传统并不默许这种接替,它们仍然坚持相信自己的未来。虽然它们被击败,但它们仍时刻准备着反击。犹太教始终坚持反对教会的绝对权势。教会绝不能让犹太人改变信仰。在一个不宽容的世界中,犹太教卓然屹立,就像一块花岗石,为过去的几千年作证,诉说几千年来自己的坚持。

由此开始了教会及其信奉基督教各民族反对犹太教的激烈但却是徒劳的斗争。很快,父辈的苦难成为子孙的原罪。教会百般折磨迫害犹太教,而这种心机用尽、手段使尽的折磨与迫害,教会的创立者也曾痛苦地承受过。名副其实的戴克里先①专制主义,那种自负地想把沙漠变成伊甸园的创造冲动,也被用来折磨犹太人。并且当施暴者看到他们使犹太人生活在痛苦之中时,他们自慰式地为自己辩护说,无论如何,上帝抛弃了犹太人。凌辱之外又加之以仇恨;犹太教用下列铭文把自己在数世纪中所经受的全部苦难记录如下:proprium humani ingenii est odisse quem laeseris(憎恨你伤害过的人是人之本性)。然而,仇视同镇压暴力一样,是徒劳的,以武力压服犹太人的所有企图都以失败而告终。

当企图压服犹太教的人不得不承认失败时,他们继而竖起一堵敌意的律法之墙,将犹太社区与基督教徒分隔开来。他们希望这样既造成犹太人在这个世界中并不存在的印象,又阻止他们施加任何宗教影响。在这方面他们干得比较成功。隔都之墙越垒越高,犹太人被切断了与外部世界的联系。在隔都里共同生活的人拥有自己充分理解了的精神财富。他们只能自己谈论它,但不能向外传播。作为囚困于大墙内的囚徒,他们又怎能向整个世界传播他

---

① Diocletian(264?—316?),罗马皇帝,由禁卫军拥戴称帝,开创四帝分治局面,改革内政,加强军队,整顿税制与币制,迫害基督徒。——译者

们的宗教？更有甚者，在那时皈依犹太教的人无异于自戕性命。因为犹太人很长时间没有传布他们的宗教而指责犹太人，就如同因为戴着枷锁的囚犯没能够走出牢狱而指责囚徒一样。但犹太思想一直试图突破这些围墙，并且无论何时何地只要给犹太人一个喘息的机会，古老的皈依和改宗就会重新开始。阿拉伯犹太人的历史、库萨里的历史和许多个例都证明了这一事实。

但是，这些情况很少发生，为宗教生存而进行的艰苦斗争需要一切可利用的力量。只有全心奉献以及坚定的自我牺牲才能使犹太人得到彻底的解救。精神的自我维护求助于一切资源，而且正是通过这种极度的自我维护使得犹太人更加确信他们生活在人类中间。因为斗争教会了犹太人，维护犹太宗教财富使得有关未来的允诺活力四射。他们深刻领会到，只要存在就是对世界的一种传播、一种布道。在维护与保存那些不作妥协的社团的同时，在这个世界中又与其有所不同。成为孔武有力的上帝选民——这是几个世纪来犹太人用毫不动摇的勇气来完成的任务。自我维护即为上帝所保护。在对自我保持的真实中，犹太人找到了上帝对他们保持的真实。犹太人理解先知们在世俗的权力败落及犹太人偶像倒塌时所说的话："雅各家、以色列家一切余剩的，要听我言：'你们自从生下，就蒙我保抱；自从出胎，便蒙我怀搋。直到你们年老，我仍这样；直到你们发白，我仍怀搋。我已造作，也必保抱，我必怀抱，也必拯救。'"（《以赛亚书》46：3以下）这样，过去与未来一遍遍地相互倾诉。

自我维护的任务因而获得了一种宗教特性。它同时成为一种对上帝的认知和一种宗教的义务。宗教给存在以真实的内在品质，那么也必然能给予宗教以存在。由于犹太人的生活就意味着犹太教的生活，维护了一个，就意味着维护了另一个。在这个世俗世界里，真理假如存在的话，需要先于相信它的人们而存在——这对犹太教来说尤其如此，犹太教绝不能安置在权力大厦中，而只能安置在人们的心中。依据古老的说法，以色列人是为着《托拉》的缘故蒙召而生，而《托拉》也只能通过它的民而存在。只是在理想领域《托拉》才能够自存，所以如果犹太人不再存在，《托拉》也会从地上消失。这就是为什么这个民族要在自我维护上殚精竭虑的原因。关心犹太教就要求关心犹太人。考虑到人的独特及特殊的精神禀赋，全部教育的目标是人的维护，所以人要活着，不只因为正活着的缘故，而是为维护犹太教而活着。犹太人的生存权利以犹太人保持自身的独特性为基础。全部教育都指向这个目的：相异是生存的法则。按照一种古老的解释，犹太人被告诫："你当不同，因我，你的主上帝不同；如果你保持不同，那么你就属于我，否则，你就属于大巴比伦及其同类。"神圣戒律的一个非同寻常的实质性内容被理解了。由此犹太教曾经是并且它只能继续是：古老世界里某种并不古老的东西，现代世界里并不现代的东西。犹太人是最不信国教的人，是最大的历史的反对者。犹太人生存的目的就是如此。这就是为什么他为宗教而斗争同时也是为自我维护而斗争的缘故。在这种斗争中并没有获取权势的想法，有的只是为追求永恒——是力量而非权势——为个性及人格而斗争。

要继续这种为自我维护而进行的斗争，必须为之做好准备。必须找到的恰当的宗教手段与策略已被发现，这就是彰显上帝的

"神迹"——以期唤起犹太人的特质意识，促使全体成员在精神上融为一体。来自外部的以及偶尔来自内部的威胁越大，这种需要就越迫切。这些手段首先不是为宗教理念及其目标服务，它们只适用于世上那些承担宗教理念的人。这里最重要的不是宗教利益和个人义务，而是通过社团的长期保存来捍卫犹太宗教的财富。不是宗教本身，而是宗教的法规、生命形式的统一与共同的特征，才是头等重要的。作为一个整体，社团以自己的方式生存必然具有某种连续性。谁想理解并正确评价犹太教使用的手段，谁就必须承认这个事实。虽然事实上注意力总是被引向个人的神圣化，这种神圣化主要被看作是强化社团整体性意识的结果。

通过比较可以看到，在教会中也表现出一种相似的需要，尤其是在不同的基督教派之间相互争斗的时期。因为教会重在信仰，正是信仰的教规——即教义——加强了社团的力量并为抗争做好了准备。例如，就在教皇的世俗权力开始削弱，因而明显威胁到天主教的时候，教义作为教会武库中的一件武器竟被日益强调，这绝不是一种巧合（与之相类似，犹太教中一种对"神迹"及其形式的担忧，恰恰是在曾经将个体联合起来的旧的国家和政府被摧毁的时候表现得最为强烈）。至于基督教教会，众所周知，即使没有上述特别原因，教义也是非常重要的。但是，不知为什么，教义对于其他意图的重要性竟未予以考虑。

犹太教与基督教之间确实存在本质上的不同。在犹太教中——就其最内在方面——保护神圣社团的渴望要求特定的行动。个体被视为一个宗教人格，戒律直接作用于他；个人必须投入到社团的创造中，投入到保卫社团联系的集体活动中；他要维护这个社团。在犹太教的上帝信仰和人的信仰设定的任务上，又添加了责任，这种责任建立在关涉于宗教社团持续存在的戒律基础之上，通过行动来实现。相应于犹太教必须面对的严酷和持久的斗争，责任是多种多样的。包括各种各样的法令、形式、惯例、风俗——例如，对日常饮食的规定和安息日制度，《塔木德》中有详尽的阐述，但却往往给这些宗教仪礼法规冠以错误的名称。它们并不为宗教理念本身提供服务，而主要服务于保护宗教理念的需要——一种由于宗教社团的存在而保证宗教理念存在的安全感。这是，且只有这一点是宗教理念价值的首要尺度。

在《塔木德》中，它们的意义被形象地表述为"律法的护栏"。与其说它们是犹太教的教义，不如说它们是犹太教的护墙。历史上一直保持着这种差别：宗教没有被混同于这些律令，或被置于同这些律令一样的水平之上。使这种差别足够清楚明确的一项证明是：履行一项宗教仪式从未被认为是一项"善行"，只有宗教的和伦理的行为才被这样看。这还不是唯一的证明。在赎罪日所做的重大（great）忏悔只涉及生活中的伦理行为及这些行为所衍生的所有结果。尽管这些忏悔所及甚远，尽力囊括人类的一切缺点，但并不包括他们作为信徒所违犯的宗教仪式和礼节的律条，只有对伦理律令的违背才被当作是一种罪恶。

关于这一点，最有力的证明或许是，《塔木德》公开宣称所有这些习俗和制度总有一天会失去约束力而变得多余。在弥赛亚时代——那时为自我维护而进行的斗争已借助和平的目标实现了完美——这些习俗将因完成了自己的作用而无须存在。在宗教的真正职责和只服务于维护宗教的责任之间不再有明显的差别。

这道习俗的"护栏"的独特品质被错误解释或错误理解实在是再经常不过的事情，特别是在从基督教立场出发建构的历史中，这部分原因还在于旧的翻译所导致的误解以及旧的论战所带来的误导效应。《圣经》的希腊文译本，即七十子译本，将《托拉》中的"教导"一词译为"nomos"，意为"律法"。由于在两种语言中，两个概念并不能传达相同的意义，文字翻译常常不能令人满意。对希腊人来说，"律法"一词似乎更为恰当，这个词含有宗教庄严和威权的意味。它表明在古希腊思想中，神的教导不同于人的教导。但是，后来"nomos"或"law"这个词变得易被误解，因为这个词似乎包含了束缚、强制甚至专制的观念。保罗在《使徒》中的驳斥特意利用了这个词的这种含义。保罗用新的信仰契约反对旧的律法契约，指出律法是低级、应时的东西，因而要为信仰所取代。犹太教作为律法的宗教被天恩的宗教（religion of grace）所取代，天恩的宗教断言，大奇迹能显现于人，人需要这个奇迹但须等待这个奇迹。与大奇迹相比，人的一切行为都是微不足道的，它们对于人神之间的关系毫无价值。

在基督教的这种概念下，犹太教被称作为律法的宗教，这是一种错误的表述，因为犹太教是一种向人们提出要求并把决定权又留给人们的宗教。实际上，在保罗书中，律法是首要和基本的，在宗教和伦理戒律这一领域——人必须选择的无条件的"你应当""孝敬父母""为正义而斗争""爱邻如己"——在这里这些都是"律法"。保罗还把所有相类似的，包括为犹太教视为教义的"护栏"，都看作是"律法"。这里二者被结合在一个单一概念中。道德和仪式都放在了一个水平，二者都同样低于信仰，与信仰相比较，对人与神之间的契约来说，它们同样也无意义。

在对犹太教的驳斥中，这个事实经常被误解或者被完全忘记，特别是后来基督教的追随者们的信仰摇摆不定，因而加倍努力寻觅基督教的独特与新奇特征的时候更是如此。他们蔑视犹太教，把犹太教描述为律法的宗教，一种有着条文主义和刻板的形式主义特征的宗教。这样一来，将那些被保罗也当作律法的有关正义与爱的戒律，看作是反对意义上的律法就变得越来越困难。所谓"仪式"戒律也遭到责难，直到现在，它们一直被作为指责犹太教是一种律法的宗教的证据。职是之故，犹太教不得不在本质上被描述为律法的宗教，除了把这些仪式条文当作最主要的内容，犹太教别无其他的选择。在犹太教的反对者们看来，即使他们实在不能替代爱与正义的戒律，他们也站在一个与其完全平等的水平上。就这样，将道德与仪式并列的保罗教义被强加给犹太教。相应地，在基督教的解释中，犹太律法就被描述为仅仅只是外在的仪式，只在例行程式即神圣行为中才有意义与价值的东西。只有贬低对手，基督教的自我优越论才能站得住脚。

这就是指责"律法之赘"论点的根据。事实上这样一种赘负很少加之于犹太教，犹太教的赘负确实极少，以至于许多基督教派都感觉到自己的"律法"即教义的赘负之重。考察犹太教的历史可以看到，所有典礼仪式的法规都是社会生活乐趣的组成部分。"践履戒律的快乐"这句话正适合于他们，而每一代人的实践又将这句话的有效性重新加以诠释。只有那些不曾体验或并不懂得这些乐趣的人，才老是讲"律法之赘"。不管犹太人的虔敬多么重视戒律和奉献观念，但它总是强调上述快乐的要素。至于奉献，有句古老隐喻说得好：" 契约之方舟承载那些践履契约的人。"对人所加于自身的戒律的无条件服从润泽并升华着人。对于典礼仪式的法规也同样如此，因为通过它们，一个充满着虔诚与责任以及新生的喜悦的精神世界被打开了。

事实的确如此。因为所有这些绝非无聊，单调的教诲通过寻觅，以无数"爱的纽带"将生命与上帝结合起来而获得自己的特性与宗教价值。它们前面都被加上古老的赞语——上帝"以它的戒律洗清我们的罪孽"——和拉比哈纳尼亚（Hanania）的评论："上帝宠幸以色列人，为此他给了他们一部丰富的《托拉》和众多的戒律。"它们以永葆生机的信条努力使人超越卑微和平庸，指示给他神圣的理想，唤醒他内心热切而又欢欣的觉悟，使他永远站在上帝的面前。这些条规没有将人带离自身环境的企图，它们让人眷恋自己的工作和家庭，在那里它们使人与上帝相关联。它们要求灵魂内在于每时每刻的行为中。每个清晨、中午和晚上，每次开始与结束，都做祈祷和礼拜。圣堂的气氛，宗教虔敬的光环，延展至整个存在，每天都有训诫和奉献，律法使得犹太教不会变成一个仅只是为着主日的宗教，同样也克服了将神圣与生活分开的圣礼，从而将神圣引入生活。

在家庭生活中尤其如此。在犹太社区里，每一个家庭都是一个袖珍社区，所有习俗在保护社区的同时也护卫着家庭。它们成为维护犹太家庭的围墙。它们通过奉献劳作与平凡的家庭生活来洗清尘世的罪孽。这是通过大量的信条——宗教观念的语言来完成的。从信条中，安息日及节日获得了富有诗意的魅力和气氛；在神圣域所内，人们可以躲开外面所有的肮脏与压抑，呼吸纯净的空气。律法使日常闲暇得以纯净，给晚间娱乐以礼遇，在这两者中，人的个性与自由展露无遗。在"护栏"内，上帝的和平降临其间；在围墙中，生命被护卫、被滋养，而不再狭隘。尽管这些条规的设立只是为了保护宗教，但它们最终却丰富了宗教。

的确，这些条规被充分地扩展——有时可以说是极度地扩展。但同样真实的是，这些条规并非同等重要，无用或多余的条规被摒弃时也是毫不犹豫的，而总的趋向是不断地设定新的条规。在几个世纪里，犹太学术对待自己过于辩证的方法有时细微琐碎，但却同样真实。这样枯燥的繁琐哲学总是为神秘主义提供辩护的理由。但绝不能忘记，这种脑力劳动的结果，不管其产品有时可能多么渺小，从个人观点看，它依然是无可比拟的神恩。因为它也能表现出犹太思想与行为的那种诚挚，表现出从中推论出自己的逻辑结论的那种执著，表现出事事投入和不满足于任何折中的那种劲头。最重要的是，这种在宗教知识领域内的努力唤起了整个社团的兴趣，并在那最痛苦的时代里激起了一种强烈的理智警觉。这种逻辑论证（辩证法）教会犹太人去思、去想并为了那仅有的完美目的而去探求。

作为对《托拉》忘我奉献的结果，那被残酷压迫与迫害、被迫选择小商人生活的少数民族成为思想者的社团。对于他们，真可以这么说："唯喜爱耶和华的律法，昼夜思想，这人便为有福。"（《诗篇》1：2）在这个社团里实现了极度的宗教虔诚："我今日所吩咐你的话都要记在心上……无论你坐在家里，行在路上，躺下，起来，都要谈论。"（《申命记》6：6以下）同样的事实也可以说明，这个社团变成了一个祭司的社团，他们的虔诚表现在他们认识到，在宗教王国里一贯的思想需要一贯的行动。这也是礼仪条规如此之多，甚至经常延展到生活的细枝末节上去的又一个原因。万人万事，事事俱全。所有这些条规呼吁着宗教意愿，它们因而并非将自己搁置于人与其上帝之间；相反，它们持续不断地使人念想上帝。虽然履行这些条规并不被看作是善行，然而它们能够激励善行。从同一精神本源奔涌出牺牲的决心。生与死一样，成为一种神圣的奉献。

生命中的一切——所有欢乐与悲伤——都被律法转化生成为慈爱的戒律、邻人之爱的祈求。这戒律成为安息日与节日的一个条规，与主同欢的日子成为博爱的劝诫。敲门的陌生人是我们的客人，餐桌旁已为他准备好了位子。就像对待生者一样，虔敬的习俗也对死者充满了慈爱，拉比们把这称之为"真正的邻人之爱"。因为这必定是最无私的爱。并不是只有冷漠的工匠关怀死者，所有对他的关怀都是社团所践履的神圣奉献的一部分，是每个人对死者之爱的明证。同在许许多多的其他事情中一样，律法中所包含的丰富情感在此展现出来。

律法的"护栏"特别关照着家庭生活。在古代思想中，尤其是亚洲古代思想中所找不到的一种严格而纯正的婚姻概念，在犹太教中获得了巨大的发展。它在一个道德败坏的世界中保持着稳定。古老的条规已经在婚姻关系中看到了一种"神圣"，所以必须履行伦理责任。只有丈夫与妻子团结一致来生活，才能把上帝的精神、圣洁的精神带入家庭。这样的家庭充满自信，无惧于任何灾难与痛苦，恒久永存。上帝的祝福充满整个家庭。家庭情感与宗教情感进入一种虔信的契约。在很大程度上所有这些都应当归功于律法。

律法在生活的所有领域都取得了为历史所证明的成果。它教会人们感激生活的时光；它使人们明了善行的价值并自觉地祈神赐福；它教导人们顺从与自律，谦和与庄重，克制并战胜自我；它宣告思想支配情欲。在绝不减少生命的快乐的同时，它宣扬伟大的真理是世上所有那些要去履行义务的人的真理，那就是：学会放弃。没有一定的禁欲主义，宗教就不能发挥作用。基于这一点，律法常常作出广泛要求，而这样做的同时，它强化了人的精神独立性和抵抗力，从而使人变得比在单纯世俗境遇中更为坚强。它将一种精神因素注入万事万物。在肉体放纵的诱惑立于人前的地方，它设立自己的条规，不是去麻木和惩罚肉体——那种只是为着禁欲而禁欲的实践——而是去修正他的欲望，以便过一种完美的人的生活。大量条规一同起作用，理所当然就有了正确的行为，并且随着律法要求的增加，它们培育了伦理意志，由此获得了牺牲的勇气。这些条规使人不会满足于那些汹涌澎湃却只会让人消沉的瞬间情感，而是使人习惯于从容不迫，为着上帝的利益而坚持不懈。这样，除了能够保证群体的生存，这些条规还有助于培养道德良知。

对这道曾经围绕并且现在仍然围绕着犹太教的"护栏"是否真的必要的问题提出疑问简直就是忘恩负义。因为在历史上为完成特定的、被赋予的任务而做的任何事情都是必要的，所完成的并被保持在善的范围内的一切都被证明是正当的。无论如何我们都该明白，正是依靠这道"护栏"，犹太社团才在敌视与友好两个世界中保持住了自己的个性。谁也不知道如果没有这道"护栏"，犹太社团的存在会怎么样。所以我们必须心存感激地承认这道"护栏"的作用。它既不是不变的,也不是不可改变的;即使在重压之下,它仍有弹性。我们必须维护它以保护犹太教的存在,并借助它完成犹太教的任务直到斗争结束,以及有关安息日之安息的全部真谛得以实现,就像古谚语所说,"直到永远"。犹太教用以护卫自己独特性的那个伟大的赎罪日还没有到来。

但是,为律法所描绘的自我保护的热忱并没有穷尽今日犹太教为自己设立的任务。今天,这个任务表现为另一种特定的形式,它承载着一种对每一个体来说的绝对的宗教责任。我们已经看到,犹太教如何通过伦理行为使"尊崇主的名"(the Kiddush Hashem)成为可能。每种善行都源自尊崇上帝之名的纯洁意愿,而每种劣行都亵渎上帝之名。一个人所行的善事是他所能给出有关上帝存在的最好见证,同时也是关于宗教真理能够被传递的最感人的布道。每一个人,不管他是多么不善表达,也能够变成人群中的信仰传递者。每个犹太人都应该以自己生命的品行来证明自己宗教的意义。犹太人应当努力生活,以使所有人能够了解犹太人的宗教成为可能——犹太教是如何洗清人的罪孽,培养人、提升人并使之成为"圣洁民族"的一员。这就是每个人所承载的布道戒律的意义。只要犹太人不公正地对待它,犹太人就都没有履行自己对于社团的义务。

我们通过我们的行为宣扬我们的宗教,我们让我们的生活讲出我们信仰的崇高,这就是犹太教的真正本质。这样,下列内容就成为行为的标准:行为能否为犹太教作见证,能否在上帝面前保持住善,还有,行为能否使人对犹太教产生一种精神认同,产生一种对息息相关的宗教虔诚的真正尊敬。人人应当为自己宗教的荣誉而行善，应当戒除恶行，并使之不能成为他所隶属的宗教社团的反证。这还意味着尊崇上帝的名，终生宣扬犹太教："当犹太人践履上帝意愿时，上帝之名就高扬于全地。"

首先有一种认识必须铭刻于我们的内心：对其他宗教的追随者所犯下的最轻的罪也比对一个犹太同胞所犯的罪重得多，因为它玷污了犹太教的荣誉，亵渎了上帝的名。依照伦理准则，两罪或许相等，但按照使命的戒律，一个却要比另一个重。对使命的责任情感与宗教社团的责任总是提供代与代之间的连接纽带。用古老"卡迪什"的祈祷文说："上帝之名在以他的意愿而造的世界中得到尊崇与高扬！"一代又一代的犹太人要以行动来弘扬犹太教。

只有通过这种个人与宗教任务的连接以及个人为宗教任务而付出的劳作，个体才能成为社团的真正一员。个体必须通过自己的行动充分认识到自己的信仰，才能归属于社团。这样少数人也能独自胜任宗教任务，这就是为什么尊崇上帝之名的戒律在犹太教中占有中心的位置。传教职责的全部重担被赋予每个人，每个人手中掌握着整个社团的声誉。希勒尔的名言适用于每个人："我在这里，所有人就都在这里。"戒律要求于每个人，关涉到每个人，包括最低微的人。在少数人中存在这个事实强化并升华了伦理任务，每个单一的成员都要谋划自己的人生以使"祭司的王国"在地上实现。

每个个体就这样创造着宗教并确立着它的意义。这里我们再一次找到了犹太宗教信仰的特质——它支配着人又赋予人以创造的力量。在基督教中，个体为教会所拥有；教会优先于人，更高于人；人封闭于教会信仰中并在其中终其一生。犹太教没有教会，有的只是通过个体的行为形成的社团；社团从属于人并因为人而存在；人是社团的担当者。无论犹太人在哪里，也不管履行犹太宗教戒律的人多么少，哪里就会有一个犹太社团，整个犹太教就在哪里存在着。一个教会总是企图成为多数人的教会而终究会屈从于权力的诱惑，迄今为止还没有哪个教会能够摆脱这种命运。但是，社团可以一直是少数人的社团，其中每个人以及所有的人可以共享他们的宗教。社团是一个尊崇上帝之名的力量联合体，它的精神在于：欲为大者先为小。

给人常见的印象是，犹太教的特殊任务是要表达特立独行的社团观念，即少数人的伦理原则。犹太教印证了观念具有反抗单纯多数人的权势以及世俗成功的力量，表达了那些为自己寻觅真实，那些泰山压顶仍仗义执言者的坚韧持久的抗议。这也是坚持在世上布道的一种方式。

单就犹太教的存在而言，就是对那种认为强权高于真理的流行俗见的一种永不沉默的抗议。只要犹太教存在着，就没有人能说人的灵魂已经堕落。犹太教历经沧桑后依旧傲然屹立，这本身就证明了信仰不以从者众为凭证。犹太教存在这一单纯事实同时也证明了精神战无不胜，尽管它有时会像一座熄灭了的火山——犹太教经常被描绘为这种形象——但那是在酝酿着一股力量，悄悄地更新自己，涌动着新的爆发。从始终侍奉上帝的少数人身上，折射出历史伟大而坚定的趋向。仅就这个事实来说，人们就常常想起这样一句名言："即使没有犹太教，我们也要创造出它。"

没有少数人，就不会有世界历史的目标。

正因为犹太教一直属于少数人，它就成了道德水平的一个衡量标准。犹太社团在其所寄居的国度里遭到怎样的对待，就始终是这个国家行公理与正义程度的尺度，因为正义的尺度总是在少数人身上得到检验。将自己的信仰赋予人类的犹太人得到怎样的回报，反过来就成为宗教发展的一个尺度。从犹太人的命运中可以看出弥赛亚时代还有多么遥远。只有当犹太人能够安全地生活在各国之中，所允诺的时代才会到来，因为那时对上帝的信仰已变成活生生的现实而得到了证明。犹太教的意义不仅仅通过它的观念与特征呈现出来，犹太教在各国中的历史也同等重要。这历史本身就是一件功绩。

像犹太教这样一直是并将永远是少数，特别需要宗教的勇气，因为在弥赛亚时代到来之前还会有许多的暑往寒来。当所有尘世的安逸、荣誉和奖赏引诱他倒向另一边时，作为一个犹太人就需要伦理勇气，犹太人必须经常在理念与利益之间、信仰与怀疑之间作斗争。

假如犹太精神的独特品质就根植于良知及对上帝的畏惧，不只是要去看而且要看到公理，不只是想去认识而且要认识到善。假如它因此具有了不沉湎于逝水流年的能力；假如它具有了抵御一切权威以及那些只知寻求控制与压迫的多数人的力量；假如犹太精神的独特本质是持续不断的探求，永无终极意识；假如它包含着对戒律的认知，永不厌倦的对理想的追求，理解上帝启示、看到未来并召唤人们奔向未来以及将众人团结在一起的天才——假如这一切确实为犹太精神所独有，那么这就是犹太宗教虔敬的最终意义。

这种特质通过那些尊崇上帝之名的人的生活得到了发展，这些人永远有着与大多数人相对立的决心，为了不疏离上帝，他们忍受着与尘世疏离的痛苦。作为一个犹太人，不论是谁，在他的生命历程中都长期过着漠视自己利益、充满困苦的生活。假如他要保持对自己宗教的忠诚，那只能出于宗教本身的缘故。单就对犹太教的执着而言，就显露出理念论的精核，它意味着——带着犹太特征中所有的紧张与悖论——犹太教自身在世界中的一种风格。

人性斑驳多彩，它以多样化的形式显现着自己。人格通过不同的人群凸现出来，人类借助他们奋力言说。在这些人中，许多人置身于人民的生活之外，鄙视人民；也有许多人为人民而斗争；还有许多人则厌倦了斗争。犹太民族中的大多数人却为之斗争到底，他们融入自己民族的血液中，为自己打上了特色鲜明的烙印。没有哪一个民族继承了犹太人所拥有的这种启示，也没有哪一个民族曾经承载神圣戒律所赋予的重担，同样也没有哪一个民族经受过如此艰难困苦的时日。这种承受一直还没有得到实现，但它是那种需要忍耐、等待着时日来临的一种承受。犹大·哈列维是熟知犹太民族和犹太宗教精神的少数人之一，当他说在这个民族中预言富有生气，因此这个民族将得到永生时，他所说的就是这个意思。犹太人是一个民族，同时，就他们内在本性说，又是一个社团——对犹太人来说，不可能两者只取其一。说团体性就存在于他们之中是不够的——他们自身必须连接在一起，他们自身必须形成社团。犹太人存在于犹太教中并为犹太教而存在，有着知识与意志的大写的"我们"在其中找到了终极。

犹太教对所有理解它的人敞开着。我们承认其他宗教所拥有的财富，尤其是生发于我们之中的那些宗教。凡是拥有信仰的人都会尊重他人的信仰。我们犹太人心中充满着对自己使命的崇敬，知道我们这个宗教的真正意蕴。我们可以用一位古代犹太圣贤说过的这样一句话来评价犹太教："开端证明着结果，而结果将最终证明开端。"

参考文献

14 *Principles of the Torah*: Sifra on Lev. 19:18; Shabbat 31a; Makkot 23b; Berakhot 63a;Mishnah Sanhedrin X.1

24 *These miracles*; *Egypt; Sinai*: Mishnah Pesahim X.5; Pesikta de R. Kahana 102a,105a,107a

Thou too standest before Sinai: Sifre Deut. on 6:6 and 11:32

Each epoch its own interpreters: Abodah Zarah 5a

Rabbi Akiba: Menahot 29b

Teaching... no heritage: Abot II.12

25 *Commandment to "study"*: Mishnah Peah I.1

Duty to explore: Abot V.22

26 *Adultery*: Masekhet Kallah

Six hundred and thirteen commandments: Makkot 24a

27 *Deeds of love*: Tosefta Peah IV.19

That which the Torah forbids: Yer. Nedarim 41b

If a court puts to death: Makkot 7a

Let the sinner repent: Pesikta de R. Kahana 158b

Only the soul which sinneth: Makkot 24a

28 *All merciful*: Gen. Rabbah XXXIII.3

A heathen: Abodah Zarah 3a

Destruction of sin: Berakhot 10a

Eternity of the world: Maimonides, Moreh Nebukhim II.25

41 *God is merciful*: Sifre on Deut. 11:22

48 *The separated*: Mekhilta on 19:6
52 *No ignorant person*: Abot II.5
   He whose wisdom: Abot III.9 and 17
   That opinion: Hasdai Crescas, Or Adonai II.6,1
56 *Take the commandments*: Sifre on Deut. 6:6
62 *Akiba praises*: Abot III.14
67 *Consciousness of election*: cf. Sifre on Deut. 32:9
70 *Even the heathens*: Tosefta Sanhedrin XIII; Sanhedrin 105a; Sifra on Lev.18:6
78 *Salvation to all men*: Yer. Bikkurim 64a; Shabbat 105a; Romans 4:17
   Seventy nations, etc.: Targum Jonathan, Gen. 11:7 and Deut. 32:8; Mishnah Shekalim V.1; Pesikta de R. Kahana 16b; Pesikta Rabbati 32a and 105a; Shabbat 88b; Mishnah Sotah VII.5 *Seventy sacrifices*: Sukkah 55b
   Dispersion is a sowing of seed: Pesahim 87b
79 *Person who forswears idolatry*: Megillah 13a; Sifre on Num. 15:23 and Deut. 11:28
   You also are chosen: Maimonides, Kobetz Teshubot I.34a; Mishnah Commentary, Eduyot VIII.7
102 *Unites remoteness with nearness*: Megillah 31a
108 *No one stands up*: Mishnah Sotah IX.15
112 *Thirteen attributes*: Rosh ha-Shanah 17b; Pesikta de R. Kahana 57a
116 *Man must bless God*: Mishnah Berakhot IX.5
   Be not like one: Mekhilta on 20:23
   Whatever God does: Berakhot 60b
119 *Men of faith*: Shabbat 97a
   One of the old teachers: Makkot 24a
120 *In spite of yourself*: Abot IV.21
   Freedom is granted: Abot III.15
123 *Everything lies*: Berakhot 33b
   God receives nothing: Shabbat 31b

124 *Win eternity*: Abodah Zarah 10b
125 *Partner of God*: Shabbat 119b
125 f. *Kingdom of God*: Mishnah Berakhot II.2 and 5; Rosh ha-Shanah 16a; Tanhuma Gen. 12:1; Mekhilta on 20:2 and 3; Sifre on Deut. 32:29; Rosh ha-Shanah 32b; Sifre on Deut.6:4
133 *Not only the blood*: Sanhedrin 37a and Targumim Gen. 4:10
135 *The day is short*: Abot II.15
137 *Love God with all*: Sifre on Deut. 6:5
Hanania ben Teradion: Sifre on Deut.32:4
138 *Chastisements of love*: Berakhot 5af.
139 *Affliction... sufferings*: Berakhot 5a; Targum Isa 53:10; Pesikta de R. Kahana 152b; Sifre on Deut. 6:5
154 *Every human being*: Berakhot 6b
Know that for your sake: Sanhedrin 37a
One soul in Israel: Sanhedrin 37a; Abot de R. Nathan XXXXI
This is the book: Yer. Nedarim 41c; Sifra on Lev. 19:18
157 *One duty*: Abot IV.2
The day is short: Abot II.15
I have done all: Sotah 22b
It is not granted: Abot II.16
160 *You are judged*: Rosh ha-Shanah 16a
Know what is above you: Abot II.1
He is God: Abot IV.22
Know whence you came: Abot III.1
Idea of responsibility: Eccles. Rabbah XII.1; Gen. Rabbah XXVI.12-14
New Year's Day: Mishnah Rosh ha-Shanah I.2; Pesikta de R. Kahana 151b
162 *Sin which begets sin*: Abot IV.2
163 *Return one day*: Abot II.10
Our soul: cf. Berakhot 60b
Our sin: Sirach 15:11ff.

164 *It is thine*: Lam. Rabbah V.22

   Happy are ye: Yoma 85b

   You are children: Kiddushin 36a; Sifre on Deut. 14:1 and 32:5

165 *I am the same*: Rosh ha-Shanah 17b

   If you appear: Pesikta de R. Kahana 165a

   It is God's greatness: Yoma 69b

166 *To us who have sinned*: Rosh ha-Shanah 17b

167 *It is before your Father*: Mishnah Yoma VIII.9

   The purpose: Gen. Rabbah II.4

   It was evening: Gen. Rabbah III.10

168 *There fell an iron wall*: Berakhot 32b

   The Torah says: Pesikta de R. Kahana 158b

   Sacrifice was not essential: Abot de R. Nathan IV

169 *More than all sacrifices*: Sukkah 49b

170 *If you obey*: Lev. Rabbah XXXV.6

   Where those who "return": Berakhot 34a; Sanhedrin 99b

171 *What was purpose*: Yoma 36b

   Return unto God: Abot II.10; Shabbat 153a

172 *Sanctify God's name*: Mekhilta on 15:2

173 *If you sanctify*: Sifra on Lev. 19:2

   When you are my witnesses: Pesikta de R. Kahana 102b

   The sacrifice of life: Berakhot 61b; Mishnah Berakhot IX.1; Sifre on Deut.6:5

174 *Offers up his soul*: Pesikta de R. Kahana 87a

175 *Martyrdom*: Berakhot 20a

177 *Our within*: Yoma 72b

   A sin in the dark: Baba Kamma 79b

178 *He who sins*: Hagigah 16a

   Devoutness: Berakhot 13a; Erubin 95b; Pesahim 114b

   Every command: Sifra on Lev. 19:14

Service of the heart: Taanit 2a

God demands the heart: Sanhedrin 106b

Do not ask: Berakhot 5b

179 *The essence of all commandments*: Abraham ibn Ezra, Commentary on Deut.5:18

Whatever you do: Abot II.12

Is not worthy to live: Nedarim 62a

Out of love: Sotah 31a; Sifre on Deut.11:13

Be not like servants: Abot I.3

Praise him: Abodah Zarah 19a

180 *The reward of a duty*: Abot IV.2

182 *Antechamber*: Abot IV.16

Life of the hour: Shabbat 10a

183 *Day which is wholly Sabbath*: Mishnah Tamid VII.4

Toward peace: Berakhot 64a;Moed Katan 29a

184 *Purified world*: Berakhot 17a and 34b

Eternal life: Kiddushin 39b, interpreting Deut. 22:7

185 *I call heaven*: Tanna debe Eliyahu IX

Conceptions of the world beyond: Maimonides, Mishnah Commentary, Sanhedrin X.1

The world to come: Berakhot 34b

186 *Sanctification upon earth*: Mekhilta R. Simeon ben Yohai on 31:13

One hour of Teshuvah: Abot IV.17

Eternity in a single hour: Abodah Zarah 10b

May you find your world: Berakhot 17a

191 *Ben Azzai... Rabbi Akiba*: Sifra on Lev. 19:18, interpreting Gen. 5:1

Honor: Abot IV.1

Because I am despised: Gen. Rabbah XXIV.8

192 *If we protect*: Baba Batra 10a

198 *Love God in the human beings*: Yoma 86a

Essence of the Torah: Shabbat 31a

196 *Both the love of man*: Kant, Definitivartikel zum ewigen Frieden, Anhang III

198 *Do not behave*: Sifra on Lev. 25:23

199 *The pious among all nations*: Tosefta Sanhedrin XIII.2

200 *Love work*: Abot I.10

201 *The judges*: Johann David Michaelis, Mosaisches Recht (1769), V, 242

202 *Equality of the slave*: Masekhet Abadim

209 *The honest slave*: Berakhot 16b

205 *What is mine*: Abot V.10

A year of freedom: Gittin 36a, commenting on Deut. 15:1ff.; Mekhilta on 22:24; Exod. Rabbah XXXI

207 *Give to God*: Abot III.7

208 *If a man be found slain*: Mishnah Sotah IX.6

211 *Justice is worth*: Sukkah 49b

Beneficence: Tosefta Peah IV.19

Love is the beginning: Sotah 14a

He who withholds love: Sifre on Deut. 15:9

Thus says the Torah: Sifre on Deut. 32:29

Threefold sign: Yebamot 79a

214 *Hate*: Yer. Nedarim IX.4

He who hates: Derekh Eretz Rabbah XI

Beruria: Berakhot 10a, interpreting Ps. 104:34

215 *We must walk*: Sotah 14a

If you wish to fulfil: Sifra on Lev. 19:15

The accused judges: Baba Batra 15b

That man is a hero: Abot de R. Nathan XXIII

Prayers: Yer. Berakhot 7d

216 *Of those who are oppressed*: Shabbat 88b

217 *Stolen the opinion*: Mekhilta on 22:3; Tosefta Baba Kamma VII.8

Taking an unfair advantage: Tosefta Baba Batra VI.14; Mishnah Baba Metzia IV.10; Sifra on Lev.25:17

218 *Cruelty toward animals*: Gen. Rabbah XXXIII. 3; Baba Metzia 31a

Love men: Abot I.12

219 *He who puts his neighbor to shame*: Baba Metzia 58b

One by the guilt of another: Sanhedrin 27b

220 *Good and bad*: Lev. Rabbah XXX.11

He who has taught: Sanhedrin 99b

224 *If there be but one righteous*: Yoma 38b

227 *The full force*: Berakhot 34b

230 *A sin may extinguish*: Sotah 21a

235 *God's might*: Midrash Ps.99:4; Tanhuma Exod.21:1

243 *Takes upon himself*: Mekhilta on 20:2 and 3

244 *Calculate the end*: Sanhedrin 97b

245 *Now, therefore*: prayer on the New Year's Day and the Day of Atonement

246 *Given of thy wisdom*: Berakhot 58a

Christianity and Islam: Kuzari IV.23; Maimonides, Hilkhot Melakhim XI.4

247 *The world exists*: Yoma 38b

261 *Israel was called*: Gen. Rabbah I.5; IV.1

You shall be different: Sifra on Lev. 19:2; 20:26

263 *The fence around the law*: Abot I.1; Moed Katan 5a

264 *Customs and institutions*: Niddah 61b

266 *The ark*: Sotah 35a

God was pleased: Mishnah Makkot III.16

269 *True love*: Gen. Rabbah XCVI.5

Family: Yebamot 62b

271 *When Israel fulfils*: Mekhilta on 15:2

272 *If I am here*: Sukkah 53a

275 *The beginning*: Kiddushin 31a, with reference to Ps. 119:160: "Thy word is true from the beginning; and all Thy righteous ordinance endureth for ever."

索　引

（页码为英文原著页码，即本书边码）

Abraham ibn Ezra, 阿伯拉罕·伊本·以斯拉, 179
Adultery, 通奸, 26
Akiba, R., 阿吉巴, 24, 62, 116, 164, 167, 173, 191 及下页
Altruism and egotism, 利他主义和利己主义, 61
Anabaptists, 重新洗礼教派, 80
Animals, care of, 动物, 照顾, 217
Anthropomorphism, 神人同形论, 108, 131
Apelles, 阿派里兹, 21
Aristotle, 亚里士多德, 52, 65, 199
Asceticism, 禁欲主义, 46, 144, 269
Assyria, 亚述, 91
Atonement: and animals sacrifices, 赎罪：和动物的牺牲, 167; certainty of, 其必然性, 104, 163, 171, 188, 238; a constant duty, 一个永恒的责任, 171; death and, 和死亡, 183; importance of, 其重要性, 86, 167;and messianism, 和对救世主的信念, 230; and purification of soul, 与灵魂的净化, 169; and spiritual rebirth, 与精神的再生, 170;as social, 作为社会性的, 219。See also Sin, 也见于罪
Attributes of God, 上帝的属性, 39, 112; negative attributes, 消极属性, 94
Authority in Judaism, 犹太教的权威, 13, 15, 49

Babylon, 巴比伦, 20, 72, 91
Bahya ibn Pakuda, 巴比伦, 179
Ben Azzai, see Simeon ben Azzai, 见西蒙·本·阿艾扎
Ben Zoma, 本·阿扎伊, 191
Benevolence, 仁慈, 28, 37, 194, 268
Beruria, 贝拉丽亚, 214
Bible: authority of, 《圣经》：其

权威, 22, 29; conservatism of, 其保守性, 22, 25; contradictions in, 其中矛盾, 25; interpretations of, 其解释, 23, 65, 147; not dogmatic, 非教条, 42; originality of, 其创造性, 20 及下页; study of, 其研究, 25; Targum of, 《塔古姆》, 108

Brotherhood of man, 人们的兄弟情谊, 192

Buddhism, 佛教, 18, 43, 45 及以下诸页, 60 及下页, 72, 76, 84, 172, 206, 222 及下页, 251

Burden of the Law, 律法的负担, 265

"but I say unto you", "但我对你说", 26 及下页

Categorical imperative, 绝对的命令, 129, 174, 229

Catherine of Siena, 锡纳耶的圣凯瑟琳, 46

Catholicism, 天主教, 45, 53, 72, 262

Ceremonialism, 恪守礼节, 57, 263, 265; see also Commandments, 也见戒律

Charity, 宽恕, 28, 37, 194, 197, 223, 269

"Chastisements of love", "爱的惩戒", 138

China, 中国, 91

Chosen People, 选民, 60, 66; by revelation, 通过启示, 62; for a mission, 为了一个使命, 40, 61, 67, 77, 88; Israels's own choice, 以色列自己的选择, 66; emphasized by prophets, 被先知所强调, 63; and freedom, 与自由, 63; and separatism, 与分离主义, 61 及下页, 65

Christianity, 基督教, 13, 21, 75, 77 及下页, 222 及下页, 246, 252, 257, 262, 264 及下页, 272

Christian sects, 基督教教会, 262

Church and state, 基督教与国家, 54, 80

Civitas dei, 上帝之城, 204, 209

Commandments, 戒律, 13, 25, 29, 37, 50 及下页, 56 及下页, 66, 70, 88, 93, 95, 114, 120, 122, 127, 130, 132, 135, 140, 148, 150, 155 及以下诸页, 160, 172, 175, 177 及下页, 188, 213, 219, 221, 223-229; negative commandments, 消极戒律, 212; and ceremonialism, 与恪守礼节, 263, 265

Comte, 孔德, 209

Confession of sins, 罪的忏悔, 263

Conservatism, 保守性, 22

Corpus juris, 法典, 201

Courage, 勇气, 175, 218, 260, 274

Covenant, 契约（约定）, 38, 40, 50, 61, 66 及下页, 71, 100, 110, 114, 117, 124, 151 及下页, 159, 163, 165, 191, 230 及下页, 235, 239, 252, 263 及下页, 269

Dante, 但丁, 70
David, 大卫, 241
Day of Atonement, 赎罪日, 167, 183, 230, 245, 263, 270
"Day of Judgment", "最后的审判日", 160, 167
Death, 死亡, 131, 137, 174 及下页, 183, 229, 231
Deed and creed, 行为与教义, 14, 36, 52, 55, 60, 70, 88, 124, 134 及下页, 166, 176 及下页, 196, 222, 251, 263
Deism, 自然神论, 150
Democracy of Judaism, 犹太教的民主, 44, 48
Depositum fidei, 信仰的瑰宝, 13
Descartes, 笛卡尔, 20
Destiny, 命运, 9, 86, 90, 99, 121, 129, 151, 159, 174, 231, 247, 249
Development in Judaism, 犹太教的发展, 21, 146, 207, 242
Diaspora, 犹太人的离散, 9, 78, 257
Dictatorship, 独裁专政, 209

Diocletian, 戴克里先, 259
Doctrine: flexible, 教义：灵活性, 12, 15; lack of definitiveness felt, 缺乏确定性感受, 16, 52, 54; authority of Bible and Talmud, 《圣经》和《犹太法典》的权威, 23, 26; influence of prophets on, 先知的影响, 31; essence of, 其本质, 148; See also Dogma, 也见教条
Dogma: rejected by Judaism, 教条：被犹太教所拒绝, 10, 12, 15, 38, 54, 94, 106, 118; prophets not dogmatists, 先知非教条主义者, 31
"Duties of the Heart", "心灵的使命", 179

Education, 教育, 11, 52, 220, 261
Egypt, 埃及, 20, 24, 91, 200, 237
Eleazar ben Judah of Worms, 沃尔姆斯的以利撒·本·犹太, 216
Eleazar, R., 拉比以利撒, 168, 215
Election of Israel, 以色列的选择；see Chosen People, 也见选民
Elohim, 埃洛希姆, 140
Emunah, 信仰, 118
Enemy, love of, 仇敌的爱, 213—217
Epicurus, 伊壁鸠鲁, 132

Eschatology, 末世学, 185, 244
Essence of Judaism, 犹太教的本质, 57, 80, 148, 153, 191, 194, 211 及下页
Essenes, 艾赛尼派, 48
Ethics: basis of religion, 伦理：宗教的基础, 83, 129, 173, 187; basis of prophetic teachings, 先知教导的基础, 31 及下页, 119; basis of post-biblical religion, 后圣经宗教的基础, 57; democracy of, 其民主, 45, 48; inherent in Judaism, 内在于犹太教中的, 57, 73, 84, 94, 148; social nature of, 其社会本质, 193, 204; and optimism, 与乐观主义, 84; and separatism, 与分离主义, 66, 73, 152; and universalism, 与普遍主义, 68, 73, 129, 152; and worship, 与崇拜, 145
Evil, 罪恶; see Sin, 见罪

Faith, 信仰, 118, 121, 129, 150, 164, 245; see also Doctrine, Salvation by faith, 也见教义, 信仰的拯救
Faith and knowledge, 信仰与知识, 32, 51
Family life, 家庭生活, 231
Fatalism, 宿命论, 86, 180
Fate, 命运, 90, 109, 127, 129, 161, 163, 174, 231

Fear of God, 对上帝的恐惧, 123, 126 及下页, 223, 241 及下页, 274
"Fence around the Law", "律法的篱笆", 23, 66, 263
Festivals, 节日, 28
Forgiveness of man, 人的宽恕, 240
Freedom, 自由, 63, 87, 235, 246, 267
Free will, 自由意志, 35 及下页, 90, 120, 123 及下页, 155, 160, 162, 170, 176, 209, 239
Future: faith in the, 未来：对其信任, 10, 30, 57, 60, 68, 76, 86, 117, 181, 225, 231, 237, 260; future life, 未来生活, 182, 230

Galut, see Diaspora, 见犹太人的离散
Genius, 精神, 30 及下页, 44, 64, 107, 149, 273
Geonim, 加昂, 15
Gersonides, 戈森尼德, 79
Ghetto, 犹太隔都, 10, 259
Gnosticism, 诺斯替教, 13, 38
God: commanding, 上帝：统帅的, 94, 96; Creator, 造物主, 36, 39, 68 及下页, 90, 96, 98, 102, 119, 150, 164; eternity of, 其不朽, 40, 68, 74, 97, 99, 119; exaltation of, 其欣喜, 95; fatherhood of, 其

父亲的身份, 107; forgiveness of, 其宽容, 165; goodness of, 其善, 110; grace of, 其恩惠, 13, 35, 40, 45, 111; holiness of, 其神圣, 36, 40, 88, 95, 99, 151; immanence of, 其无所不在, 100, 150, 166; justice of, 其公正, 35, 37, 74 及下页, 122, 140, 160, 235: 298; knowledge of, 其知识, 11, 26, 36 及下页; living God, 永生神, 94, 98, 119; love of, 其爱, 28, 56, 62, 109, 114, 128, 140, 164; mercy of, 其仁慈, 35, 37, 41, 238; omnipotence of, 其全能, 40; omnipresence of, 其全在, 99, 103, 107, 119; tolerance of, 其宽容, 238; transcendence of, 其超越, 100, 150; unity of, 其统一, 39, 95 及下页, 150; unknowable, 其统一, 14, 37, 45, 90, 92, 94, 101; will of, 其意志, 94, 173 及下页, 212, 235, 241

Goethe, 歌德, 19, 42, 134, 188

Gospels,《福音书》; see New Testament, 见《新约》

Greece, 希腊, 20, 39, 45, 50, 61, 63, 65, 85, 91, 96, 156, 199, 201, 203, 223, 251, 258, 261

Greek Church, 希腊教会, 18

Groot, Hugo de, 雨果·格鲁特, 199

Hadrian, 哈德良, 257

Haggadah, 阿嘎嗒, 92, 94, 107, 170

Hanania ben Teradion, R., 拉比哈那尼·本·特拉迪恩, 137, 266

Hanina, R., 拉比哈尼拿, 123, 170

Hasdai Crescas, 哈斯德·科莱斯卡斯, 52, 42

Hasid, 哈西德, 70, 194

Hasidism, 圣日哈西德派, 48

Hatred, 仇恨, 214, 259

Haverim, 伙伴, 49

Heathen, 异教徒, 28, 75; see also "Seventy Nations", 也见 "七十国家"

Hegel, 黑格尔, 14

Henotheism, 择一神教, 96

Hesed, 爱, 109

Hillel, 希勒尔, 52, 193, 212, 272

History, 历史, 9 及下页, 30, 43, 57, 64, 76, 91, 139, 149, 174 及下页, 204, 216, 227, 229, 233, 237, 248, 253, 270, 273

Hobbes, 霍布斯, 209

Holidays, 假日, 146

Holy Spirit, 圣灵, 53, 233

Humility, 谦卑, 112, 115 及下页, 123, 125, 127, 134 及下页, 156,

224, 241

Imitation of God: in benevolence, 对上帝的模仿：在仁慈方面, 193, 215; in creation, 在创造方面, 155, 167; in eternity, 在不朽方面, 182; in holiness, 在神圣方面, 155, 158, 173, 178; in infinite striving, 在无穷奋斗方面, 156; in judgment, 在判断方面, 159; in law-giving, 在立法方面, 156; in self-reverence, 在自尊方面, 156

Immortality, 不朽, 182

India, 印度, 85, 91

Influences: from Judaism, 影响：来自犹太教, 80; upon Judaism, 犹太教之后, 9, 17 及以下诸页, 65

Iran, 伊朗, 91

Isaac, R., 拉比伊萨, 178

Isaiah, 以赛亚, 242

Islam, 伊斯兰教, 15, 18, 72, 77, 246

Jacob, R., 雅各布, 186

Jeremiah, 耶利米, 138

Jesus, 耶稣, 73

Jose, R., 约西, 203

Joy, 快乐, 266, 268

Jubilee year, 大赦年, 205

Judah ha-Levi, 犹大·哈列维, 79, 246, 275

Judah, R., 犹大, 215

Julian, 朱丽, 157

Jus talionis, 同态复仇法, 201

Justice, 正义, 28, 37, 195

Juvenal, 朱文诺尔, 203

Kaddish, 卡迪什, 244, 272

Kant, 康德, 181, 196, 234

Karaite, 卡拉派, 15

Kavvanah, 虔诚, 178

Khazars, 库萨里, 260

Kiddush ha-Shem, 尊重上帝的名义, 172, 220, 237, 244, 271

Kingdom of God, 上帝的王国, 125, 137, 173, 187 及下页, 220 及下页, 242 及下页, 252; see also Messianism, 也见对救世主的信念

Labor, 劳作, 200

Language and religion, 语言与宗教, 33, 42, 49, 91, 107, 147, 178, 195, 267

Law, 法则; see Commandments, 见消极戒律

Levite, 利未人, 197

Logos, 逻各斯, 108

Love: of neighbor, 爱：邻居的, 26,

88, 192, 210, 268; for stranger, 陌生人的, 40; of God, 上帝的, 35, 88, 97, 127, 137, 174, 179, 193

Luria, Isaac, 以撒·卢利亚, 79

Lutheranism, 路德教, 55

Maimonides, 迈蒙尼德, 24, 28, 52, 57, 79, 185, 224, 246

Man, 人, 36, 61, 70, 90, 151

Marriage, 婚姻, 269

Martyr and martyrdom, 献身与殉教, 11, 55, 64, 75, 137, 149, 173, 175, 184, 248, 258, 268

Meir, R., 拉比迈尔, 164, 214

Mendelssohn, Moses, 门德尔松, 24

Messiah, 弥赛亚, 240, 264, 274

Messianism, 对救世主的信念, 58, 60, 67, 69, 207, 210, 216, 222 及下页, 226, 241 及下页, 245, 247

Middle Ages, 中世纪, 11 及下页, 15, 29, 49, 52, 57, 65, 72, 139, 165, 179 及下页, 196, 216, 246

Might and right, 强力与威权, 234 及下页, 243

Minority, 少数民族, 12 及下页, 268, 272 及下页

Misery, 痛苦, 269

Mission: and Israel's election, 使命: 与以色列的选择, 61, 67 221, 253; to whole world, 对整个世界, 68, 77, 226; inherent in Judaism, 内在于犹太教, 77, 226

influence on Christianity, 基督教的影响, 78

Mitzvah, 诫命; see Commandments, 见消极戒律

Mohammed, 穆罕默德, 43

Monotheism, 一神论, 18, 38, 59, 68, 72, 80, 84, 95, 116, 130, 132, 152, 198, 228, 236, 252

Moses, 摩西, 22, 24, 27, 42, 138, 146, 157, 165, 241

Mysticism, 神秘主义, 48, 52, 57, 92, 94, 104, 122, 130, 141, 150 及下页, 244, 267

Mythology, 神话, 88, 92, 108, 122, 129, 174, 186, 231

Nathan the Wise, 智者拿单, 216

Nationalism, 民族主义, 69, 71 及下页

Neighbor, 邻人, 26, 190, 210 及下页

New Testament, 《新约》, 26, 167, 222

New Year, 新年, 160, 167, 245

Noahides, 诺亚, 71, 198

Optimism and pessimism, 乐观主义与悲观主义, 83 85 及下页, 91, 113, 141, 188, 209, 225, 231

Oral Law, 口传律法, 22, 25, 41 及下页

Origen, 奥里根, 14

Originality of Judaism, 犹太教的独创性, 17, 19 及下页, 29

Orphan, 孤儿, 103, 197

Orthodoxy, 正统信仰, 12, 53

Palestine, 巴勒斯坦, 72

Pantheism, 泛神论, 133, 150

Paradoxes: fear and love of God, 悖论：对上帝的恐惧与爱, 127, 157; free will and determinism, 自由意志与决定论, 121, 159; optimism and pessimism, 乐观主义与悲观主义, 113; revelation and commandment, 启示与戒律, 124; significance and limitation, 意义与限制, 158; transcendence and immanence, 超越与内在, 100, 113, 150, 158

Particularism, 党派意识; see Separatism, 见分离主义

Pascal, 帕斯卡尔, 181

Paul, 保罗, 167, 264 及下页

Peace, 平安, 144, 240, 251

Persecution, 迫害, 11, 48, 149, 257

Personality, 人格, 34, 42

Pessimism, 悲观; see Optimism and pessimism, 见乐观主义与悲观主义

Pharisees, 法利赛人, 49, 55

Phidias, 菲狄亚斯, 21

Philo, 斐洛, 24, 57, 79

Pietism, 虔诚派, 45

Piety, 虔诚, 45, 48, 55, 90, 95, 193, 199, 223, 266

Pindar, 品达, 156

Pity, 怜悯; see Love, 见爱

Plato, 柏拉图, 65, 108, 129, 208, 210

Poetry and religion, 诗与宗教, 92, 101, 107 及下页, 114, 123, 145

Polemics, 驳斥, 264

Poverty, 贫苦, 204

Prayer, 祈祷者, 55, 79, 92, 98, 104, 107, 115 及下页, 130, 136, 142, 144, 153, 155, 157, 168, 171, 178 及下页, 214, 222, 244 及下页, 266

Preservation of Judaism, 犹太教的保护, 257, 260 及下页

Priesthood, 教士阶层, 14, 45 及下页, 48, 51, 268

Prophets: Hebrew word for, 先知：希伯来语的, 17; and election of Israel, 与以色列的选择, 63, 66,

73; and ethics, 与伦理, 32, 35 及下页, 238; in every generation, 在每一代中的, 253; and history, 与历史, 43; iconoclasm of, 打破旧习俗, 33, 251; Judaism stamped by, 犹太教盖章的, 31, 44, 142 及下页, language of, 其语言, 33; and legalism, 与拘泥于法规的人, 22; and materialism, 与唯物主义, 234; mission of, 其使命, 44; originality of, 其独创性, 19; personalities of, 其个性, 33; revelation to, 其启示, 33; not theologians, 非空头理论家, 31; and universalism, 与普遍主义, 73, 232

Proselyte, 改宗者, 57, 79, 125, 260

Protestantism, 新教, 53, 55, 72 及下页, 80

Punishment and reward, 惩罚与奖赏, 179

Purity of soul, 灵魂净化, 155, 158, 162, 169

Rahamim, 怜悯, 110
Rationalism, 理性主义, 141, 150
Rebirth, spiritual, 再生, 精神的, 170, 183, 230
Reformation, 宗教改革, 15, 51, 80
Reformers, originality of, 改革者, 独创性的, 19

Remnant, 剩余民, 249
Renaissance, 文艺复兴, 80
Responsibility, 责任, 35, 88, 153, 159, 161, 166, 180, 210
"Return", see Teshuvah, 见皈依
Revelation: foundation of ethical monotheism, 启示: 伦理一神论的基础, 60, 90, 94, 98, 119; includes all knowledge, 包含所有的知识, 63, 90; to prophets, 先知的, 32, 43; continually renewed, 不断的更新, 24, 29, 43; and election, 与选择, 62 及下页, 77; unique to Israel, 对以色列的唯一性, 60; man as revelation of God, 上帝启示的人, 151 及下页, 154

Revenge, 报复, 212, 214
Revolution, 革命, 33, 59, 251
Reward and punishment, 奖赏与惩罚, 179
Rome, 罗马, 201 及以下诸页, 223, 258

Sabbath, 安息日, 48, 145, 183, 202, 217, 267
Sacrifices, 牺牲, 167
St. Augustine, 圣·奥古斯丁, 194
St. Francis, 圣·弗兰西斯, 46
Saints, 圣徒, 45

Salvation by faith, 信仰的拯救, 13, 36, 44, 46, 51, 53, 70, 88, 119, 166, 194, 218, 222

Sanhedrin, 公议会, 15

Schleiermacher, 施莱尔马赫, 124, 134

Science and Judaism, 科学与犹太教, 39, 41, 65, 83, 236

Scribes, 犹太学家, 22

Selden, John, 约翰·塞尔登, 199

Semikhah, 按立, 49

Separatism: ethical nature of, 分离主义：其伦理本质, 66; of Jesus, 耶稣, 73; and prophets, 与先知, 66; and selection, 与选择, 66, 261; and democracy, 与民主, 45; and nationalism, 与民族主义, 69, 71; and universalism, 与普遍主义, 69; See also Universalism, 也见唯一神教派

Septuagint, 七十子《圣经》, 78, 264

"Servant of the Lord", "主的奴仆", 247

"Seventy Nations", 七十民族, 78, 152

Shekhinah, 舍金纳, 252

Simeon ben Azzai, 西蒙·本·阿艾扎, 154, 180, 191 及下页

Simeon ben Yohai, R., 西蒙·本·约海, 139, 173

Sin: a denial of judgment, 罪：判决的否认, 160; opposing God's laws, 反对上帝的律法, 131; original sin rejected, 抵制原罪, 161; and personal responsibility, 与个人品质, 161; sin, not sinners condemned, 罪, 不是罪人被判罪 28, 74, 214; social character of, 其社会特征, 219; see also Atonement, 也见"赎罪"

Sinai, 西奈, 24

Slavery, 奴隶制度, 199

Socialism, 社会主义, 80

Social justice, 社会公正, 195, 208

Socrates, 苏格拉底, 50

Solitude, 孤独, 47, 143, 161, 182

Solomon ibn Gabirol, 所罗门·伊本·加百列, 165

Soul, 灵魂, 87, 106, 108, 111, 113 及以下诸页, 119, 122, 132, 145, 151, 153, 161 及下页, 211, 214

Spinoza, 斯宾诺莎, 20, 57, 180

Stoicism, 斯多葛学派, 203, 223

Stranger, 异族人, 197

Suffering, 痛苦, 75, 79, 84 及下页, 114, 116, 136, 175, 182, 206, 216, 247—250, 258, 269, 274

Supernatural, 超自然的, 33

索　引

Tabernacles, Feast of, 住棚节, 78

Tacitus, 塔图西斯, 176, 224

Talmud,《塔木德》14 及下页, 23 及下页, 26, 29, 34, 49, 56, 73, 79, 102, 112, 116, 154, 157, 165 及下页, 170, 173, 177, 183, 186, 191, 193, 197, 211, 214 及以下诸页, 219, 227, 230, 244, 269

Tanhuma, R., 拉比坦胡马, 192

Targum,《塔古姆》, 108, 212, 224

Ten Commandments, 戒律, 27

Teshuvah, 皈依, 163, 206, 219, 230; see also Atonement, 也见赎罪

Theodicy, 神正论, 238

"This-worldness" of Judaism, 犹太教的"此世性", 14, 39, 48, 85, 185

Torah, see Bible, 见《圣经》

Trajan, 图拉真, 25

Transcendence and immanence, 超越与内在, 100, 229

Truthfulness, 真实, 29, 176, 217 及下页

Unitarianism, 唯一神教派, 80

Unity of Judaism, 犹太教的统一, 10 及下页, 16 及下页; Talmud and Bible as factors,《塔木德》和作为要素的《圣经》, 23

Universalism, 普遍主义, 48, 50, 61, 68, 77, 80, 84, 87, 152, 190, 227, 245

Vauvenargues, 沃维纳格, 31

Vengeance, 报复, 74

Wealth, 财富, 205

Widow, 寡妇, 197

Yahveh, 耶和华, 112, 140, 147 及下页

Yohanan ben Zakkai, R., 约哈南·本·撒该, 177, 224

Zaddik, 公正无私, 70, 194, 224

Zedakah, 公义, 195 及下页, 203 及下页, 208, 215, 224

Zidduk ha-Din, 审判之辩护, 137

Zion, 锡安山, 69

Zoroaster, 左罗阿斯脱, 43

图书在版编目（CIP）数据

犹太教的本质/（德）利奥·拜克著；傅永军，于健译.—北京：商务印书馆，2021（2022.8重印）
（宗教文化译丛）
ISBN 978-7-100-18886-9

Ⅰ.①犹… Ⅱ.①利…②傅…③于… Ⅲ.①犹太教—研究 Ⅳ.① B985

中国版本图书馆 CIP 数据核字（2020）第 146344 号

权利保留，侵权必究。

宗教文化译丛
犹太教系列 主编 傅有德
犹太教的本质
〔德〕利奥·拜克 著
傅永军 于 健 译

商 务 印 书 馆 出 版
（北京王府井大街36号 邮政编码100710）
商 务 印 书 馆 发 行
北京通州皇家印刷厂印刷
ISBN 978 - 7 - 100 - 18886 - 9

2021年11月第1版　开本880×1230　1/32
2022年8月北京第2次印刷　印张 10 1/8

定价：58.00元

"宗教文化译丛"已出书目

犹太教系列

《密释纳·第1部:种子》
《密释纳·第2部:节期》
《犹太教的本质》〔德〕利奥·拜克
《大众塔木德》〔英〕亚伯拉罕·柯恩
《犹太教审判:中世纪犹太–基督两教大论争》〔英〕海姆·马克比
《源于犹太教的理性宗教》〔德〕赫尔曼·柯恩
《救赎之星》〔德〕弗朗茨·罗森茨维格
《耶路撒冷:论宗教权力与犹太教》〔德〕摩西·门德尔松
《迷途指津》〔埃及〕摩西·迈蒙尼德

佛教系列

《印度佛教史》〔日〕马田行啟

基督教系列

伊斯兰教系列

其他系列

《印度古代宗教哲学文献选编》